中国银行业协会
CHINA BANKING ASSOCIATION

中国银行业 社会责任报告

China Banking
Corporate Social Responsibility Report

2016年度

中国金融出版社

责任编辑：董　飞
责任校对：李俊英
责任印制：程　颖

图书在版编目(CIP)数据

2016年度中国银行业社会责任报告（2016 Niandu Zhongguo Yinhangye Shehui Zeren Baogao）/ 中国银行业协会编. — 北京: 中国金融出版社，2017.11
　ISBN 978-7-5049-9181-2

　Ⅰ. ① 2…　Ⅱ. ① 中 …　Ⅲ. ① 银行业—社会责任—研究报告—中国—2016
Ⅳ. ① F832

中国版本图书馆CIP数据核字 (2017) 第221298号

出版
发行　　**中国金融出版社**

社址　　北京市丰台区益泽路2号
市场开发部　　(010) 63266347，63805472，63439533 (传真)
网 上 书 店　　http://www.chinafph.com
　　　　　　　　(010) 63286832，63365686 (传真)
读者服务部　　(010) 66070833，62568380
邮编　　100071
经销　　新华书店
印刷　　北京市松源印刷有限公司
尺寸　　210毫米×285毫米
印张　　11.75
字数　　350千
版次　　2017年11月第1版
印次　　2017年11月第1次印刷
定价　　75.00元
ISBN 978-7-5049-9181-2
如出现印装错误本社负责调换　　联系电话(010) 63263947

编委会

报告说明
ABOUT THE REPORT

报告时间范围
2016 年 1 月 1 日至 12 月 31 日，部分内容超出上述范围。

报告发布周期
年度报告

报告组织范围
覆盖国家开发银行、政策性银行、大型商业银行、中国邮政储蓄银行、股份制商业银行、城市商业银行、农村商业银行、农村合作银行、农村信用社、金融资产管理公司和外资法人金融机构等银行业金融机构。

报告编制依据
◎中国银行业监督管理委员会《中国银行业监督管理委员会办公厅关于加强银行业金融机构社会责任的意见》
◎中国银行业协会《中国银行业机构企业社会责任指引》
◎国际标准化组织《社会责任指南：ISO 26000》
◎全球报告倡议组织《可持续发展报告指南（GRI4.0）》

报告数据收集方法
中国银行业协会编制《中国银行业社会责任报告指标体系》，并逐年修订，作为收集材料的依据。

会长致辞

CHAIRMAN'S MESSAGE

2016 年，银行业主动适应经济形势变化，积极创新金融服务方式，履行好服务国家战略、服务实体经济、服务客户的银行本职，助推经济社会可持续发展，切实贯彻"创新、协调、绿色、开放、共享"的发展理念，取得了明显的成效。

服务供给侧改革。 2016 年，银行业金融机构积极支持供给侧结构性改革，激发经济发展新动力，促进经济提质增效，按照可持续发展原则，不断提高服务实体经济的能力和水平。通过实施完善差异化信贷政策、盘活信贷资源、落实差别化住房信贷政策、稳妥推进市场化银行债转股、加强服务收费管理等切实举措，促进落实好"去产能、去库存、去杠杆、降成本、补短板"的任务。

助力脱贫攻坚。 2016 年，银行业金融机构按照"五位一体"总体布局和"四个全面"战略布局要求，完善扶贫顶层设计，加强扶贫机制保障，通过多方合作推动产业发展、发放小额信贷、设立扶贫基金等全方位举措实施精准扶贫基本方略。截至 2016 年底，全国银行业金融机构扶贫小额信贷余额 1 658 亿元，支持建档立卡贫困户 402 万户；扶贫项目贷款余额 802.70 亿元；基础金融服务已覆盖 54.20 万个行政村，覆盖率 95%。[1]

加强区域协调。 2016 年，银行业金融机构积极围绕国家重点发展战略，加速完善全球金融服务体系，积极服务"一带一路"建设、京津冀协同发展、长江经济带建设、东北老工业基地振兴等区域战略，提高自贸区的金融服务创新，全力助力区域经济协调与实体经济发展。截至 2016 年底，共有 9 家中资银行在"一带一路"沿线 26 个国家设立了 62 家一级分支机构，共有 20 个"一带一路"国家的 54 家银行在华设立了 6 家子行、1 家财务公司、20 家分行以及 40 家代表处。[2]

健全普惠金融。 2016 年，银行业金融机构倾力服务"三农"、小微、双创、民生工程等重点领域，深化普惠金融体制机制改革，加大金融产品与服务创新，加快成立普惠金融组织机构，大力推进对医疗教育、旅游休闲等重点领域的支持，持续增进民生福祉，使金融经济发展成果普惠大众，促进经济社会和谐发展。截至 2016 年底，涉农贷款余额 28.20 万亿元，小微企业贷款余额 26.70 万亿元。[3]

倡导绿色发展。 2016 年，银行业金融机构积极搭建绿色融资平台，加速绿色金融创新，落实绿色文化建设，支持绿色环保行业，创新绿色信贷、绿色债券、碳金融等产品，推进绿色金融国际交流合作，坚持绿色运营，全方位有效促进经济、社会、环境的可持续发展。截至 2016 年底，21 家主要银行业金融机构绿色信贷余额 7.51 万亿元，其中，节能环保、新能源、新能源汽车等战略性新兴产业贷款余额为 1.70 万亿元；

---

① 数据来源：中国银行业监督管理委员会。
② 数据来源：中国银行业监督管理委员会。
③ 数据来源：中国银行业监督管理委员会。

节能环保项目和服务贷款余额 5.81 万亿元，贷款所支持项目预计可年节约标准煤 1.88 亿吨，节水 6.02 亿吨，减排二氧化碳当量 4.27 亿吨。[1]

创新客户服务。2016 年，银行业金融机构积极探索服务模式转型，借助互联网金融，强化产品和服务创新，完善服务渠道，构建线上线下融合服务平台，加强特殊人群服务建设，增强消费者权益保护能力，有效满足消费者多元化服务需求。截至 2016 年底，网点总数达到 22.79 万个；自助银行 16.10 万家，自助设备 79.41 万台；手机银行交易笔数达 476.49 亿笔，微信银行交易 2.18 亿笔；全行业离柜率 84.31%；全年人工处理来电 11.03 亿人次，服务客户数量达 108.10 亿人次。[2]

夯实以人为本。2016 年，银行业金融机构积极维护员工合法权益，推进民主管理，强化人文关怀，加强员工学习与培训，为员工提供广阔的发展平台，实现员工与企业共同发展。据初步统计，截至 2016 年底，银行业金融机构从业人员 409 万人[3]，提供员工受灾补助、医疗救助、生活帮扶等各项帮扶资金逾 4.31 亿元[4]。

投身公益慈善。2016 年，银行业金融机构健全公益管理机制，打造公益品牌，持续开展志愿服务、抗灾援建、慈善捐赠、特殊群体关爱等公益活动，积极回馈社会，促进共享发展。据不完全统计，截至 2016 年底，公益慈善投入总额达 11.13 亿元，公益慈善项目达 6 056 个；员工志愿者活动时长 86.33 万小时。[5]

完善责任管理。2016 年，银行业金融机构积极深化责任意识，完善责任体系，健全责任机制，通过创新社会责任思想，推进利益相关方参与，开展社会责任培训，深化社会责任沟通传播，将履行社会责任不断融入自身战略及日常经营管理。根植风险稳健文化，创新与机构适应的风险管理理念，深入提升风险抵御能力，严守不发生系统性风险，为机构自身及行业发展夯实合规基础。据不完全统计，截至 2016 年底，反腐倡廉培训覆盖 239.61 万人次，反洗钱培训次数 1.79 万次，治理商业贿赂培训次数 1.69 万余次。[6]

当前，国内外经济形势依然复杂多变，银行业改革发展所面临的风险挑战和困难依然不少，公众金融服务需求日增且多元，中国银行业协会将发挥好"自律、维权、协调、服务"职能，引领银行业加大优质金融服务供给，完善基础金融服务与改进重点领域金融服务相结合，不断提高金融服务的覆盖率、可得性和满意度，从而为实现经济稳中求进和全面建成小康社会的目标作出应有的贡献。

中国银行业协会会长

2017 年 6 月

① 数据来源：中国银行业监督管理委员会。   ② 数据来源：《2016 年度中国银行业服务报告》。
③ 数据来源：中国银行业监督管理委员会。   ④ 数据来源：中国银行业协会根据收集银行的数据汇总。
⑤ 数据来源：中国银行业协会根据收集银行的数据汇总。   ⑥ 数据来源：中国银行业协会根据收集银行的数据汇总。

前言
FOREWORD

自 2009 年起，中国银行业协会连续九年发布《中国银行业社会责任报告》（以下简称《报告》），并连续七年评选表彰社会责任工作先进典型，《报告》已成为银行业社会责任管理品牌，成为引领全行业强化责任担当意识、提升履行社会责任能力的重要抓手，成为全行业展示履行社会责任成果的重要窗口，成为社会各界了解银行业履行社会责任情况的重要渠道。本年度《报告》紧扣银行业社会责任管理热点焦点问题，参照国际银行业责任标准，汇集全行业最佳优秀实践案例与智慧，广泛听取并吸收监管部门、学术界及金融界的意见和建议，展示了全行业履行社会责任所取得的新亮点和新突破。主体内容由八个部分组成，报告要点如下：

一、服务供给侧结构性改革，与实体经济协同共进

2016 年，银行业牢牢把握金融服务实体经济的本质要求，坚守不发生系统性、区域性风险底线，按照商业可持续原则，以服务供给侧结构性改革为主线，坚持深化改革、积极创新、回归本源、专注主业，不断提高服务实体经济的能力与水平。截至 2016 年底，银行业金融机构对实体经济发放人民币贷款余额 105.2 万亿元，同比增长 13.4%，信贷规模稳健增长，有力地支持了实体经济提质增效。

"三去一降一补"是供给侧结构性改革的中心工作。2016 年，银行业主动适应经济环境变化，积极服务落实好"三去一降一补"任务。在支持"去产能"方面，完善差异化金融支持政策，促进过剩产能行业转型发展和脱困升级。在支持"去杠杆"方面，加大企业兼并重组金融支持力度，以企业资产证券化等举措盘活企业存量资产，创新和丰富股权融资工具，稳妥推进市场化债券转股权，优化了企业的债务结构。在支持"去库存"方面，坚持因地因城施策，执行差别化信贷政策，重点满足城市首套自住房及改善型住房贷款需求，加大中低收入人群购房信贷支持力度。从严控制房地产开发贷款，积极支持保障房建设，推进城镇化建设、棚户区改造。截至 2016 年底，发放保障性安居工程贷款余额 3.2 万亿元，同比增长 58.7%，高于各项贷款平均增速 45.9 个百分点。在支持"降成本"方面，持续加大对薄弱环节、重点领域的长期低成本资金投入；通过产品服务创新，持续扩大直接融资，降低融资中间环节费用；不断完善定价机制，严格规范产品服务收费，降低融资成本。在支持"补短板"方面，支持脱贫攻坚、帮扶小微企业、服务"三农"、发展消费金融、推进绿色金融创新、发展战略性新兴产业，促进经济社会协调平衡发展。

二、推动精准扶贫，助力建设小康社会

银行业金融机构是脱贫攻坚的重要力量，2016 年，银行业按照"五位一体"总体布局和"四个全面"战略布局要求，积极将精准帮扶与区域整体开发有机结合，加大信贷投放支持力度，对贫困人口实行分类精准扶持，变"大水漫灌"为"精准滴灌"。

大家在《报告》"中国银行业金融机构精准扶贫图示"中可以看到,一是完善扶贫顶层设计。银行业根据国家金融政策要求和贫困地方的实际情况,研究制定了金融扶贫的专项政策、中长期规划及扶贫工作方案。二是建立扶贫机制保障。银行业完善扶贫工作机制,加强组织体系建设,派驻驻村人员,创新模式与产品,让金融服务渠道深入乡村。截至 2016 年底,银行业基础金融服务已覆盖 54.2 万个行政村,覆盖率达 95%。三是创新扶贫工作举措。通过多方合作搭建银政、银担、银企等多样化平台,推动信贷投放培育和发展贫困县特色产业;通过扶贫贷款专项统计研发、建档立卡、信用体系建设、定点扶贫、易地扶贫搬迁等,提高扶贫精准度。截至 2016 年底,银行业金融机构支持建档立卡贫困户 402 万户。四是健全扶贫技术支撑。通过开发金融产品、加大力度支持小微、创业、农户种植以及光伏、旅游等特色产业,推动金融可持续扶贫;通过丰富担保增信体系、搭建电商平台、合作发放扶贫贴息贷款、设立扶贫基金等多种方式,降低贫困地区融资难度及成本。截至 2016 年底,银行业金融机构发放扶贫小额信贷余额 1 658 亿元,发放扶贫项目贷款余额 802.7 亿元。

三、促进"一带一路"互联互通,推进更深层次更高水平的对外开放格局

资金融通作为"一带一路"倡议的五通之一,也是"一带一路"建设的重要支撑。2016 年,中银行业协会充分发挥行业自律组织的优势,向 620 家中外银行会员单位发出了《中国银行业服务"一带一路"倡议书》,引领银行业从优化海外布局、促进产融结合、强化金融合作等方面服务"一带一路"建设。银行业积极服务"一带一路"建设、京津冀协同发展、长江经济带发展三大战略,推动落实制造强国和网络强国战略。特别是在促进"一带一路"互联互通方面做了大量工作。

一是构建多层次金融服务体系。银行业积极研究制定"一带一路"建设的规划和实施意见,并根据自身优势和特色制定个性化金融服务方案,通过主动设点、走线、联网、布局,构建以政策性金融、开发性金融为主导,商业银行协同的金融网络。截至 2016 年底,共有 9 家中资银行在 26 个沿线国家设立了 62 家一级分支机构,其中包括 18 家子行、35 家分行、9 家代表处。来自 20 个沿线国家的 54 家商业银行在华设立了 6 家子行、1 家财务公司、20 家分行以及 40 家代表处。二是提升跨境融资能力。中资银行制定多项信贷政策及措施,通过银团贷款、产业基金、对外承包工程贷款、互惠贷款等多样化的金融工具,合理引导信贷投放,一大批标志性工程相继开工,一系列重大项目落地开花,涵盖公路、铁路、港口、电力、通信等多个领域。仅 2016 年中国在沿线国家新签的对外承包工程合同金额就达 1 260 亿美元,对沿线国家直接投资 145 亿美元,这些项目的承接和实施都离不开银行的资金支持。三是提供综合化金融服务。中资银行围绕"一带一路"建设积极开展业务创新、制度创新和管理创新,为中外资企业跨境贸易与投资提供多元化金融配套服务;利用互联网、大数据和境外分支机构信息渠道优势撮合跨境投资交易,实现全球资源、市场、技术、资金、人才的互联互通;利用丰富的风险管控经验,帮助客户合理地评估风险,为客户提供套期保值、掉期等衍生工具

有效对冲风险。

四、推进普惠金融，加大对国民经济薄弱领域支持力度

让金融发展成果惠及广大人民群众是实现好、维护好、发展好最广大人民根本利益的客观要求，也是全面建成小康社会的重要内容。2016 年，银行业积极贯彻国家相关政策与要求，以"立足改善民生、聚焦薄弱领域、深化金融创新、推进普惠建设"为指导，深化普惠金融体制机制改革，加快成立普惠金融组织机构，借鉴互联网、大数据等先进技术，增加普惠金融服务和产品供给，倾力服务"三农"、"小微"、"双创"、民生工程等重点领域。截至 2016 年底，银行业金融机构涉农贷款余额 28.2 万亿元，同比增长 7.1%。小微企业贷款余额 26.7 万亿元，占各项贷款余额的 24.1%，同比增长 13.8%，比各项贷款平均增速高 0.8%；小微企业贷款余额户数 1 361 万户，同比增加 38.5 万户；小微企业申贷获得率 93.6%，同比提高 0.8%，基本上实现了"三个不低于"的目标。

五、引领绿色金融，促进经济与环境和谐发展

绿色是永续发展的基础和人们对美好生活的追求，对银行业而言，绿色金融是银行业履行社会责任和实现商业利益的最佳领域。2016 年，银行业积极落实节约资源和保护环境的基本国策，引领绿色金融发展，形成了综合化的绿色金融服务体系，为建设美丽家园作出了应有贡献。

一是健全绿色金融体系。加强绿色金融顶层设计，在绿色金融的战略规划、组织架构、制度机制、信息系统、风险管理、考核评价和信息披露方面，提升金融服务能力，增强银行业可持续竞争力。中国银行业协会制定了银行绿色评级管理办法，把绿色信贷 KPI 的评价结果作为银行绿色评级的基础。二是支持绿色产业发展。在信贷资金投放的行业结构、产品结构和业务结构等方面加快绿色转型，加大对清洁能源、循环经济、环境治理等节能环保领域的支持力度，严控对"两高一剩"行业的信贷投放，加快对污染工艺和落后产能的信贷退出步伐，为环境保护的供给侧结构性改革注入新活力。截至 2016 年底，21 家主要银行业金融机构绿色信贷余额 7.5 万亿元，较年初增长 7.1%。三是创新绿色产品服务。将绿色金融理念与绿色金融产品相对接，以绿色信贷为抓手，以市场化方式创新金融工具，优化能效金融、排放权金融、绿色债券和电子服务等手段，满足企业对绿色金融产品服务的需求，增强环境和社会风险防范能力。

六、持续优化客户服务，满足日益增长的金融需求

十几年来，中国银行业协会持之以恒推进全行业服务改进工作，打造形成以"百佳"、"千佳"为代表的文明规范服务品牌体系，引领规范化、标准化服务，已得到社会公众的广泛认可。2016 年，银行业持续强化"以客户为中心"和"服务创造价值"的理念，既重视服务硬环境建设，更注重服务软环境建设，从有

形到无形，从形似到神似，不断改进银行服务。

一是消费者满意度稳步提升。银行业顺应客户需求变化，持续改进业务流程，创新服务模式，构建了线上线下融合服务平台。截至 2016 年底，银行业营业网点 22.8 万个，新增设营业网点 3 800 多个；网上银行交易金额为 1 299 万亿元，交易笔数总计 850 亿笔，同比增长 98%。客服中心人工电话接通率达到 91.6%，连续三年高于 90%；客户满意度达到 98.5%，连续五年持续提高。二是金融科技（Fintech）创新发展。银行业主动适应金融科技蓬勃发展的新趋势，积极探索服务模式转型，利用金融科技、现代通讯和计算机技术，创新服务渠道入口，注重服务渠道协同发展和资源整合。截至 2016 年底，银行业离柜交易率达 84%，同比提高 6.6 个百分点；遍布全国各地的自助设备、电商平台、微信银行等交易也日趋活跃，为人民群众提供了全功能、全渠道、全天候的便捷金融新服务。三是消费者权益保护力度不断加大。银行业聚焦百姓关切，重视消费者投诉，加大消费者保护宣教力度，连续第六年组织开展普及金融知识宣传活动，增强银行业消费者维护自身合法权益的能力。2016 年，银行业组织金融知识普及活动约 36 万场次，参与银行网点近 18 万个，呈现出"政府高度重视、监管扎实推动、协会积极部署、金融机构全力落实、社会公众广泛参与"的消保工作局面。

七、热心社会公益，让社会共享金融发展成果

作为企业公民，银行业金融机构参与公益事业是提高社会认可度的重要纽带。长期以来，银行业热心社会公益，坚持投入社会公益事业，完善公益长效机制，持续开展志愿服务、慈善捐赠、抗震援建、特殊群体关爱等公益活动，倾力回馈社会，促进共享发展。据不完全统计，2016 年银行业全年公益慈善投入总额达 11.1 亿元，同比增加 300 万元；员工志愿者活动时长 86.3 万小时。截至 2016 年底，银行业公益慈善项目数量达到 6 056 个；面对自然灾害积极献爱心，银行业金融机构捐赠善款达 3 003 万元；银行业网点设置无障碍通道 5.8 万个，开设爱心窗口 8.7 万个，铺设坡道数量 5.9 万个，较上一年增幅达 94%。

八、强化责任管理，促进银行业可持续发展

2016 年，银行业金融机构积极发挥履行社会责任主体功能，进一步强化责任管理，创新责任思想理念，完善责任管理体系，健全责任推进机制，加强与利益相关方沟通，逐渐将责任管理融入日常经营管理。例如，国家开发银行编制《脱贫攻坚》专项报告，中国工商银行开展利益相关方调查，中国农业银行推进责任理念嵌入企业文化建设，中国银行连续三年坚守"担当社会责任，做最好银行"的战略目标，中国建设银行提高环境与社会影响数据在社会责任报告中占比，交通银行开展社会责任专项培训。股份制商业银行、城市商业银行、农村商业银行等其他类型金融机构也不断强化责任管理。据不完全统计，2016 年银行业全年社会责任工作投入达 5 887.5 万元，从事社会责任工作员工达到 1.1 万余人，开展社会责任培训 1 283 余次。截至

2016 年底，全行业共有 118 家银行业金融机构明确了社会责任理念，75 家发布了社会责任报告或可持续发展报告。

回首过去，我们硕果累累；面向未来，我们任重道远。面对新形势，党中央和国务院对银行业担当社会责任、服务实体经济提出了更高的要求。为贯彻落实中央的政策要求，响应社会公众对银行业的新期待，银行业金融机构要在以下三个方面用心、走心、上心，齐心协力担当好社会责任。

一是回归服务实体经济的"初心"。 习总书记强调："金融活，经济活；金融稳，经济稳。"服务好实体经济是银行业应切实担当的最根本社会责任。银行业要继续贯彻落实五大发展理念，统筹推进"五位一体"总体布局和协调推进"四个全面"战略布局，坚持稳中求进工作总基调，回归本源，突出主业，以推进供给侧结构性改革为主线，对接好"一带一路"等国家战略，支持好"三去一降一补"供给侧结构性改革，落实服务好"稳增长、促改革、调结构、惠民生、防风险"各项政策，促进实体经济健康平稳发展。

二是赢得社会公众广泛信赖的"信心"。 银行业属于现代服务行业，要有"端盘子"的服务精神，为人民群众看好"钱袋子"，提供最贴心的服务。坚持以客户为中心，借助金融科技手段，依托互联网"平台"思维及"用户"思维，更好地、全方位地服务客户；下沉服务重心，将普惠金融落到实处，着力推动精准扶贫，创新发展绿色金融，关爱特殊群体客户，加强消费者保护，提升金融服务的覆盖率、可得性、满意度，让普罗大众共享金融服务的雨露甘霖，让更多的金融活水浇灌实体经济长青之树。

三是追求锤炼责任管理的"匠心"。 工匠精神和企业家精神是百年老店的两大支柱。社会责任管理是一个持续循环改进的动态系统工程。银行业要持续深化"责任银行"的理念，立足自身经营实际，发挥专业优势，完善责任治理体系，健全责任推进机制，切实将责任管理融入核心业务、日常经营管理以及与各利益相关方互动的过程中，发扬精益求精的工匠精神和开拓进取的企业家精神，不断精耕细作，呵护培育银行业独具匠心的责任文化。

习总书记强调，"只有积极承担社会责任的企业才是最有竞争力和生命力的企业"，使命重在担当，实干筑就辉煌。让我们更加紧密地团结在以习近平同志为核心的党中央周围，增强"四个意识"，团结一致、携手并进、砥砺前行，努力打造一批具有竞争力和生命力的中国银行业百年老店，共同开创银行业社会责任管理工作新局面，为经济社会平稳健康发展贡献新动能，以优异的成绩迎接党的十九大胜利召开！

中国银行业协会党委书记、专职副会长 潘光伟

2017 年 6 月

目录
CONTENTS

中国银行业服务经济社会发展

支持"三农"持续发展

支持农业基础设施建设
促进农业科技创新
服务新型农业经营主体
支持新农村建设
带动农户致富

- ◆ 修建乡村公路
- ◆ 农村水利设施
- ◆ 支持养鸡/养猪场
- ◆ 粮食加工项目
- ◆ 新农村建设项目

助力民生福祉改善

扶持小微企业发展
助力扶贫攻坚

- ◆ 信贷工厂模式
- ◆ 创业企业孵化器项目
- ◆ 驻村帮扶
- ◆ 集中连片扶贫开发贷款项目

支持经济创新升级

落实区域战略（京津冀协同发展、
长江经济带）
服务制造强国战略
支持网络强国战略
"一带一路"战略

- ◆ 高铁项目、网络化制造项目
- ◆ 电子商务网站项目
- ◆ 建设新机场、同城高速公路等
- ◆ 港口、铁路、公路建设项目

便利消费提振内需

支持民生消费

◆ 住房、买车、旅游消费贷款

促进生态环境保护

支持绿色产业发展

坚持绿色低碳运营

◆ 支持水电、光伏等节能环保项目
◆ 支持城市污水处理项目
◆ 绿色办公大楼
◆ 空调不低于26度

参与社会公益事业

捐赠支持医疗教育文化事业

志愿者活动

抗击自然灾害

◆ 资助建设希望小学
◆ 文化演出
◆ 志愿者进社区
◆ 参与灾后重建

责任专题一：
服务供给侧结构性改革

一、明确使命，与实体经济协同共进

银行业的发展与实体经济唇齿相依，银行业在服务供给侧结构性改革中肩负着重要作用。一方面，通过提供优质高效的产品和服务，满足实体经济发展对金融服务多元化、多层次的需求；另一方面，行业自身仍需不断改革创新，为持续创新发展夯实基础。

2016 年，银行业金融机构坚守不发生系统性、区域性风险底线，按照商业可持续原则，以服务供给侧结构性改革为主线，坚持深化改革、积极创新、回归本源、专注主业，不断提高服务实体经济的能力和水平。

二、积极行动，服务"三去一降一补"

"三去一降一补"是供给侧结构性改革的中心工作。2016 年，银行业主动适应经济环境变化，积极创新金融支持和服务方式，提高银行业金融供给的质量和效率，通过实施差异化信贷政策、盘活信贷资源、落实差别化住房信贷政策、积极稳妥开展市场化债转股、加强服务收费管理等切实举措，促进全社会落实好"去产能、去库存、去杠杆、降成本、补短板"的任务，为实体经济健康发展提供金融支持。

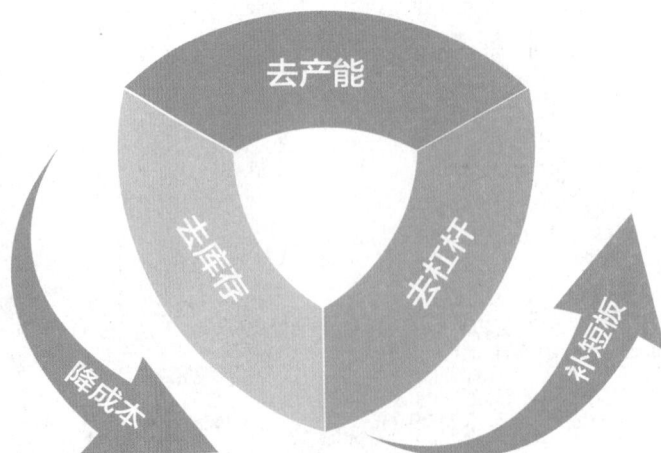

（一）支持去产能

国家开发银行、大型商业银行和股份制银行等积极落实人民银行、银监会关于支持钢铁煤炭行业化解产能相关要求，在去产能方面积极行动。坚持充分发挥市场在金融资源配置中的决定性作用，完善差异化金融支持政策，将支持去产能与防范化解风险相结合，努力提高金融服务的去产能适配度，促进过剩产能行业尤其是钢铁煤炭行业的转型发展和脱困升级。

银行业在行动

中国工商银行对钢铁等 5 个产能严重过剩行业、钢铁上下游行业以及煤炭产业链实行移位管理，积极实施"有扶有控"差异化的信贷政策：加大对技术装备先进且产品有竞争力、有市场的行业龙头企业的支持力度，支持骨干企业在兼并重组、技术改造、节能减排、"走出去"以及日常经营等方面合理的资金需求，加快退出连续亏损、产品不具备竞争力等发展前景不佳的劣势企业的融资。截至 2016 年底，对钢铁等产能严重过剩行业、钢铁上下游行业以及煤炭产业链等三类行业，贷款余额分别同比下降 42.90 亿元、284 亿元和 261.40 亿元。

中国农业银行在钢铁、煤炭等 8 个产能过剩行业贷款压降 177 亿元，12 个设限行业贷款压降 2 219 亿元。

中国建设银行发挥多功能金融优势，支持地方政府和企业去产能。2016 年，发放并购贷款 300 多亿元，支持煤炭、钢铁等传统产业重组。全面压缩过剩产业信贷投放，从钢铁和煤炭行业的 147 户企业退出贷款 68 亿元。

（二）支持去杠杆

大型商业银行、股份制银行、资产管理公司等银行业金融机构坚持以市场化、法治化方式原则，加大企业兼并重组金融支持力度，以企业资产证券化等盘活企业存量资产，创新和丰富股权融资工具，积极引入直接融资服务，稳妥推进市场化银行债权转股权，引导企业优化债务结构，降低偿债负担，帮助企业度过经营困难，实现转型发展。

银行业在行动

中国工商银行、中国农业银行加快设立资产管理公司专司债转股。此外中国农业银行加大直接融资服务比重，积极发展股权融资，截至 2016 年底，承销债务融资工具 4 151.28 亿元，新增产业基金 885 亿元。投资地方债 7 328.32 亿元，同比增长 33.11%。

地方债投资
同比增长 **33.11**%

中国建行银行落地首选武钢、云锡试点债转股项目。与煤炭、钢铁等行业中资产负债率偏高但是发展前景好的 7 家企业，自主协商达成市场化、法制化债转股协议金额近千亿元，降低企业资产负债率 5 ~ 15 个百分点。

降低企业资产
负债率 **5~15** 个
百分点

（三）支持去库存

各类型银行业金融机构坚持因地因城施策，执行差别化信贷政策，重点满足城市首套自住房及改善型住房贷款需求，加大中低收入人群购房信贷支持力度，积极向县域地区个人购房群体倾斜信贷资源。从严控制房地产开发贷款，积极支持保障房建设，推进城镇化建设、棚户区改造，促进房地产市场长期稳健发展。

银行业在行动

国家开发银行严格控制存量房较多地区新建安置房比例，加大货币化安置力度，2016 年度发放货币化安置贷款 5 435 亿元，消化存量房超过 70 万套、6 500 万平方米。

中国工商银行发挥金融配置调节作用引导热点城市调控房价，重点满足首套普通自住房和改善型自住房贷款需求，在区域调控和银行调节的合力作用下使中低收入群体买得到房，买得起房。截至 2016 年底，个人住房贷款余额 32 408.38 亿元。

中国农业银行着力支持居民自住和进城人员购房需求。截至 2016 年底，个人住房贷余额款 25 599.70 亿元，同比增长 32.90%。其中县域个人住房按揭贷款余额 7 629.92 亿元，同比增长 28.30%。

（四）支持降成本

国家开发银行、政策性银行持续加大对薄弱环节、重点领域的长期低成本资金支持。大型商业银行、股份制银行、城市商业银行通过产品服务创新，持续扩大直接融资，降低融资中间环节费用；不断完善定价机制，严格规范产品服务收费；加大与政府支持的融资担保机构合作，提高企业信用等级，降低融资成本。同时引导企业加强资金集中管理，提高企业资金使用效率。发挥银行、企业、政府合力，缓解实体经济企业困难，助力企业发展。

银行业在行动

中国农业银行为企业融资的成本为 4.66%，比 2015 年同期下降 121 个基点。

比 2015 年同期下降 121 个基点

兴业银行支持企业通过发行企业债等债务融资工具，缩短融资链条，筹集低成本资金。截至 2016 年底，非金融企业债务工具主承销规模突破 4 000 亿元，发行利率比贷款平均约低 1.07 个百分点，2016 年为企业直接节约财务费用超过 70 亿元。

企业直接节约财务费用超过 70 亿元

浙商银行扭转通过降息来降低企业融资成本的业务理念，围绕着企业融资需求，对贷款的金额、期限、利率等基本要素进行全面优化，并通过灵活组合为企业"量体裁衣"，帮助企业增强流动性管理，从而真正降低其整体融资成本。如在期限方面，实现灵活"定制"，允许企业根据双方约定提前还款，按实际用款时间支付利息，更好地匹配企业的实际融资需求，降低利息支出。

量体裁衣

实现灵活"定制"

（五）支持补短板

国家开发银行、大型商业银行等在支持国家发展战略、满足重点领域金融需求、支持振兴实体经济中发挥重要作用。中国农业发展银行、中国农业银行在服务农业供给侧改革中贡献重要力量；中国邮政储蓄银行在践行、引领、开拓普惠金融领域中积极探索；各银行业金融机构在支持脱贫攻坚、帮扶小微企业、服务"三农"、发展消费金融、推进绿色金融创新、发展战略性新兴产业等领域下大力气，为全面提高供给的质量和水平，更好地满足经济社会发展的需求夯实基础。

银行业在行动

国家开发银行成立扶贫金融事业部，服务脱贫攻坚。围绕中国制造 2025 等重大战略、"一带一路"等重大区域战略，支持重大工程和重大项目建设。中国农业发展银行全力服务国家粮食安全、助力农业供给侧结构性改革的顺利落实，率先成立扶贫金融事业部全力脱贫攻坚。中国邮政储蓄银行在"三农"、精准扶贫、小微双创等领域注入新金融和新动力，坚定服务普惠金融战略。

大型商业银行通过理念共识先行、加快机构布局、增加信贷投放、多元合作，大力服务"一带一路"，并在"京津冀协同发展"等重点区域战略制定差异化信贷政策、工作方案，对接战略落地。各家银行结合机构定位、专注主业，服务动能转化、产业转型升级，落实制造强国战略；发挥金融力量，推动农业供给侧结构性改革；服务脱贫攻坚，践行普惠金融。实施绿色金融创新；积极应对气候挑战。

股份制商业银行积极服务"一带一路"等国家战略，部分银行支持高端制造业和传统制造业产业升级，探索现代物流及养老保障等现代服务业；部分银行专注服务中小微企业发展、绿色金融发展。各银行在不断推进机构国际化同时，服务实体经济发展。

部分城市商业银行、农村商业银行及农村信用社积极支持"一带一路"战略实施，各家银行在小微、"三农"、精准扶贫等普惠金融、绿色金融领域加大信贷资源倾斜力度，加快产品创新，服务当地经济发展、产业转型与百姓致富。村镇银行坚守支农支小，积极推动农村金融服务供给体系建立与完善，扎实做好农村金融服务。

资产管理公司提供综合金融服务助力企业海外并购、转型升级。民营银行主要推进绿色金融，支持节能环保产业发展。外资银行参与"一带一路"多元融资合作，推动绿色金融发展。

三、深化改革，完善组织机制保障

2016 年，银行业金融机构将推进金融改革与供给侧改革协调并进，以新金融、新服务为供给侧结构性改革和振兴实体经济注入新动力。国家开发银行完成深化改革"三步走"战略，为国家深化金融体制改革扬帆助力；中国邮政储蓄银行、浙商银行等成功上市，公司治理结构进一步完善。

各银行业金融机构认真落实银监会有关治理机制改革要求，加快事业部制改革。国家开发银行进一步提升住宅金融事业部支持棚户区改造的能力，与中国农业发展银行分别设立扶贫金融事业部落实国家脱贫攻坚战略；中国农业银行进一步深化"三农"金融事业部改革；中国邮政储蓄银行设立"三农"金融事业部，为推动农业供给侧改革奠定组织机制保障。

深入推进综合化经营。大型商业银行、部分股份制商业银行及城市商业银行等坚守合规与风险底线，积极推进综合化经营，为服务供给侧改革提供多元化与多层次金融服务，如中国邮政储蓄银行成立中邮消费金融公司，全方位满足各阶层客户多元化消费金融需求。

责任专题二：
助力脱贫攻坚战

精准扶贫、精准脱贫是新时期脱贫攻坚的基本方略，确保到 2020 年现行标准下农村贫困人口实现脱贫，是全面建成小康社会的重要内容，是积极响应联合国 2030 年可持续发展议程的重要行动。

银行业金融机构是脱贫攻坚的重要力量，按照"五位一体"总体布局和"四个全面"战略布局要求，积极将精准帮扶与区域整体开发有机结合，加大信贷投放支持力度，对贫困人口实行分类精准扶持，进一步放大财政资金的杠杆作用和扶贫效能，变"大水漫灌"为"精准滴灌"。

截至 2016 年底，银行业金融机构服务老少边穷地区的营业网点达 5 051 个[①]；扶贫小额信贷余额 1 658 亿元；支持建档立卡贫困户 402 万户；扶贫项目贷款余额 802.70 亿元。[②]

支持建档立卡贫困户
402
万户

扶贫小额信贷余额
1 658
亿元

扶贫项目贷款余额
802.7
亿元

服务老少边穷地区的营业网点
5 051
个

① 数据来源：中国银行业协会根据收集银行的数据汇总。
② 数据来源：中国银行业监督管理委员会。

中国银行业金融机构精准扶贫图示

扶贫顶层设计

| 扶贫政策研究 | 扶贫中长期规划制定 | 扶贫工作方案 |

扶贫机制保障

- 完善工作机制
- 派驻驻村人员

加强组织体系建设

- 创新模式产品
- 建设金融渠道

扶贫重大举措

政银合作

签订政银/金融扶贫开发合作协议

提高精准度

- 扶贫统计
- 建档立卡
- 信用体系建设

提高精准度

- 定点扶贫
- 易地扶贫搬迁
- 普惠/扶贫示范区建设

扶贫技术支撑

推动产业发展

与多方合作搭建银政、银担、银企等多样化平台，信贷投放培育和发展贫困县特色产业

发放小额信贷

开发金融产品、加大力度支持小微、创业、农户种养殖，以及光伏、旅游等特色产业

设立扶贫基金

与多方合作设立风险补偿基金、专项扶贫基金、产业扶贫基金、扶贫发展基金

丰富担保增信体系

搭建电商平台

合作发放扶贫贴息贷款

完善扶贫顶层设计。银行业金融机构根据国家、地区的政策要求和贫困地方的实际情况，研究制定了扶贫专项政策、中长期规划及工作方案。

建立扶贫机制保障。各机构进一步完善金融扶贫工作机制，加强组织体系建设。国家开发银行及中国农业发展银行成立了扶贫金融事业部，其他银行业金融机构成立了以主要负责人为领导的金融扶贫工作小组，选派优秀人员赴扶贫地区开展金融帮扶工作，创新扶贫金融模式及产品，让金融服务渠道深入乡村，为扶贫工作开展打下扎实基础。截至 2016 年底，基础金融服务已覆盖 54.20 万个行政村，覆盖率 95%。[1]

银行业在行动：金融服务"村村通"

银行业金融机构深入拓展农村金融服务渠道，在贫困地区设立物理网点、自助银行、布放设备机具的基础上，采取"银行＋合作方"模式设立助农取款点，结合"互联网＋"思维设立线上服务平台，将服务渠道延伸至村民家门口，做到金融服务"村村通"。

中国农业银行加快"金穗惠农通"工程在贫困地区县域的布局和实施进度。截至 2016 年底，"金穗惠农通"对具备固话通讯条件的行政村已基本覆盖；30 家分行上线"农银 e 管家"平台。

中国邮政储蓄银行开创"固定平台＋流动金融"服务模式，该行青海省分行流动金融服务车对牧民群众实施追随式金融服务。

富滇银行、齐商银行、山西省农村信用社联合社等城市商业银行、农村商业银行、农村信用社设立流动金融服务站、流动银行车，提供办理开卡、卡激活等服务，解决贫困人口长期缺失金融服务带来的诸多民生问题。

哈尔滨银行大力推广"乾道嘉"助农 e 站，使农民"足不出村"即可享受到高效、便捷的基础金融服务，2016 年数量达 1 600 余家，服务农村人口近 160 万。

> "邮储银行流动服务车真是好，每月都准时把我的养老金送到家门口。"
>
> ——青海牧民才让单周

---

[1] 数据来源：中国银行业监督管理委员会。

创新扶贫工作模式。银行业金融机构积极与国务院扶贫开发领导小组办公室、各地政府签订金融扶贫开发合作协议，国家开发银行、政策性银行、大型商业银行及中国邮政储蓄银行重点开展定点扶贫、易地扶贫搬迁等相关工作。中国农业发展银行、中国邮政储蓄银行着力建设扶贫、普惠金融示范区，打造可复制的扶贫模式；中国农业银行启动精准扶贫贷款专项统计研发工作；部分股份制银行加强扶贫信息系统建设，在信贷管理系统中增设或完善相关统计标识，使扶贫统计逐步自动化；城市商业银行、农村商业银行及农村信用社作为扶贫主力军，依据贫困人口数量，逐户摸底调查，积极推进农村信用体系建设，建立和完善农户经济和信用档案，通过农户信用信息和扶贫信息的结合使用，让扶贫贷款得以精准投放。

截至 2016 年底，中国农业发展银行累计向广西百色、河北保定、贵州毕节、陕西安康 4 个金融扶贫试验示范区投放各类贷款 187.19 亿元，精准扶贫贷款 126.32 亿元；中国邮政储蓄银行深化与农业部合作，在 283 个国家现代农业示范区建设 550 家现代农业示范区支行，2016 年示范区支行小额贷款结余 400 亿元，新主体贷款结余 118 亿元。

银行业在行动

大力推进易地扶贫搬迁

国家开发银行协助 22 个省（市、区）政府建立省级扶贫投融资主体，并通过省级"统一贷款、统一采购、统一还款"的模式，更好地管理易地扶贫搬迁贷款。2016 年发放易地扶贫搬迁贷款 311 亿元，惠及约 911 万建档立卡贫困人口和 253 万同步搬迁人口。

全面推进网络扶贫合作

2016 年 12 月，中国农业发展银行在全国网络扶贫工作现场推进会上与国家发展改革委、江西省人民政府签订《全面支持网络扶贫合作框架协议》。江西省作为全国 7 个网络扶贫示范省之一，是第一个由该行与发改委推动的"2+N"政策性金融支持网络扶贫模式落地省。三方将围绕"十三五"时期脱贫攻坚网络扶贫建设目标、任务、重点领域和重大项目，开展全方位合作。其中，该行还将为江西省网络扶贫项目提供 200 亿元人民币的意向性信贷额度。

强化扶贫金融服务。银行业金融机构创新金融扶贫模式，通过丰富担保增信体系、搭建电商平台、政府扶贫贴息贷款合作、设立扶贫相关基金等多种方式，降低贫困地区融资难度及成本。国家开发银行、政策性银行、大型商业银行及中国邮政储蓄银行搭建银政、银企、银担等合作平台为贫困地区产业链上下游提供资金，推动产业化发展；中国农业银行、中国邮政储蓄银行、股份制银行、城市商业银行、农村商业银行及农村信用社等机构则主要创新开发小额信贷产品，提升创业、农户种养殖等贫困人群的生产能力，支持光伏、旅游等特色产业发展，推动金融可持续扶贫。截至 2016 年底，国家开发银行坚持融资融智相结合，全年发放精准扶贫贷款 3 153 亿元，组织开展 28 项扶贫融资规划编制；中国农业银行在 832 个扶贫重点县贷款余额 7 044 亿元，比年初增加 920 亿元，增幅 15%，服务带动了 560 万建档立卡贫困人口，带动人数比年初增加 106 万人；中国邮政储蓄银行在 832 个国家重点贫困县累计发放小额贷款 814.44 亿元；农村中小金融机构承担了扶贫小额信贷投放量的一半以上，有力地支持了贫困地区各项事业发展。

银行业在行动

中国首单社会效应债券与精准扶贫紧密结合

2016 年 12 月 23 日，我国首单社会效应债券通过中国银行间市场交易商协会注册，并在银行间债券市场成功发行。发行扶贫社会效应债券，引导社会资本通过市场化方式进入扶贫领域，在短期内筹集资金可解决扶贫项目"融资难、融资贵"的问题，填补国内与精准扶贫相关的直接融资产品的空白，实现推进国内精准扶贫发展以及跨要素市场债券品种创新。

此单社会效应债券发行规模为 5 亿元，募集资金全部用于山东省沂南县的扶贫项目，由青岛银行担任牵头主承销商，中国农业银行担任联席主承销商，共发行 5 亿元债券，期限 10 年，中国农业发展银行作为主要投资者认购债券发行总量的 92%，受益人口预计达到 125 个村约 2 万余人。

小知识

社会效应债券（Social Impact Bonds，简称 SIBs）作为一种公共服务或社会事务领域基于绩效标准付费的跨部门公私合作融资机制，2010 年起源于英国剑桥郡，目前在全球已有 40 余单完成发行。发行以来，社会效应债券凭借减轻政府财政支出压力、有效平衡各方利益、以较低成本推动社会总体福利增进及带动社会服务组织发展等优势，受到各国的普遍欢迎。

用心关怀，传递温暖——中国邮政储蓄银行安徽省分行信贷员冒雨前往受灾农户家中查看灾情

脱贫攻坚之产业扶贫——国家开发银行支持武陵山连片特困地区贵州省印江土家族苗族自治县食用菌产业发展

脱贫攻坚之精准扶贫——中国工商银行向四川省巴中市通江县广纳镇金堂村贫困户实行对口帮扶，为其提供巴山土猪苗，实行滚动养殖，2016 年该户（如图）养殖巴山土猪 4 头，增收 4 800 元，外加种植以及其他收入，足以满足各项生活基本开销。

为蜀道筑就钢梯，让悬崖村重归大地——2016 年，中国农业发展银行率先向四川凉山州"悬崖村"提供 6 000 万元政策性贷款，已先期投放 240 万元，帮助"悬崖村"建起了钢管搭建的钢梯，取代了原先令人惊心动魄的藤梯，初步具备较为安全便捷的出行条件。

银行业在行动

创新金融模式支持贫困地区发展特色产业

桂林银行联手广西"第一书记"品牌探索金融扶贫新思路。2016年，该行对入驻广西"第一书记"扶贫产业园的企业和68个贫困县的农产品销售企业提供点对点的结算和信贷资金支持，促进农产品种植的规模化和产业化。探索"政府牵头＋银行支持＋企业搭台＋农户生产"的金融扶贫新模式，拟以桂林全州县东山乡为试点，形成诚信的农产品生产、销售、消费闭环生态链的目标。

目前，该行已经向桂林大野公司发放了一笔扶贫贷款169万元，用于第一期灵芝栽培。商户向当地农户收购"全州朝天椒"以及引进东山灵芝鸡、东山茶园土鸡、东山土猪、架子牛等优势品种，截至2016年底，已参加合作社的社员达165户。

政府牵头 ＋ 银行支持 ＋ 企业搭台 ＋ 农户生产

已参加合作社
的社员达 **165** 户

"扶贫精准贷"助贫困人口创业就业

江苏睢宁农村商业银行于2016年9月创新推出"扶贫精准贷"贷款产品，该产品的最大特点是对原有扶贫小额贷款不能满足生产经营需求的客户，给予定向补充资金支持。2016年累计发放"扶贫精准贷"5 335万元，累计支持带动1 270户建档立卡低收入户自主创业就业。

$ 2016 年累计发放
"扶贫精准贷" **5 335** 万元

累计支持带动 **1 270** 户
建档立卡低收入户自主创业就业

强化责任管理

　　当前，深化供给侧结构性改革、全面振兴实体经济进入关键阶段，利率市场化、互联网金融快速发展等对银行业的创新升级形成了新挑战。提升银行业的社会认可度、提高金融产品和服务的有效供给、改善银行业从业人员素质、防控银行业的社会与环境风险均对银行业社会责任管理提出了新的更高要求。

　　据不完全统计，2016 年，银行业全年社会责任工作投入达 5 887.51 万元①。银行业金融机构面对新形势、新挑战，积极创新社会责任思想，开展社会责任培训，探索社会责任融入模式，深化社会责任沟通传播，努力构建银行业与社会协调可持续发展的良好社会生态环境。

---

① 数据来源：中国银行业协会根据收集银行的数据汇总。

推进利益相关方参与

银行业金融机构开展了多种形式的利益相关方参与实践，以服务社会责任报告编制、加强与社会不同主体的沟通、优化价值链伙伴合作等。2016年，中国工商银行、中国建设银行等开展利益相关方调查、实施实质性议题分析，识别社会责任重要议题，推进社会责任报告信息披露的实质性、完整性等，为优化责任管理体系提供支撑。交通银行重视内部员工沟通渠道建设，定期编制发布《交通银行》报和《交银》杂志，反馈员工心声，传达企业人才培养理念。上海浦东发展银行将利益相关方参与机制嵌入业务风险防控环节，借助"外滩12号同业合作沙龙"、"金融市场学院"，优化合作双方风险边界，服务各合作机构及行业的稳定发展。

组织社会责任培训

银行业金融机构重视员工的责任培训。据不完全统计，截至2016年底，银行业从事社会责任工作的员工达到1.1万余人，开展社会责任培训1 283余次[3]。国家开发银行、中国工商银行组织绿色金融等与可持续发展议题高度相关的专项培训。中国农业银行、交通银行、中信银行、兴业银行、浙商银行等通过在线学习、视频、现场授课等形式开展社会责任专项培训。四川银行业协会等地方协会加强与会员银行在社会报告编制等方面的培训。

融入日常运营管理

银行业金融机构积极探索将责任理念方法融入风险管理、业务创新和社区关系维护等领域。国家开发银行深入推进社会责任与开发性金融的研究，将社会与环境风险评估管理嵌入业务开发评审全过程。中国农业银行推进责任理念嵌入企业文化建设。上海浦东发展银行、兴业银行推动责任理念融入金融产品创新，推动绿色金融发展。大型商业银行、中国邮政储蓄银行、汇丰银行（中国）等将志愿服务理念与企业文化建设相结合，不断提升员工责任理念、凝聚力以及银行业金融机构社会影响力。

开展国际交流

银行业社会责任领先机构积极参加国内外社会责任交流活动。国家开发银行、中国工商银行、上海银行参与联合国全球契约、联合国环境规划署的可持续发展研讨，推动可持续发展理念与方法的传播。中国建设银行参与二氧化碳披露计划（CDP）国际会议，向世界展示建设银行关注全球气候变化，致力于可持续发展的决心和行动。继2008年兴业银行承诺采纳赤道原则成为中国首家赤道银行后，2016年，江苏银行宣布采纳赤道原则，学习借鉴国际前沿成果。

① 数据来源：中国银行业协会根据收集银行的数据汇总。
③ 数据来源：中国银行业协会根据收集银行的数据汇总。

创新责任思想理念

领先的银行业金融机构高度重视责任理念创新，以责任理念为指导推动机构的可持续发展。据不完全统计，截至2016年底，全行业共有118家银行业金融机构明确了社会责任理念①。国家开发银行、中国工商银行提出，在责任管理推进过程中，全员责任理念的融入至关重要。中国农业银行加大自主核心系统创新，夯实客户服务与国家金融信息安全的使命感。中国邮政储蓄银行提出携手各方打造覆盖中国广大零售客户的金融生态圈理念。

建立社会责任管理体系

银行业社会责任领先金融机构关注社会责任管理体系完善，加强社会、环境影响指标的梳理和优化。据不完全统计，截至2016年底，已有75家发布了社会责任报告或可持续发展报告②。国家开发银行、中国工商银行、兴业银行推进社会责任管理体系完善。中国工商银行滚动编制社会责任三年规划。国家开发银行、中国建设银行持续完善以环境、社会环境影响数据为主体的社会责任指标体系，加强环境与社会影响数据在社会责任报告中的比重。中信银行建立了信息化的社会责任信息收集系统。

完善社会责任报告

银行业金融机构在实践中不断反思社会责任报告的真实价值，提出社会责任报告定位于传播责任思想理念，提升责任品牌影响力，同时更重要的是对接业务部门社会沟通、精准营销需求，支撑业务部门发展。国家开发银行推进编制《脱贫攻坚》专项报告，支撑扶贫金融事业部与各利益相关方的沟通。上海浦东发展银行社会责任报告聚焦银行"新理念·促发展"的责任思想，并将报告作为促进业务部门营销传播的重要形式。

社会责任信息传播

银行业主要金融机构坚持定期发布社会责任报告。国家开发银行、中国农业银行等建立指标体系支撑年度社会责任报告素材收集工作，进一步提升社会责任报告的可读性；兴业银行建立了社会责任工作信息定期报送制度。同时，银行业金融机构注重社会沟通传播。国家开发银行、中国工商银行、上海浦东发展银行等将机构的新理念、新思想融入报告年度主题；各类银行业金融机构发布微信H5版、网络版、电子版报告等；中国农业银行设立品牌、文化等与社会责任议题相关的微信公众号，加大信息透明度，强化与各利益相关方的信息沟通。

② 数据来源：中国银行业协会根据收集银行的数据汇总。

防控金融风险

2016 年，供给侧结构性改革深入、经济下行压力继续加大，银行业面临更加严峻的考验，不良贷款率攀升、资产利润率下滑、行业风险积聚。银行业在防风险和稳增长之间把握平衡的难度不断加大，优化金融资源供给、提升实体经济服务质效和优化风险管理体系、提升风险抵御能力的任务与挑战更加严峻。

银行业金融机构认真落实关于风险防控的意见要求，坚决将防控金融风险放到更加重要的位置，坚持底线思维、分类施策、稳妥推进、标本兼治，切实防范化解突出风险，严守不发生系统性风险底线。

中国农业银行支持新型能源产业

银行业金融机构植根稳健风险文化,创新与机构适应的风险管理理念,深入风险管理体系建设,完善风险管理制度。加强信用风险、市场风险重点领域风险防控,优化流动性管理,推进操作风险管理工具与业务的融合及信息科技风险监测,强化国别、声誉风险识别、预警、评估和监测,审慎评估与防范跨境、跨业风险。与此同时,各类型银行加大内控合规力度,开展合规文化建设,强化制度建设,以创新业务合规、案件风险防控、反洗钱等为重点,健全深化问题整改机制及内控管理体系,为机构自身及行业发展夯实合规基础。

银行业在行动

中国建设银行不断完善自上而下、独立有效、责任明晰的内控合规工作机制,加强内控制度、业务流程和标准化建设,增强干部员工的责任意识、底线意识、红线意识;梳理规范规章制度与推进内控标准化建设,制定发布个人信贷、个人存款、渠道与运营、结算与现金管理、财富管理与私人银行等领域内控标准。

中国邮政储蓄银行持续建立健全审慎、稳健的全面风险管理体系,加快推进资本管理高级方法实施,做好风险量化管理工具建设。着力加强重点领域的风险防范化解,搭建区域风险预警监测机制,提升信贷风险督导化解力度,开展全行重点客户风险隐患排查,加强不良贷款清收处置力度,夯实经济下行期风险防控能力。

华夏银行内控合规条线突出案件风险防控及反洗钱管理工作,持续强化制度管理及操作规范。

重庆银行大力推进内控合规体系建设,通过推进制度体系建设、实施合规管理、严格防控法律风险、规范采购等方面,为规范业务经营、促进业务发展提供保障。

浙商银行实行积极稳健的风险管理策略,将经营风险、风险先行的理念贯彻到银行整体运营全过程,注重风险管理与业务经营的匹配性,以及风险管理的有效性和策略性,并着重提升全行员工的风险管理意识,建立与全资产经营战略相适应的全面风险管理体系。

落实国家战略

- 服务重大区域战略
- 推动制造强国战略
- 助力网络强国战略
- 促进"一带一路"互联互通
- 支持自贸试验区改革创新

服务"一带一路"、京津冀协同发展、长江经济带建设、东北老工业基地振兴重大区域战略，落实制造强国、网络强国等国家战略，对接自贸试验区改革创新等国家重大战略和决策的实施，既对银行业发展提出了新要求，又为银行业转型提供了新机遇。银行业金融机构结合自身社会定位，发挥专业优势，加快转型步伐、加大金融创新力度，落实国家重大战略、推动行业转型升级，在满足重点领域金融服务需求、支持振兴实体经济的同时，提升银行业自身的可持续发展能力。

截至 2016 年底，银行业金融机构本外币各项贷款余额 112.06 万亿元，同比增长 12.8%；对实体经济发放的人民币贷款余额为 105.19 万亿元，较上一年度增加 12.44 万亿元，同比增长 13.4%[1]。

---

[1] 数据来源：中国人民银行。

国家开发银行和政策性金融机构等对接国家重大战略落地，提供长期、稳定、持续的金融服务。大型商业银行、股份制银行开启综合化经营新篇章，加快机构布局，加大信贷专项政策制定，以多牌照、综合化的金融服务、海内外联动等措施助力重大战略实施、产业转型升级、自贸区改革创新等。城市商业银行、资产管理公司、农村商业银行及信用社发挥各自优势，有重点有针对性地支持京津冀协同发展、长江经济带建设、振兴东北老工业基地等战略的落实。

一、服务重大区域战略

落实"西部开发、东北振兴、中部崛起、东部率先"的区域发展总体战略思路，银行业金融机构以五大发展理念为指导，通过理念及规划先行、深化多方合作、制定专项信贷政策、加快产品服务创新等夯实重点领域金融需求，助力区域战略落地，推动区域协调与实体经济发展。

银行业在行动

支持京津冀协同发展

国家开发银行及政策性银行、中国农业银行和中国银行等大型商业银行创新中长期建设资金供给方式，积极发展绿色金融，大力发展科技金融，加大对基础设施建设、环境保护、产业升级、科技创新等重点领域和薄弱环节的支持力度。通过金融机制促进区域过剩、落后产能出清和产业优化。截至 2016 年底，国家开发银行在京津冀地区贷款余额 9 840 亿元；中国农业发展银行贷款余额 869 亿元；中国银行 2016 年支持京津冀协同发展项目 240 个，投放资金 948 亿元。

助力长江经济带建设

国家开发银行及政策性银行、中国农业银行、上海浦东发展银行等银行业金融机构不断创新融资工具，扩大授信总量，优化信贷结构，助力长江经济带建设。截至 2016 年底，中国农业发展银行在长江经济带涉及省份共发放基础设施贷款 4 365 亿元，年末贷款余额 9 187 亿元；中国农业银行累计投放支持长江经济带建设贷款 19 905 余亿元。

中国农业发展银行支持长江经济带建设

上海浦东发展银行践行"大保护"思想，服务长江生态环境的修复、保护、建设等融资需求。围绕产业梯度转移、立体交通走廊等，服务东部地区消费与创新、中部地区生产与制造、西部地区资源与原材料等领域。

振兴东北老工业基地

国家开发银行及政策性银行、招商银行、哈尔滨银行等银行业金融机构发挥专长与优势，加大资源配置力度，积极振兴东北老工业基地。国家开发银行全力保证重点领域、重点项目融资需求，2016 年投放 1 730 亿元支持保障性住房、城市综合管廊、煤炭行业转型升级等领域。招商银行助力食品加工龙头企业、支持现代农业发展。哈尔滨银行积极支持现代农业、先进制造业等领域发展。

二、推动制造强国战略

　　银行业金融机构大力落实国家制造强国战略政策精神与文件要求，加快机构综合化经营转型、制定差异化信贷政策、加快金融产品创新，密切同业、政府间合作，合力促进传统产业转型，支持关键共性技术研发和科技成果转化应用，落实制造强国战略。

　　国家开发银行与政策性银行、中国工商银行等大型商业银行、股份制银行等加大对制造业行业兼并重组、转型转产、技术创新、新兴产业等的信贷支持，细化行业准入政策，实施区域差异化授信制度，加大对有效益、有市场、有竞争力的制造业企业的支持，通过联合授信、银团贷款等方式支持企业创新发展。同时，利用国内、国际两个市场，支持国际产能合作和装备制造"走出去"，促进化解过剩产能和传统产业转型升级。

银行业在行动

　　国家开发银行在"十三五"期间为"中国制造 2025"实施专项提供不低于 3 000 亿元的融资支持。中国工商银行完善装备制造等七大战略性新兴产业信贷政策，制定《关于信贷支持先进制造业重点领域的意见》，着力支持包括新一代信息技术、高档数控机床和机器人等在内的十大制造业领域。中国农业银行、中国银行、中国建设银行和交通银行持续支持符合"中国制造 2025"和战略性新兴产业方向的制造业企业，服务工业强基与转型升级。上海浦东发展银行设立科技金融中心，专业化服务高科技、战略性新兴企业发展。截至 2016 年底，上海浦东发展银行服务科技型企业客户超过 18 000 户，贷款余额超过 1 000 亿元。

中国工商银行支持的高新技术制药企业

三、助力网络强国战略

　　国家开发银行、中国工商银行等大型商业银行、股份制银行等聚焦互联网与经济发展相结合，提升产业发展质量和效益方面的难点痛点，紧紧围绕"互联网 +"的重点领域和关键任务，着力加强对互联网及相关产业的科技创新、转型升级的金融支持，促进互联网及其相关行业创新升级、提质增效。

国家开发银行、中国工商银行等银行业金融机构与中国互联网投资基金签署投贷联动协议，为基金所投企业提供银行授信、金融服务等一揽子支持举措，授信总额 1 500 亿元人民币。

中国农业银行采用自主研发模式开发 BoEing 工程，以领先的技术架构和业务架构整合各类产品与服务，在交易量持续走高的前提下完成了核心业务系统的安全"换芯"，实现了从"以账户为中心"向"以客户为中心"的转变。

四、促进"一带一路"互联互通

"一带一路"是中国首倡，但为各国共享。"一带一路"建设面临的长期、巨额的资金需求，需要充分发挥金融作用。银行业金融机构在风险可控的前提下，遵循国际通行规则，构建以政策性金融、开发性金融为主导，商业银行协同的金融网络，为"一带一路"建设提供长期、稳定、可持续的金融服务。同时，人民币国际化稳步推进、自贸试验区改革建设、金融市场双向开放，为"一带一路"沿线的国际金融服务提供了更加有力的保障。

2016 年，国家开发银行及政策性银行为"一带一路"基础设施、农业和海外投资等大型项目提供中长期、低成本的资金支持；中国工商银行、中国银行、交通银行等商业银行发挥全球机构网络优势和人民币业务优势，支持装备制造及航空运输等重点项目建设，贡献中国企业优势经验；股份制商业银行和城市商业银行依托灵活机制和区位优势，深耕"一带一路"国内项目，初步构建了服务"一带一路"建设的多层次金融服务体系，有效拓宽了境内外融资渠道，完善了跨境金融服务，为企业参与"一带一路"建设提供了多元化的金融支持和服务。

根据国际货币基金组织（IMF）测算，未来五年，仅"一带一路"沿线国家基础设施建设累计投资额将超过 3 万亿美元。

"一带一路"沿线国家和地区人口、经济规模等数据：

◎ 覆盖人口：44 亿，占全世界的 **63%**

◎ 经济规模：21 万亿美元，占全世界的 **29%**

◎ 沿线国家和地区：**65** 个（含中国）

◎ 货物和服务出口：占全世界的 **23.9%**

◎ 欧亚铁路网：**8.1** 万公里

欧洲和亚洲之间并无天然屏障，在当今互联互通的世界，人为划分的洲际疆界难以为继。我们应该承认，俄罗斯和中国的欧亚一体化愿景是正确的。

——葡萄牙国务秘书布鲁诺·马萨斯在英国《金融时报》的撰文《我们都是"欧亚人"》

银行业服务"一带一路"三周年的进展情况

主要内容	银行服务
政策沟通	◎ 截至 2016 年底，中国人民银行已与"一带一路"沿线超过 21 个国家和地区的中央银行签署了双边本币互换协议，总规模超过万亿元，并在 7 个国家设立了人民币清算行；中国银监会已与 29 个"一带一路"沿线国家的监管当局签署了双边监管谅解备忘录（MOU），加强跨境监管合作和信息交流，推动银行业金融机构之间开展多层次、多领域的合作，维护互设银行机构的稳健发展 ◎ 支持中国"一带一路"倡议与沿线国家发展战略的对接，包括：哈萨克斯坦"光明之路"、俄罗斯"欧亚经济联盟"、蒙古"草原之路"、欧洲"容克计划"和越南"两廊一圈"等 ◎ 推动沿线各国共建新亚欧大陆桥、中蒙俄经济走廊、中国—中亚—西亚经济走廊、中巴经济走廊、中国—中南半岛经济走廊和孟中印缅经济走廊等"六大经济走廊" ◎ 推动中国同沿线多个国家开展国际产能合作
设施联通	◎ 金融设施：截至 2016 年底，共有 9 家中资银行在"一带一路"沿线 26 个国家设立了 62 家一级分支机构，来自 20 个"一带一路"国家的 54 家银行在华设立了 6 家子行、1 家财务公司、20 家分行以及 40 家代表处 ◎ 基础设施：金融支持"一带一路"沿线国家和地区交通贯通、能源联通和信息畅通。渝新欧、蓉新欧、汉新欧、郑新欧、西新欧等大通道让丝路车行无阻；普特拉姆燃煤电站、老挝南塔河水电站、印尼玛木朱电厂等合作项目给沿线人民送去光明与希望；油气管网、输电走廊、能源通道、卫星通信，全方位、立体化、网络状的联通格局助推沿线国家携手合作
贸易畅通	◎ 满足跨境投资、贸易结算、货币流通等跨境金融需求 ◎ 推动自贸区建设，优化跨境金融服务，加强区域通关一体化改革，发展关税保函、海关保函等银行担保业务 ◎ 探索产业园区贸易金融服务，提供贸易便利化与供应链融资 ◎ 支持我国在"一带一路"贸易中具有较高技术含量产品出口 ◎ 借助丝路基金拓展海内外机构的联动融资服务

续表

主要内容	银行服务
民心相通	◎ 支持中国企业对沿线国家投资，推动重大项目落地开花，带动了各国经济发展，创造了大量就业机会 ◎ 国家开发银行在多边合作机制下开展高层政策对话，举办上合银联体、中国—东盟银联体金融合作研讨会，举办双边交流培训，设立 APEC 中小企业专项贷款支持亚太地区民生经济，通过埃及银行转贷方式融资支持埃及中小企业发展 ◎ 中国银行面向菲律宾成功举办了"一带一路"国际金融交流合作研修班
资金融通	◎ 扩大沿线国家双边本币互换、结算的范围和规模，提供全球化不间断的资金交易服务；完成银行间外汇市场人民币对南非兰特、韩元、阿联酋迪拉姆等多种外币的直接交易，为全球客户提供结算清算、存款贷款、资金交易、债券发行与承销、托管、现金管理等体系完备的人民币国际化产品和全面优质的金融服务 ◎ 推进亚洲基础设施投资银行、金砖国家开发银行筹建，组建丝路基金，深化中国—东盟银行联合体、上合组织银行联合体务实合作，以银团贷款、银行授信等方式开展多边金融合作 ◎ 支持沿线国家政府和信用等级较高的企业及金融机构在中国境内发行人民币债券，符合条件的中国境内金融机构和企业在境外发行人民币债券和外币债券，鼓励在沿线国家使用所筹资金 ◎ 通过银团贷款、境外投资贷款、承包工程贷款、贸易融资、财务咨询等一揽子金融服务，为"走出去"客户提供资金支持

银行业在行动

中国银行业服务"一带一路"研讨会

2016 年 3 月 14 日，中国银监会和中国银行业协会召开了银行业服务"一带一路"研讨会。中国银行业协会发布《中国银行业服务"一带一路"倡议书》，倡议银行业全力支持"一带一路"建设。同时，协会也将配合银监会建立服务"一带一路"沟通机制，通过定期发布《简报》、召开专题研讨会等方式交流并分享银行业服务"一带一路"建设的信息及相关经验；搭建银企沟通桥梁，分享"一带一路"沿线重点国家的项目信息。

中国银行业服务"一带一路"研讨会

"一带一路"多边金融合作

2016 年 1 月，全球首个由中国倡议设立、57 国共同筹建的多边金融机构——亚洲基础设施投资银行成立并开业，对完善全球经济治理体系改革具有重大意义，初期投资重点领域包括能源电力、交通电信、农村和农业基础设施等。

中国银行加快构建"一带一路"金融大动脉，将"一带一路"地区作为海外布局的战略重点。积极加强与沿线国家交流，推动贸易金融业务合作；发挥保函专业优势，服务"一带一路"重点国际产能合作项目；争当"走出去"企业的首选银行，争做"一带一路"跨境人民币业务的主渠道银行。截至 2016 年底，该行在"一带一路"沿线共跟进境外重大项目约 420 个，项目总投资额超过 4 000 亿美元。两年来，中国银行完成对"一带一路"沿线国家各类授信支持近 600 亿美元。

交通银行于 2016 年 11 月 10 日与金砖国家新开发银行在上海签署《战略合作谅解备忘录》，依靠各自资源和专业优势，建立长期、稳定、互利、互惠的战略伙伴关系，共促国际金融市场发展。

交通银行与金砖国家新开发银行在上海签署《战略合作谅解备忘录》

2017 年 1 月 18 日，"一带一路"构想下中国首个海外成立的商业银行——由亿赞普集团等中资企业以及吉布提财政部共同发起的丝路国际银行挂牌营业，将为中非双边贸易以及中国在非洲的投资提供一揽子金融解决方案。

银行业在行动

人民币国际化——加入 SDR

2016 年 10 月 1 日，国际货币基金组织（IMF）宣布纳入人民币的特别提款权（SDR）新货币篮子正式生效。新的 SDR 货币篮子包含美元、欧元、人民币、日元和英镑五种货币，人民币初始权重为 10.92%，成为第三大储备货币。

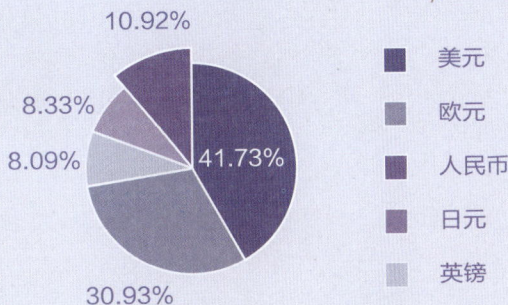

SDR 货币篮子各货币所占比重

中国银行于 2016 年 12 月 21 日发布 2016 年度《人民币国际化白皮书——正式加入 SDR 货币篮子的人民币》。这是该行连续第 4 年调研全球客户的人民币国际化参与度，调研对象覆盖全球 42 个国家和地区的近 3 500 家境内外企业。结果显示，超过九成受访企业认为人民币加入 SDR 货币篮子有助于提升人民币的国际地位。

支持"一带一路"沿线发展

铁路

2016 年，由中资企业承建的蒙巴萨—内罗毕标轨铁路项目开通，这是肯尼亚百年来建造的首条新铁路，总投资 38.10 亿美元，其中 90% 由中国进出口银行提供。项目已为肯尼亚创造就业岗位 4 万多个，培训技术人员约 2 万名。国家开发银行积极支持中国企业参与境外高速铁路项目建设，为雅万高铁项目提供融资支持，以中国高铁的技术标准和施工能力优势，促进沿线国家基础设施改善和互联互通。

能源

2016 年，国家开发银行在欧亚地区，融资支持了中俄油气合作、中亚天然气管线等一批重大能源资源合作项目，促进各方互利共赢。

核电

2016 年，国家开发银行、交通银行等为中广核投资英国 HPC 核电项目提供融资支持，实现首单核电"走出去"，标志着中国从"核电大国"向"核电强国"转变。

产业园区

浙商银行支持中俄丝绸之路高科技产业园区建设。截至 2016 年末，已累计审批贷款 44 亿元。目前占地 4 平方公里的"中俄丝绸之路高科技产业园"第一期工程已经开工建设。

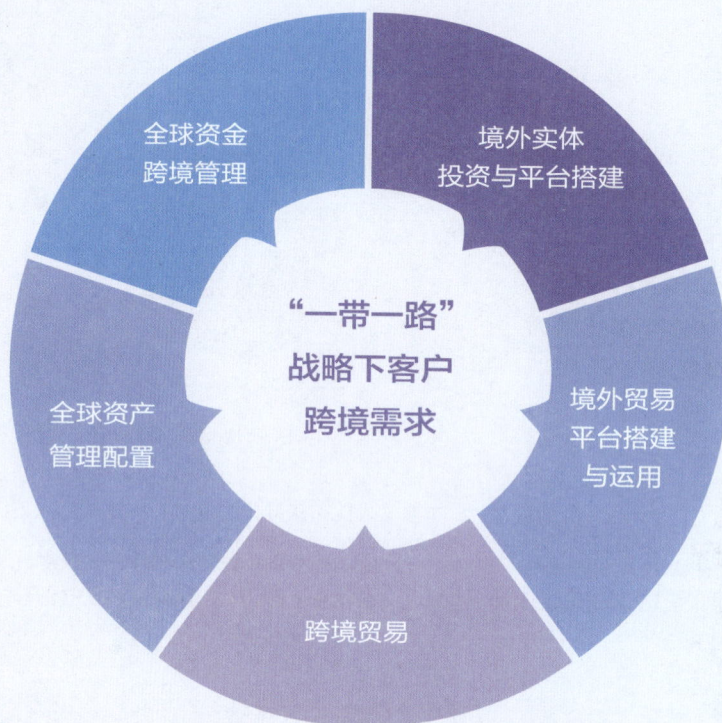

全球资金
跨境管理

境外实体
投资与平台搭建

"一带一路"
战略下客户
跨境需求

全球资产
管理配置

境外贸易
平台搭建
与运用

跨境贸易

上海浦东发展银行《"一带一路"跨境金融服务方案 1.0》

"海淘族"	◎ 全币种芯片卡为"海淘跨境消费"提供全方位支付特色服务。
中高端客户群	◎ 长城环球通无限卡、全币种白金卡等产品可享境外交易双倍积分、跨境交易货币兑换免费等服务。
留学生客户群	◎ 长城国际卓隽卡涵盖了美元、欧元、英镑等多币种，可享每月免首笔取现手续费、主卡控制额度等多项优惠。
港澳台商务客户群	◎ 长城环球通港澳台自由行卡可享港澳台地区众多热门指定商户消费 5% 现金返还等礼遇。

中国银行跨境金融消费服务平台

五、支持自贸试验区改革创新

　　自贸区金融创新的核心是资本项目可兑换、人民币跨境使用、跨境投融资便利以及金融服务业开放，银行业作为金融业的重要组成部门，在自贸区的金融创新过程中发挥重要的支撑和推动作用。中国进出口银行、中国银行、上海浦东发展银行及上海银行等各类型银行紧跟金融改革创新政策，不断完善优化金融服务，更好地适应各自贸区服务贸易与投融资便利化的需求。

银行业在行动

　　中国进出口银行从服务贸易、金融租赁、检验检疫等领域支持天津自贸区建设。中国银行积极对接自贸区投资贸易体制改革、机制创新，跟进研究自贸区新型业态特点，配套设计金融服务方案，支持福建自贸区新型业态发展壮大。中国建设银行聚焦区域特色产业，积极布局自贸区业务创新，支持天津自贸区建设。

　　上海浦东发展银行在推动上海自贸区业务做大做强的同时，支持广东、天津、福建等自贸区业务形成特色，积极参与支持大连自贸区的宣传与推广；推出《自贸区金融服务方案6.0》，充分利用自贸区平台，从机构设置、平台协同、产品创新等方面服务实体经济，助力各地自贸区建设发展和探索金融创新。

推进普惠金融

- 提升"三农"金融服务

- 扶持小微企业成长

- 扩大居民内需消费

　　大力推进普惠金融发展是小康社会建设的重要内容。银行业金融机构以"立足改善民生，聚焦薄弱领域，深化金融创新，推进普惠建设"为指导，深化普惠金融体制机制改革，探索应用互联网、大数据等防控风险、降低成本，着力增加普惠金融服务和产品供给，努力提高金融服务在"三农"、小微企业等领域的能力和水平，推进民生改善，惠及千家万户。

中国农业发展银行全力服务国家粮食安全

一、提升"三农"金融服务

银行业金融机构围绕推进农业供给侧结构性改革工作主线，坚持绿色发展导向，以改革创新为动力，以结构调整为重点，加大金融产品与服务创新，提高金融服务供给质量效率，着力培育"三农"发展新动能、打造新业态、扶持新主体、拓宽新渠道、服务农业转型升级，推动农业现代化建设，助力农村全面小康建设迈出更大步伐。

截至 2016 年底，银行业金融机构涉农贷款余额 28.20 万亿元，比年初增加 2.40 万亿元，同比增长 7.10%[①]。

（一）深化体制机制改革

银行业金融机构大力推进体制机制改革，夯实"三农"转型发展的基础。2016 年，中国农业发展银行强化服务"三农"领域的政策性功能定位；中国农业银行深化"三农"金融事业部改革试点；中国邮政储蓄银行成立"三农"金融事业部；各农村信用社深化改革，强化服务"三农"功能。

---

① 数据来源：中国银行业监督管理委员会。

银行业在行动

中国农业银行制定《关于进一步深化"三农"金融事业部改革的意见》，继续健全"三农"金融事业部组织架构、管理体制和运行机制，着力提升事业部对服务"三农"的保障能力。

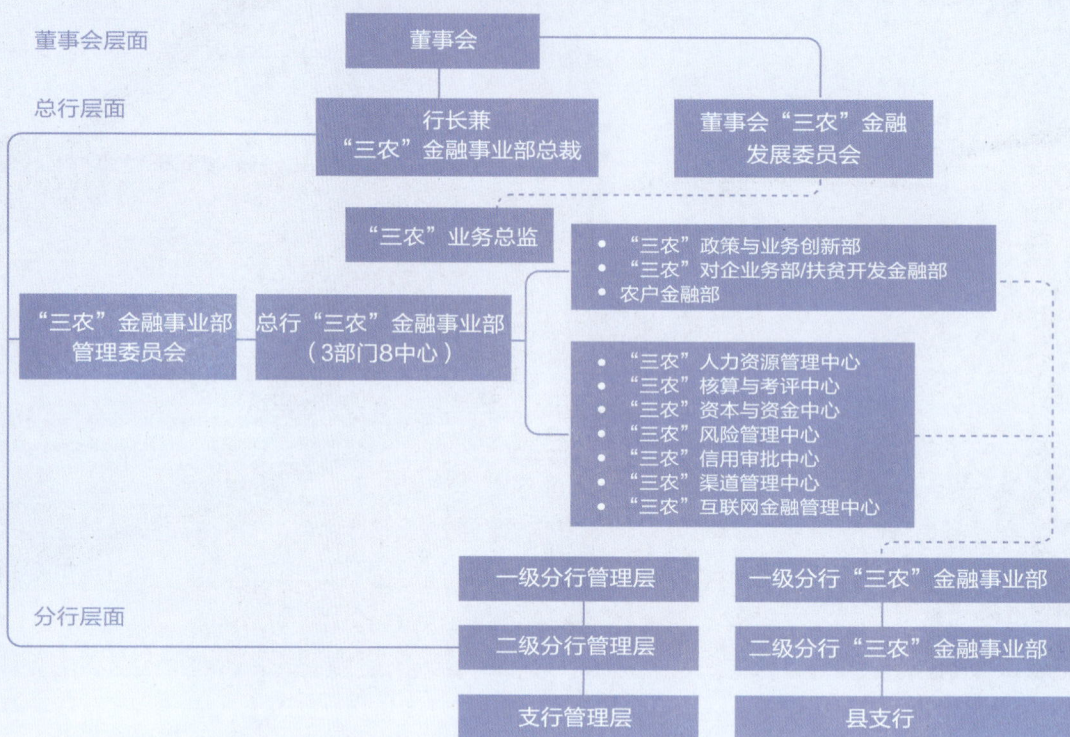

董事会层面

董事会

总行层面

行长兼
"三农"金融事业部总裁

董事会"三农"金融
发展委员会

"三农"业务总监

- "三农"政策与业务创新部
- "三农"对企业务部/扶贫开发金融部
- 农户金融部

"三农"金融事业部
管理委员会

总行"三农"金融事业部
（3部门8中心）

- "三农"人力资源管理中心
- "三农"核算与考评中心
- "三农"资本与资金中心
- "三农"风险管理中心
- "三农"信用审批中心
- "三农"渠道管理中心
- "三农"互联网金融管理中心

一级分行管理层

一级分行"三农"金融事业部

分行层面

二级分行管理层

二级分行"三农"金融事业部

支行管理层

县支行

中国邮政储蓄银行成立"三农"金融事业部，"三农"金融事业部各级分部与总部相对应，形成覆盖银行各级机构的、专业化的为农服务体系。事业部改革试点后将逐步在全国范围推广，为进一步做大、做强、做专、做精"三农"金融服务奠定坚实基础。

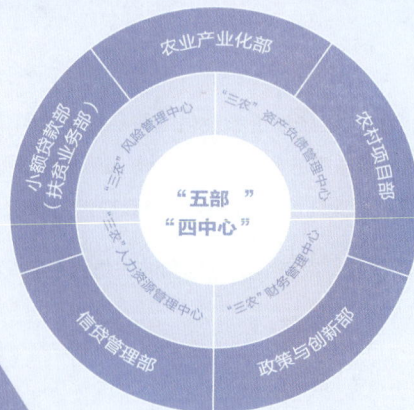

农业产业化部

小额贷款部
（扶贫业务部）

"三农"风险管理中心

"三农"资产负债管理中心

农村项目部

"五部"
"四中心"

"三农"人力资源管理中心

"三农"财务管理中心

信贷管理部

政策与创新部

重庆农村商业银行优化"三农"服务体制

- 在董事会、经营管理层下均设置"三农"金融服务委员会，职能部门中设置"三农"业务管理部，总行公司、个人业务部下设立农业产业化中心、农户金融服务中心，提高"三农"业务精细化管理水平
- 划分城市业务和"三农"业务两大板块，精细业务分类
- 将30家支行定位为"三农"业务支行，便于"三农"业务发展
- 支行设立农户贷款中心、农业产业化贷款中心，直接营销农户及农企贷款，提升"三农"业务处理效率

（二）服务农业供给侧结构性改革

2016 年，银行业金融机构坚持创新发展、绿色发展，专注主业，发挥专长，推进金融产品创新，全力保障国家粮食安全，大力支持新型农业经营主体和农村电商、休闲农业、乡村旅游等新产业新业态，积极稳妥推进农村承包土地的经营权抵押贷款等试点工作，服务农村经济发展，优化农村生态环境，带动农户致富。

国家开发银行和中国农业发展银行、大型商业银行、中国邮政储蓄银行在服务国家粮食安全战略、推进农村集体经营性建设用地使用权等抵押贷款试点、支持农业基础设施建设、农业科技创新、新型农业经营主体和农业"走出去"中发挥了重要作用。

华夏银行等股份制银行、江苏银行等城市商业银行积极推出农村承包土地经营权抵押贷款等产品服务，结合主业、协同政府、农户等各方力量，加大"三农"服务模式创新，挖掘并大力支持符合当地资源禀赋、特色优势的新产业新业态。

农村商业银行、农村信用社稳步推进改革，持续推进农村信用工程建设、农村普惠金融工程建设，积极开展农村承包土地经营权抵押贷款等试点，主动探索"互联网 + 农村电商"新模式，服务新型农业经营主体、助力新产业新业态，建设美丽乡村，致富守信农户。

银行业在行动

中国农业发展银行全力服务国家粮食安全，创新支持农业现代化，促进农村三产融合发展，2016 年发放农村土地流转和规模经营、农业产业化经营、农村流通体系建设、农业科技等贷款 1 204.70 亿元。大力支持城乡发展一体化，加大对水利、棚改、农村路网、新型城镇化等农业农村基础设施建设的支持力度，累计发放贷款 8 787.10 亿元。

中国邮政储蓄银行推动现代农业示范区支行建设，加大涉农金融产品创新力度，持续优化"三农"金融服务流程，推动农业农村经济改革发展。截至 2016 年底，涉农贷款余额达 9 174.45 亿元，小额贷款余额 1 392.39 亿元，新型农业经营主体贷款结余规模较 2015 年末增加 120.11 亿元，增长 65.72%。

中国农业银行通过支持农业基础设施建设、农业科技创新、新型农业经营主体和农业"走出去"，助推农业可持续发展。截至 2016 年底，在全国 13 个粮食主产区投放涉农贷款达到 14 400 亿元；水利行业贷款余额突破 2 700 亿元，支持了国家 57 项重大水利工程，改善农田灌溉面积 26 894 万亩，造福防洪区域 16 742 万亩，惠及人口达 49 066 万人；对国家级、省级龙头企业金融服务覆盖率分别达到 82% 和 61%，致力于把龙头企业打造成现代农业发展的"领头羊"；支持专业大户、家庭农场 27.50 万户，贷款余额 528.40 亿元；支持农民合作社 172 家，贷款余额 5.18 亿元；支持合作社社员 106 091 户，贷款余额 183.13 亿元；县域城镇化贷款余额 4 000 亿元，比上年末增加 634 亿元，增长 18.80%；"美丽乡村"系列产业基金实现投放 202 亿元。

中国农业银行致力于建设美丽乡村

银行业在行动

平安银行支持以"绿色环境"、"绿色技术"、"绿色产品"为特色的龙头企业。

兴业银行探索"电商＋农户"等金融服务模式，支持现代农业发展。

富滇银行的"富滇—金蔬贷"以土地承包经营权、政府风险基金、农户联保、信用等多种模式相结合，累计对大理州弥渡县蔬菜种植户投放扶持资金 2 657 万元。

徽商银行逐步建立农村普惠金融组织渠道体系、产品销售体系、制度机制体系和支撑保障体系，在区域范围内打造和形成了具有自身特色的农村普惠金融品牌。截至 2016 年底，在全省 61 个县、79 个乡镇、120 余个行政村设立普惠金融网点，服务农村客户 21.13 万户，减免"三农"各类手续费 6 000 余万元。

江苏银行与省农委、省财政厅合作开展"新农贷"业务，为全省新型农业经营主体等提供综合金融服务，截至 2016 年底，为 374 户新型农业经营主体发放贷款 14.70 亿元。

北京农商银行在董事会层面设立"三农"金融服务委员会，制定专项战略规划，支持新农村建设、现代农业发展和农民增收致富，截至 2016 年底，累计投放涉农贷款约 3 000 亿元。

上海农商银行以美丽乡村建设、旧村和城中村改造、宅基地置换等为抓手，支持新农村建设，加强"互联网＋"农业研究，探索相关金融配套措施，积极服务农村金融改革。

广西农村信用社联合社大力支持瑶乡农民种植马蹄

银行业在行动

山西省农村信用社联合社持续实施"山西农信强农兴社金融普惠工程"。截至 2016 年底，共重点扶持 1 186 户农业龙头企业、1 692 户农民合作社、1 759 户专业大户、90 户家庭农场等新型农业经营主体的发展。

江苏省农村信用社联合社积极支持规模畜牧业、休闲观光农业、农产品精深加工以及节水、节肥、节药等绿色循环农业发展，着力助推农业生产与农产品加工、流通、服务有机结合，加大对农产品网上销售、农业产业链和价值链的信贷支持力度。

浙江省农村信用社联合社致力于推进农村信用工程建设，不断完善省、市、县三级信用体系，依托"政府主导、农村信用社主角、部门参与、联动推进"的良好机制，构建"重视信用、创造信用和开发信用"的良好农村金融生态环境。截至 2016 年底，信贷支持 A 级以上农民专业合作社 4 338 家，贷款余额 19.57 亿元，支持所属合作社社员 3 万户，贷款余额 33.32 亿元。

湖南省农村信用社联合社加强与财政、社保、电子、烟草等部门及商业银行、政策性银行、保险机构的业务合作，广泛开展财政贴息贷款、担保贷款、扶贫贷款、创新业务贷款，推动农村资源要素向市场更细、领域更宽、层次更多、效率更高的方向配置。

广东省农村信用社联合社探索"互联网＋普惠金融"服务创新，推出"众筹＋特色农业贷"服务模式，开展了兰花、走地鸡等多个农业众筹项目，为农户产品销售、生产融资提供便利。

甘肃省农村信用社联合社开展"互联网＋农村电商"试点。截至 2016 年底，共有 32 家行社、885 个便民服务点开办了农村电商业务，累计完成交易 1 062.42 万元。

新疆维吾尔自治区农村信用社联合社引入财政基金、担保公司合作创新农民专业合作社金融服务，推进"信贷＋保险"，支持南疆三地州畜牧业发展。

甘肃省农村信用社联合社助力种业公司发展

二、扶持小微企业成长

2016 年，银行业金融机构认真落实国家政策文件要求，加快成立普惠金融组织机构，大力推进小微支行、社区支行等专营机构建设；借助于数字技术完善财务与非财务风险分析，积极探索低成本、可复制、易推广、"量体裁衣"的小微企业金融产品与帮扶模式；改进贷款管理，有效应对小微企业续贷问题；推广"银税互动"、"银商合作"等新模式和动产抵（质）押融资等新服务，切实增加对小微企业融资需求的精准投放，助力创新创业。

截至 2016 年底，银行业金融机构的小微企业贷款余额 26.70 万亿元，占各项贷款余额的 24.10%，同比增长 13.80%，比各项贷款平均增速高 0.80%；小微企业贷款余额户数 1 361.10 万户，同比增加 38.50 万户；小微企业申贷获得率 93.60%，同比提高 0.80%。[①]

国家开发银行推进科创企业投贷联动试点及养老产业相关小微企业发展；中国邮政储蓄银行将小微金融服务作为中长期发展战略的重要支柱；中国银行等大型商业银行、华夏银行等股份制商业银行、城市商业银行推进机制体制创新、业务管理创新、模式创新，在实践中积极探索，形成了中国银行"中银信贷工厂"、华夏银行"平台金融"、广发银行"捷算通"、平安银行"橙 e 网"、招商银行"自助贷款直通"、兴业银行"小企业信贷工厂模式"、上海浦东发展银行"千人千户"、浙商银行"小企业成长贷"等新模式、新渠道、新体系。

北京银行等城市商业银行制定小微企业专项规划、搭建小微企业金融服务生态体系，积极推动投贷联动试点；利用大数据工具，基于综合分析及动态控制风险，加大"银税互动"、"银商合作"等产品创新和推广，研发基于小微企业发展全生命周期的金融服务方案；多策并举严格控制风险、加大资金支持力度，降低小微企业融资成本。

银行业在行动

中国邮政储蓄银行将小微金融服务作为中长期发展战略的重要支柱，聚焦"特色行业、民生领域、双创领域和政府合作领域"四个方面。主动对接各级政府及财政、工信、科技、税务等部门，创新"政府＋银行＋第三方"多种风险共担机制，形成了政府增信、政策性担保、政府推荐、政府直补四大"政银"合作模式，合力支持小微企业创新创业，破解小微企业信用不足障碍。加大特色支行建设，在 36 家一级分行、222 个地域特色行业，实现小微金融服务全覆盖。编制发布"小微企业运行指数"，为小微经济健康发展提供"融智"服务。截至 2016 年底，小企业法人贷款余额 1 561.63 亿元，服务小企业客户超过 3 万户。

中国邮政储蓄银行信贷员深入小微企业调研

---

① 数据来源：中国银行业监督管理委员会。

银行业在行动

兴业银行开发与股权投资机构合作的股债联动产品"投联贷"和"投贷通"，致力于降低小微企业准入门槛和融资成本。

浙商银行综合小企业融资需求与风险防控需要，深入分析小企业成长中财务需求特征，创新从初创（"双创"贷款、微贷等产品）到发展再到长大的完整金融产品服务体系，服务小微企业持续发展。

> 因为责任，我们的价值创造更可持续。因为共赢，我们的成长发展更加健康。华夏银行播下了责任的种子，雨露沐浴将孕育出共赢的果实。
>
> ——华夏银行小企业客户

华夏银行支持的小企业客户

北京银行设立投贷联动中心专业化服务科技金融发展。截至 2016 年底，累计为 2 万家科技型小微企业提供信贷资金超过 3 000 亿元。

重庆银行基于大数据分析推出银税贷款产品"好企贷"，引导诚信纳税企业，以纳税信用获得信贷额度，倡导"守信激励、银税互动"的信用生态。

江苏银行创新"转期贷"、"增额贷"，解决客户转贷、续贷问题，降低融资成本；引入外部数据平台以及政府处罚信息、税务等数据，建立风险判定主要指标库，包括财务类、征信类、账户交易行为类等常规信号以及税 e 融等网贷专项预警信号，根据指标值变化情况，随时监控和排查风险隐患；构建网贷业务黑灰名单、内外部反欺诈、模型评分、业务策略、资信报告、额度审批、贷款定价、电子合同以及贷后管理等全流程风控方案，有效提升风险处置效率。

三、扩大居民内需消费

银行业金融机构顺应社会大众消费观念、消费习惯转变趋势，加快筹建消费金融公司，大力推进"互联网＋"消费金融新产品、新模式，加大对养老家政健康、医疗教育、旅游休闲等重点领域支持，满足大众多元化消费信贷需求，助力培育经济发展新供给新动力。大型商业银行、股份制商业银行积极布局线上自助式消费贷款平台，城市商业银行、农村商业银行及农村信用社加大产品创新力度，以多元化的消费金融平台、渠道和产品更好地满足公众的差异化需求。

银行业在行动

中国建设银行上线个人网上自助贷款服务惠及民生消费，截至 2016 年底，累计为超过 144 万客户发放 529 亿元贷款。

中国邮政储蓄银行成立中邮消费金融公司，更好服务城乡居民消费需求。

招商银行依托零售业务的传统优势，进一步加强互联网技术研发、大数据管理与客群基础管理，致力于打造老百姓身边的普惠金融银行。如"闪电贷"基于大数据和云计算风控应用，通过数据整合和应用，对零售客户进行精准定位，为客户提供全线上、全自助贷款服务。

湖南省农村信用社联合社创新心系万家住房贷款、福祥便民卡消费贷款、汽车合格证质押贷款等信贷产品，满足农村居民消费需求。

建设美丽家园

■ 引领绿色金融发展

■ 坚持绿色低碳运营

当前，保护环境、应对气候变化已成为全球性焦点问题，我国也将绿色发展作为国家战略，并签署《巴黎协定》，作出了庄严承诺。银行业金融机构积极落实节约资源和保护环境基本国策，坚持风险可控和商业可持续性原则，加强绿色金融顶层设计，重视环境和社会风险管理，支持绿色环保行业，压缩不符合绿色发展要求的金融支持，创新绿色信贷、绿色债券、碳金融等产品，形成综合化的绿色金融服务体系，建立银行绿色评价机制，推动绿色金融国际交流合作，为全球气候治理注入中国智慧和动力。

国家开发银行支持的江西省吉安农村公路项目

一、引领绿色金融发展

　　绿色是永续发展的基础和人们对美好生活的追求。对银行而言，绿色金融是履行社会责任和实现商业利益的最佳领域。银行业金融机构贯彻《中共中央、国务院关于加快推进生态文明建设的指导意见》和《生态文明体制改革总体方案》精神，落实中国人民银行、银监会等七部委《关于构建绿色金融体系的指导意见》，完善支持绿色金融的政策体系，加大对绿色经济的支持力度，推进绿色金融制度建设和工具创新，建设开放的绿色金融示范共享机制，引领我国绿色发展的未来。

（一）健全绿色金融体系

　　绿色金融作为一种市场化的制度安排，在促进环境保护和生态建设方面具有十分重要的作用。2016 年，银行业金融机构发挥资金优化资源配置、服务实体经济的功能，完善绿色金融体系，加强绿色金融顶层设计，在绿色金融的战略规划、组织架构、制度机制、信息系统、风险管理、考核评价和信息披露方面，提升金融服务能力，增强银行业可持续竞争力，推动生态文明建设和绿色可持续发展。

2016 年中国银行业绿色金融体系的发展

体系建设	典型实践
战略规划	中国建设银行制定《中国建设银行绿色信贷发展战略》
组织架构	国家开发银行成立绿色信贷工作组
制度机制	• 中国进出口银行制定《中国进出口银行绿色信贷指引》 • 中国建设银行出台绿色信贷实施方案和业务发展指导意见
信息系统	• 国家开发银行建设贷款项目环境效益评价体系，实现绿色信贷环境效益测算的系统化和信息化 • 中国工商银行发布《环境因素对商业银行信用风险影响的压力测试研究》成果 • 国家开发银行、中国工商银行、中国建设银行等建立绿色信贷信息系统
风险管理	• 国家开发银行将环境和社会风险管理纳入全面风险管理体系 • 中国工商银行实现对环境和社会风险的全过程监测、管理和控制
考核评价	• 中国工商银行绩效考核指标体系涵盖经济效益指标、风险成本控制指标和社会责任指标；高管绩效考核指标体系包含每股社会贡献值；各分支机构季度绩效考评体系包含绿色信贷定量指标 • 中国建设银行推进绿色信贷评价管理，将绿色信贷指标纳入考核
信息披露	• 国家开发银行、政策性银行、大型商业银行、股份制银行等银行业金融机构，通过年度报告、社会责任报告、官方网站、媒体报道等渠道，加强环境信息的合规透明披露 • 中国进出口银行正在编制《中国进出口银行绿色金融白皮书》，拟通过白皮书向各界系统、详细、全面地介绍该行支持绿色发展的理念、标准、实践、效果等

银行业在行动

加强环境和社会风险管理

国家开发银行倡导生态可持续发展理念，高度重视绿色金融工作，率先于 2011 年 8 月加入联合国环境规划署可持续金融行动计划（UNEP FI），为项目的环境影响和效益进行评估管理，识别显著的环境影响。截至 2016 年底，绿色信贷贷款余额 15 716 亿元，居全国银行业首位，是支持绿色信贷的中长期贷款的主力银行。

借款人评审	• 将企业环境和安全事故风险作为信贷准入评审的重要内容 • 降低因环境问题受到处罚的客户的信用评级
项目政策性风险评审	• 对项目建设的环境风险进行分析，依照所在国（地区）的环保政策，研判项目是否合法合规 • 要求借款方在借贷合同签订前，必须获得所在国（地区）政府正式批准的环保文件，否则不予贷款
风险与收益评审	• 对具有环境效益的项目，重点测算其资源节约量和减少污染排放量等指标，作为项目评审的重要依据
贷后管理	• 对项目实施环评风险监控，要求借款人定期提交有关环境和社会风险管理防范的报告 • 对出现环境违法违规或发生重大安全事故的企业，有权采取宣布违约等措施 • 对特别严重的将停止放贷，甚至提前收回贷款

发布环境因素压力测试研究成果

2016 年 5 月，由中国工商银行承担的《环境因素对商业银行信用风险影响的压力测试研究》成果在伦敦"绿色金融的未来"国际会议上正式发布。该研究填补了国内银行业在环境风险量化和传导机制研究领域的空白，对全球银行业开展绿色金融及环境风险量化研究具有引领作用。

> "中国工商银行开展环境因素压力测试研究对所有类型的企业都具有重要意义。随着金融机构通过风险量化的技术将环境因素纳入金融资源配置决策中，企业对于环境风险的管理将成为决定其融资成本的直接因素。"
>
> ——剑桥大学可持续领导力研究院（CISL）金融行业组主任 Andrew Voysey

银行业绿色评级工作会

2016 年 9 月 22 日，中国银行业协会绿色信贷业务专业委员会在北京举办了银行业绿色评级工作会，银监会政策研究局到会指导工作。国家开发银行、上海浦东发展银行、兴业银行等 13 家会员单位参加了本次工作会，国家开发银行代表分享了自主研发的环境效益测算系统相关成果与经验，世界自然基金会（WWF）列席会议并分享相关经验。

（二）支持绿色产业发展

绿色产业是新常态下推动经济增长的新引擎。银行业金融机构认真遵循绿色发展理念，践行《"十三五"规划纲要》和《中国银行业绿色信贷共同承诺》等要求，在资金投放的行业结构、产品结构和业务结构等方面加快绿色转型。2016 年，银行业金融机构加大对清洁能源、循环经济、环境治理等节能环保领域的支持力度，严控对"两高一剩"行业的信贷投放，加快对污染工艺和落后产能的信贷退出步伐，为环境保护的供给侧结构性改革注入新活力。

截至 2016 年底，21 家主要银行业金融机构绿色信贷余额达 7.51 万亿元，占各项贷款的 8.83%。其中，节能环保、新能源、新能源汽车等战略性新兴产业贷款余额为 1.70 万亿元；节能、环保项目和服务贷款余额为 5.81 万亿元，预计可年节约标准煤 1.88 亿吨，减排二氧化碳当量 4.27 亿吨，减排化学需氧量 271.46 万吨、氨氮 35.89 万吨、二氧化硫 488.27 万吨、氮氧化物 282.69 万吨，节水 6.02 亿吨[1]。据不完全统计，银行业金融机构"两高一剩"行业贷款余额 1.64 万亿元，同比下降 8.89%[2]。

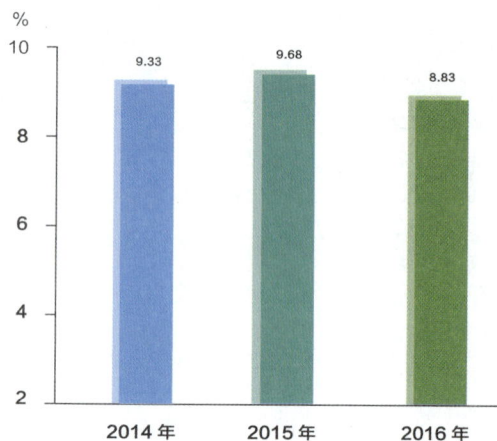

2014—2016 年 21 家主要银行业金融机构绿色信贷余额占各项贷款比例

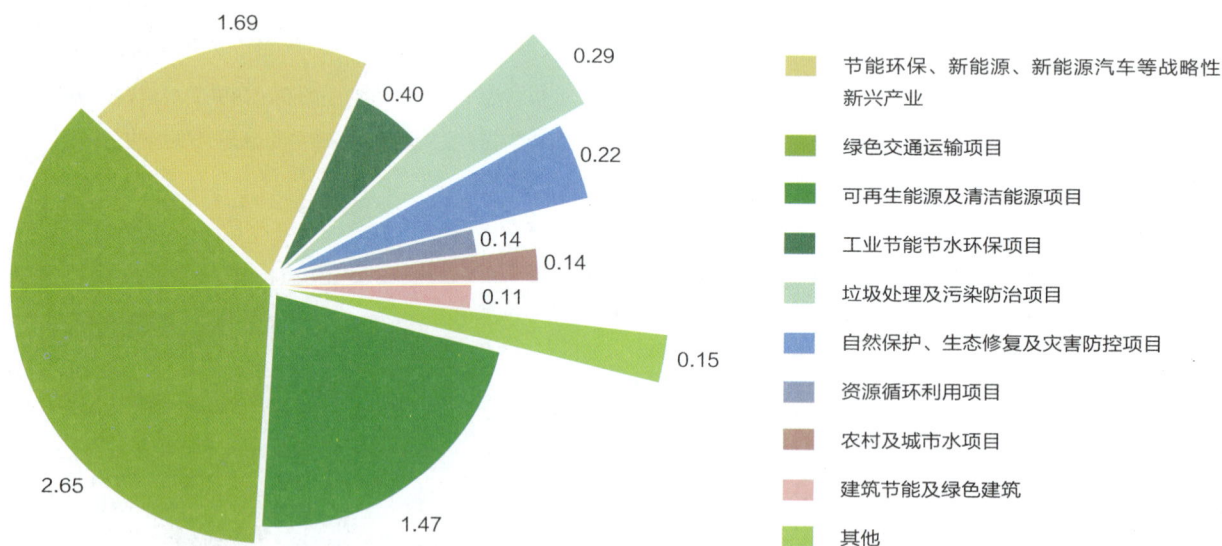

2016 年中国绿色信贷投向分布图（单位：万亿元）[3]

节能环保、新能源、新能源汽车等战略性新兴产业

绿色交通运输项目

可再生能源及清洁能源项目

工业节能节水环保项目

垃圾处理及污染防治项目

自然保护、生态修复及灾害防控项目

资源循环利用项目

农村及城市水项目

建筑节能及绿色建筑

其他

---

① 数据来源：中国银行业监督管理委员会。
② 数据来源：中国银行业协会根据收集银行的数据汇总。
③ 数据来源：中国银行业监督管理委员会。

银行业在行动

支持企业"走出去"开展绿色业务

中国进出口银行支持远在千里之外的埃塞俄比亚阿达马风电项目。它是第一个采用中国资金、技术、标准、设备、设计、施工、咨询和运营管理服务整体出口的风电总承包项目。该项目推动了中国绿色企业全链条"走出去"，提升了埃塞俄比亚利用清洁能源的能力，帮助其发展了低碳产业，保护了生态环境。

该行在支持企业"走出去"、推动"一带一路"建设、开展国际产能和装备制造合作等实际行动中贯彻绿色发展理念，推动国际化经营的中国企业切实履行环境和社会责任，将中国的绿色发展理念带出去，推动全球经济可持续发展。

支持节能环保

水电

中国银行四川省分行为雅砻江锦屏二级水电站项目核定授信 137 亿元，目前授信余额 91.45 亿元。

光伏

截至 2016 年底，中信银行中信金融租赁有限公司对某公司项下的 3 家电站发放融资租赁款 5.60 亿元，满足了该公司在光伏领域建设过程中的融资需求。

苏州银行给予中国最大的纯太阳能电站投资运营上市企业——联合光伏 1.89 亿元贷款资金，支持其唐山 25MW 新建光伏电站项目，预计在未来 25 年运营周期中可提供 8 亿度绿色电力能源。联合光伏与联合国开发计划署签署战略合作协定，作为联合国推动应对气候变化的唯一国际平台。

新能源

平安银行为新能源汽车产业链提供一体化综合金融服务。截至 2016 年底，新能源汽车客户授信额度超过 230 亿元。

中国信达资产管理公司旗下金谷信托设立信托计划，规模 8 亿元，投向国内重点清洁能源扶持对象——某新能源企业发行的公司债，信托资金主要用于其建设新的生物质电厂及研发效力更高的生物质锅炉，有助于企业优化升级。

节能减排

国家开发银行支持清洁及可再生能源、绿色农业、绿色交通等重点领域的绿色信贷业务。截至 2016 年底，绿色信贷贷款余额 1.57 万亿元，每年可节约标准煤 5 252 万吨；分别减少二氧化碳、二氧化硫、氮氧化物排放 1.31 亿吨、164 万吨和 85 万吨；削减化学需氧量 70 万吨，项目节能减排效益居全国银行业首位。

银行业在行动

大气

发行以防治大气污染为主题的绿色金融债

国家开发银行于 2017 年 2 月 21 日发行首期 50 亿元绿色金融债，是国内首单采用预发行模式交易发行的绿色金融债，募集资金将投向节能、清洁交通、清洁能源三个类别、九大项目。预计可减排 13.71 万吨二氧化碳、591.49 吨悬浮颗粒物、1 584.52 吨二氧化硫、351.52 吨氮氧化物，节约 5 935.80 吨标准煤、70.30 万吨水。

> "国家开发银行从源头构建项目支持大气污染防治，以污染物减排量、温室气体减排量等关键指标作为环境效益的量化标准。"
>
> ——《金融时报》

支持企业机组脱硫系统建设

广发银行武汉分行为大气污染治理经验丰富的某公司新建机组脱硫系统提供 5 000 万元流动资金贷款，保障其脱硫系统研发建设，促进大气污染治理。

广发银行支持某公司机组脱硫系统建设

为了碧水蓝天

水

支持南宁竹排江那考河项目

中国建设银行支持南宁市竹排江上游那考河流域治理项目。该项目引入流域治理和"海绵城市"建设理念，是广西首个采用政府和社会资本合作模式（PPP）的建设项目，也是申报国家 PPP 示范项目的第一批重点项目。

中国建设银行参与南宁竹排江那考河治理项目

开展水能效市场调研

北京银行与国际金融公司（IFC）联合开展水能效市场调研。该调研重点锁定工业污水处理、节水市场，形成了水能效市场发展趋势、政策导向、重点技术、主要运营模式、典型项目分析、标准化评估模型等内容，为深耕市场提供了有力的指导工具。

北京银行与国际金融公司共同开展
水能效市场调研

支持排涝调蓄工程

浙商银行支持台州洪家场浦排涝调蓄工程。台州撤地建市以后，椒江南片水域面积减少 550 万平方米，河道排涝调蓄能力堪忧。椒江区洪家场浦排涝调蓄工程将化解这一压力，增加农业、工业用水的水资源 760 万平方米，带动心海绿廊发展。2014 年，浙商银行给予负责该项目的企业 7 亿元授信额度支持。2016 年，该项目 5 个标段已全部开工。

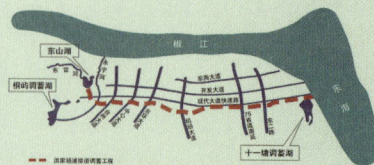
洪家场浦排涝调蓄工程图

（三）创新绿色产品服务

　　不断创新的绿色金融产品和服务，为可持续发展提供新动能。2016 年，在银监会鼓励和引导下，银行业金融机构将绿色金融理念与绿色金融产品相对接，以绿色信贷为抓手，以市场化方式创新金融工具，优化电子服务手段，满足企业对绿色金融产品服务的需求，在履行社会责任的同时，优化自身业务结构，增强环境和社会风险防范能力，提升经济可持续发展能力，助力生态环境保护和建设。

2016 年中国银行业创新绿色产品服务的进展情况

能效金融	◎ 中国农业银行、交通银行等大力发展能效信贷、合同能源管理信贷，向用能单位和节能服务公司提供贷款 ◎ 兴业银行等银行业金融机构接受合法拥有碳配额的控排企业提供的可交易的碳资产作为主要质押物，为其提供融资，支持其项目建设和运营 ◎ 招商银行等银行业金融机构接受融资企业提供的特许经营权作为质押，支持绿色交通、集中供热、垃圾处理等市政环境基础设施项目建设和运营 ◎ 中国进出口银行、华夏银行、江苏银行等银行通过国际资金转贷款等模式，中国农业银行、江苏银行等银行通过加强与国际领先金融机构合作的方式，提高绿色信贷的意识和能力
排放权金融	◎ 中国农业银行、华夏银行等银行机构探索国内碳排放权、排污权抵（质）押融资业务 ◎ 上海浦东发展银行完成全国首单上海碳配额远期代理清算 ◎ 中国农业银行、兴业银行、光大银行发行低碳信用卡
绿色债务	◎ 中国进出口银行、中国农业发展银行、中国工商银行、中国农业银行、中国银行、交通银行、兴业银行和上海浦东发展银行、青岛银行等先后发行绿色金融债券 ◎ 金砖国家新开发银行发行 30 亿元人民币绿色金融债券，是国际开发机构首次在中国银行间债券市场发行人民币绿色金融债券
电子服务	◎ 银行业金融机构践行低碳环保理念，向广大消费者提供网上银行、手机银行、微信银行等高品质的电子银行业务服务；引导客户树立新的金融消费理念，减少客户奔波于物理网点的次数，节省交通费用和时间，避免车辆行驶和尾气排放；凭借电子银行无纸化、低消耗、高效率的优势，节省纸张、油墨等易耗资源，降低水、电、油等资源能源消耗的环境影响

银行业在行动

加强环境和社会风险管理

中国进出口银行形成了涵盖绿色信贷、绿色基金、绿色咨询等在内的多元化绿色金融服务体系，尤其是转贷款、"两优"贷款、买方信贷、境外投资贷款等品种，是支持全球绿色经济发展的有力工具。

兴业银行推出节能减排融资服务、排放权金融服务、个人低碳金融服务三大类绿色金融业务，形成包括 10 项通用产品、7 大特色产品、5 类融资模式及 7 种解决方案的绿色金融产品服务体系。目前已经累计为近 7 000 个绿色金融客户累计提供绿色融资超过 1 万亿元，余额 4 700 多亿元。

上海浦东发展银行推出《绿创未来—绿色金融综合服务方案 2.0》，形成了目前业内最全的、覆盖低碳产业链上下游的绿色金融产品和服务体系，包含了"五大服务领域"、"十大创新产品"，涉及能效融资、清洁能源融资等方面。

符合条件的银行积极开展绿色金融直接融资业务，扩大绿色信贷融资来源。2016 年以来，中国农业银行、中国银行、上海浦东发展银行、兴业银行、青岛银行等先后在境内外发行了绿色金融债、绿色信贷资产证券化产品。

提供绿色金融服务

交通银行提升服务电子化占比，减少纸张、油墨等消耗品的使用，削减客户因外出办理业务导致的碳排放，减少营业网点水、电消耗。2016 年，在对公网银领域中累计创新产品 40 多项，改进客户体验 200 余处。

交通银行电子渠道电子产品

交通银行客户使用电子银行产生的环保效益

客户分类	客户 / 交易规模	年度增幅	环保效应（相当于）		
			植树	减排 CO_2	减少用纸量
企业网银	63.35 亿笔	14.32%	13.28 万棵	1 861.42 吨	7 514.57 吨
个人网银(含手机银行)	34.75 亿笔	65.79%	61.51 万棵	8 633.87 吨	34 750 吨
自助设备	5.72 亿笔	14.50%	10.18 万棵	1 424.43 吨	5 720 吨

● 注：以企业网银平均每户用纸、个人网银 / 自助设备平均每笔用纸量为基础测算。

银行业在行动

邂逅世界地球日来一张低碳信用卡

　　4月22日是世界地球日，2016年被称为史上厄尔尼诺现象最强的一年。国内有三家银行推出了环保主题的卡片。

中国农业银行金穗环保卡

兴业中国低碳银联人民币信用卡

中国光大银行绿色零碳信用卡

专栏 金融引导绿色环保，应对全球气候变化

中国银行业绿色金融十年历程

年份	政策文件	银行作为
2007	银监会《节能减排授信工作指导意见》	◎ 发布绿色信贷规范文件 ◎ 实行环保"一票否决制" ◎ 支持环保、节能减排项目
2008	环境保护部《关于规范向中国人民银行征信系统提供企业环境违法信息工作的通知》	◎ 国家开发银行成立碳排放交易（CDM）团队 ◎ 交通银行启动"绿色信贷"工程 ◎ 招商银行成立"绿色金融工作小组" ◎ 上海浦东发展银行推出《绿色信贷综合服务方案》 ◎ 兴业银行成为全球第 63 家、我国第一家"赤道银行"
2009	中国人民银行、银监会《关于进一步加强信贷结构调整促进国民经济平稳较快发展的指导意见》 环境保护部、中国人民银行《关于全面落实信贷政策进一步完善信息共享工作的通知》	◎ 国家开发银行与环境保护部签订《开发性金融合作协议》，率先完成国内银行第一笔碳排放交易咨询服务 ◎ 兴业银行成立国内首个可持续金融业务专门机构——可持续金融中心
2011	国务院《"十二五"节能减排综合性工作方案》	◎ 中国工商银行制定《绿色信贷建设实施纲要》，明确将推进绿色信贷作为重要战略之一
2012	银监会《绿色信贷指引》	◎ 上海浦东发展银行推出《绿创未来—绿色金融综合服务方案 2.0》
2013	银监会《绿色信贷统计制度》	◎ 国家开发银行、中国银行等 29 家银行业金融机构签署《中国银行业绿色信贷共同承诺》

年份	政策文件	银行作为
2014	银监会《绿色信贷实施情况关键评价指标》	◎ 中国银行业协会绿色信贷业务专业委员会成立 ◎ 中国工商银行加入联合国环境规划署金融行动机构（UNEP FI） ◎ 兴业银行发行国内首单绿色信贷资产支持证券
2015	银监会、发改委《能效信贷指引》 中国人民银行《在银行间债券市场发行绿色金融债券的公告》 发改委《绿色债券发行指引》	◎ 银监会组织全国主要21家银行的绿色信贷自评价工作 ◎ 中国工商银行、兴业银行、江苏银行等陆续加入G20能效融资工作组的倡议——《金融机构能源效率声明》
2016	中国人民银行、银监会、财政部等七部委《关于构建绿色金融体系的指导意见》	◎ 中国进出口银行、中国农业发展银行、中国工商银行、中国农业银行、中国银行、交通银行、兴业银行、上海浦东发展银行、青岛银行、江西银行等先后在境内外发行了绿色金融债、绿色信贷资产证券化产品 ◎ 中国银行作为主要承销商，中国工商银行、中国建设银行、国家开发银行、汇丰银行、渣打银行作为联合承销商，支持金砖国家新开发银行在中国银行间债券市场成功发行30亿元人民币绿色金融债券，这是国际开发机构首次在中国银行间债券市场发行人民币绿色金融债券 ◎ 中国工商银行《环境因素对商业银行信用风险影响的压力测试研究》成果在伦敦发布
	银监会正在指导中国银行业协会制定绿色银行评价制度	◎ 中国银行业协会制定出了初步的银行绿色评价管理办法，把绿色信贷KPI的评价结果作为银行绿色评价的基础 ◎ 绿色信贷业务专业委员会举办银行业绿色评级工作会

绿色信贷——绿色信贷指标的建立

截至2016年底，中国成为全球三个建立"绿色信贷指标体系"的国家之一，另外两个国家分别为巴西和孟加拉国。

绿色债券——中国是全球最大的绿色债券市场

发行绿色金融债可以有效提升银行投放中长期绿色信贷的能力。中国是全球最大的绿色债券市场，也是第一个由政府支持的机构（中国金融学会绿色金融专业委员会）发布本国绿色债券标准的国家。截至2016年底，中国已发布了两项绿色债券标准。

（四）推进全球绿色合作

全球挑战，全力应对。根据国际能源机构的估计，仅 2050 年全球的温度增加不超过 2 度，就需要增加 36 万亿美元的投资。中国将绿色发展的理念带上世界舞台。2016 年，银行业金融机构以绿色金融首次纳入 G20 峰会议程为契机，分享绿色金融的中国经验，拓展绿色金融业务，促进各国加强绿色金融领域的资源、技术共享，引导资源流向环保产业和绿色项目，提倡公众可持续消费理念和低碳生活模式，携手各界共同迈上经济向绿色发展转型的新征程。

> "中国在'国家自主贡献'中提出将于 2030 年左右使二氧化碳排放达到峰值并争取尽早实现，2030 年单位国内生产总值二氧化碳排放比 2005 年下降 60% ~ 65%，非化石能源占一次能源消费比重达到 20% 左右，森林蓄积量比 2005 年增加 45 亿立方米左右。"
>
> ——习近平在巴黎出席气候变化巴黎大会演讲中真诚承诺

2016 年中国银行业开展绿色金融国际交流合作的进展情况

示范引领	• 中国作为 G20 峰会主办国，首次将绿色金融纳入议题，在中国对外开放战略中坚持绿色金融原则，为实现"包容和联动式发展"贡献中国智慧 • 中国工商银行在伦敦"绿色金融的未来"国际会议上正式发布《环境因素对商业银行信用风险影响的压力测试研究》，引领全球银行业开展绿色金融及环境风险量化研究
缔结联盟	• 中国人民银行和英格兰银行共同主持由中国倡议发起 G20 绿色金融研究小组，完成 G20 绿色金融综合报告，得到 G20 杭州峰会公报的高度评价 • 银监会 2012 年倡导成立"新兴市场绿色信贷跨国工作组（SBN）"，现成员包括哥伦比亚、巴西等十多个国家的监管部门
国际合作	• 中国农业银行与国际金融公司（IFC）举行绿色金融合作启动仪式，IFC 将从机制、产品和能力等三方面全面协助该行建立国内领先、国际一流的绿色金融体系 • 北京银行与国际金融公司（IFC）联合开展水能效市场调研 江苏银行与国际金融公司（IFC）多年合作开展"中国节能减排能效融资江苏项目"
能力建设	• 北京银行全球首家联合 IFC 创办绿色金融学院，通过进阶考试的方式形成分级小微绿色人才认证体系
交流研讨	• 中国工商银行与联合国环境规划署（UENP）、世界自然基金会（WWF）等机构就绿色金融领域相关问题开展交流 • 中国银行澳门分行开展《关于在澳门建设绿色产权体系的建议》课题研究，课题成果报送澳门特区政府，特区政府研究把课题成果有关建议纳入"特色金融"产业政策 • 中国建设银行参与二氧化碳披露计划（CDP）国际会议，向世界展示该行关注全球气候变化，致力于可持续发展的决心和行动 • G20 财长和央行行长会议期间，联合国副秘书长兼环境规划署（UNEP）执行主任阿齐姆·施泰纳赴中国首家赤道银行——兴业银行交流 • 兴业银行与中国金融学会绿色金融专业委员会、联合国环境规划署等 8 家境内外机构联合在上海主办绿色金融国际研讨会 • 北京银行作为唯一一家与 IFC 携手合作十周年的银行，受邀参加 IFC 中国节能减排融资项目（CHUEE）十周年论坛

银行业在行动：G20 杭州峰会——引领全球绿色金融发展

《巴黎协定》成为全球气候治理的里程碑后，全球都在推动绿色金融发展。银行业金融机构以绿色金融促进对外开放绿色化，在绿色金融政策框架、产品创新、信息统计等方面，为 G20 新兴市场和发展中国家提供重要示范。

2016 年，中国将绿色金融列入 G20 议题，发起 G20 绿色金融研究小组，完成了《G20 绿色金融综合报告》并提交给 G20 杭州峰会。

> "我们认识到，为支持在环境可持续前提下的全球发展，有必要扩大绿色投融资……我们欢迎绿色金融研究小组提交的《G20 绿色金融综合报告》和由其倡议的可选措施，以增强金融体系动员私人资本开展绿色投资的能力"。
>
> ——《二十国集团领导人杭州峰会公报》

2016 年 9 月，中英双方在第七次中英经济财金对话上，在包括绿色金融在内的许多领域的合作达成共识，其中特别提到英格兰银行和中国人民银行承诺推动就绿色金融和绿色投资达成全球共识。

2016 年 9 月，习近平主席提出中国计划于 2017 年启动全国碳排放交易体系。这一举措被英国《经济学人》称之为"开创了国际环境市场机制建设先河"。

2016 年 10 月，中国人民银行表示，将与英格兰银行和联合国环境规划署一起，在 G20 和其他框架下共同推动绿色金融领域的国际合作，探索市场化机制和调动私人部门资源支持绿色投资、绿色债券和绿色基金等。

在发展国内绿色金融的同时，银行业金融机构还将继续与其他国家的金融机构一道，在 G20 框架和双边合作框架下，共同推动全球绿色金融发展。

二、坚持绿色低碳运营

良好管理内部运营环节，是践行环境保护的有效举措。2016 年，银行业金融机构通过可持续地管理内部运营，良好地管理资源能源，提高废弃物的循环使用，在采购决策和行为中综合考虑财务、环境和社会影响，培养符合环境可持续性的员工意识和行为，提高运营效率，降低运营成本，推动环境可持续发展。

（一）推行绿色办公

银行业金融机构遵守国家节能减排相关法律法规，在经营管理的环节，积极采取低碳运营举措，节约使用办公用品、电池和电子产品，降低能耗，绿色出行，努力减少自身运营对环境的影响。

2016 年中国银行业绿色办公的主要举措

推行无纸化办公、双面打印

倡导员工节约用水，下班后关灯关电源，开展检查通报、督促整改

定期对能源消耗情况进行分析、评价，及时向政府主管部门和有关机构报送能源统计信息

对办公楼宇物业设备进行多项节能技术改造，如 LED 灯、节能节水设备等

领域

纸张

水电

能源

绿色建筑

公务用车

视频会议

办公用品

数据中心

响应中央公务用车制度改革要求，加强车辆用油管理和专项检查

倡导视频会议，减少差旅带来的碳排放等环境影响

加大对废旧家具及办公用品的回收再利用，委托环保部门指定的、具有电子废物回收资质的专业公司对报废电子设备进行安全、环保回收处理

加装气候补偿装置，实现供热系统温度自动调控，避免产生室温过高而造成能源浪费

银行业在行动：绿色办公

2016 年，浙商银行出台《浙商银行总行本级节能行动实施方案》《浙商银行办公大楼管理规定》等规范，明确节约用电、用水、废弃物管理、无纸化办公和绿色出行等方面的要求，取得了良好成效。

截至 2016 年底，该行总行办公大楼的办公耗水总量 3.27 万吨、办公耗电总量 560.71 万度、公务车耗油量 4.56 万升，同比分别下降 12.27%、7.17%、9.54%；视频会议召开次数占总会议次数比例为 79%；绿色办公宣传活动 17 次。

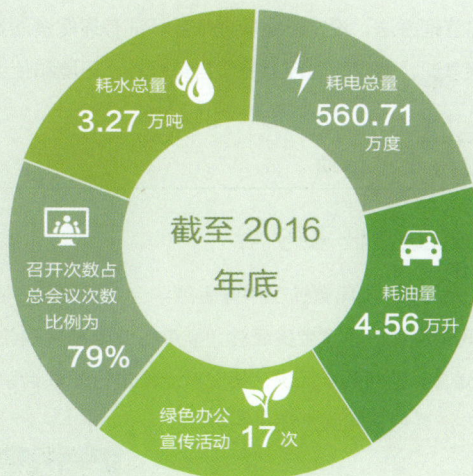

截至 2016 年底

- 耗水总量 3.27 万吨
- 耗电总量 560.71 万度
- 耗油量 4.56 万升
- 绿色办公宣传活动 17 次
- 召开次数占总会议次数比例为 79%

浙商银行钱江新城大楼采用绿色建材、节能技术等多项环保措施

交通银行香港分行减废证书

（二）开展绿色采购

绿色采购，节支增效。2016 年，银行业金融机构在采购业务所需的产品和服务时，遵守相关政策规定，制定各行相关的采购管理办法，设定环境管理体系认证等环保资质要求，引入采购评审专家，在采购中加强利益相关方参与，提升供应商环保意识，力求采购行为考虑自身财务、环境和社会影响的综合价值。

银行业在行动

推动行业责任采购

交通银行出席参加了中国金融学会金融采购专业委员会理事大会及第七届（2016）中国金融采购高峰论坛，促进同业交流，分享宝贵经验，推进行业电子采购与数据资源服务平台建设，就研究完善方案后试点建设运行供应商不良信息内部共享系统，研究试点推进行业联合采购项目等提出许多积极的、建设性的意见建议，与同业单位达成了广泛共识，共践责任采购。

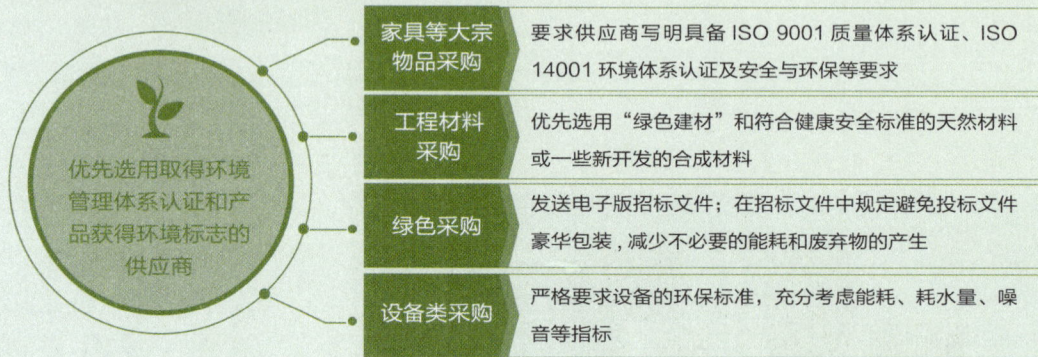

优先选用取得环境管理体系认证和产品获得环境标志的供应商	家具等大宗物品采购	要求供应商写明具备 ISO 9001 质量体系认证、ISO 14001 环境体系认证及安全与环保等要求
	工程材料采购	优先选用"绿色建材"和符合健康安全标准的天然材料或一些新开发的合成材料
	绿色采购	发送电子版招标文件；在招标文件中规定避免投标文件豪华包装，减少不必要的能耗和废弃物的产生
	设备类采购	严格要求设备的环保标准，充分考虑能耗、耗水量、噪音等指标

交通银行绿色采购举措

银行业在行动

电子化采购

宁波银行在行政采购过程中，优先选择国家有关部门颁布的节能采购目录中的绿色环保产品；倡导业务审批电子化，搭建采购管理系统，实现业务流程审批电子化；采购系统与外网互通，实现供应商资质审查电子化。

供应商管理

上海农商银行加强供应商管理，建立供应商的考评和管理机制，供应商应具有质量管理体系认证证书、职业健康安全管理体系认证证书、环境管理体系认证证书，在筛选时侧重对社会责任有贡献和作出成绩的企业。

（三）传播绿色文化

　　传播环保理念，开展公益实践。2016 年，银行业金融机构加强社区参与，持续开展各类宣传、植树、徒步骑行等绿色公益活动，建立长效公益机制，吸引更多的利益相关方参与绿色公益活动，保护生态环境。

交通银行号召员工参与
绿色骑行活动

山西漳泽农村商业银行纪念第 97 个五四运
动纪念日，组织青年职工 200 余人开展青
年志愿者"奉献青春美化家园"纪念五四
公益活动

桂林银行组织漓江环保徒步、鱼苗放生等活动

东亚银行南宁分行义工队在广西爱国主义教育基地——昆仑
关开展植树公益活动

坚持优化客户服务

■ 创新服务文化

■ 完善服务渠道

■ 保护消费者权益

■ 特殊群体服务

"银行 3.0 时代已经来临，银行业需强化'以客户为中心'和'服务创造价值'的理念，以更先进、更灵活、更高效地响应客户需求和社会需求。"

——中国银行业监督管理委员会主席郭树清

重庆农商银行支持巫人农业茶叶基地

2016 年，中国消费者协会对 16 家银行开展了网上银行服务体验式调查活动，从安全措施、权益保护及体验感知等方面调查体验网上银行服务状况。调查结果显示，银行业网上银行服务情况总体表现较好。这是继中消协正式发布称"2014年度银行业消费者满意度测评结果总体向好，银行业消费者满意度得分为 80.38 分"之后，银行业服务提升工作获得的又一次肯定和赞誉。

一、创新服务文化

令客户满意的服务源于切实满足客户需求的理念以及顺应客户需求变化因势而变的能力。银行业金融机构注重服务文化建设，大力推进机制建设，创新品牌战略，坚持文化引领，提升服务理念。

2016 年，银行业金融机构着力服务文化建设，构建服务文化体系，为改进提升服务提供支撑，推进服务文化建设呈现百家争鸣的生机和蓬勃态势。中国农业银行坚持以员工队伍为文化建设主体，着力培养与社会主义核心价值观相一致、与自身战略定位相匹配的主流服务文化，树立文化自信，加强文化管理，展示文化形象，让先进理念融入经营管理、植入员工行为、引领改革发展，向世界和社会展示出有品质气质、有人文情怀、有文化追求的一流金融机构形象。

二、完善服务渠道

2016 年，银行业主动适应互联网金融蓬勃发展的新趋势，利用金融科技、现代通讯和计算机技术，创新服务渠道入口，完善既有渠道功能，为客户提供泛在化、智能化、增值化、7×24 小时全天候金融服务，客户金融服务获得感持续提升，客户体验日益优化。

银行业在行动[①]

物理渠道服务持续优化

银行业顺应城市金融资源禀赋、分布变化规律及特征和客户分层分类服务要求，按照宏观调整结构布局，微观盯住需求变动的工作路径，积极推动物理渠道区域布局优化，综合考虑各业态网点的经营定位、客户构成、服务功能、辐射范围等特征，科学动态调整网点各业态构成及比例，使物理渠道不断优化，功能不断拓展。截至 2016 年底，银行业金融机构网点总数达到 22.79 万个，其中据不完全统计，新增设营业网点 3 800 多个，改造网点 9 400 多个。

社区支行和小微支行服务广度和深度不断提升

2016 年，银行业紧跟网点转型智能化、轻型化趋势，银行业金融机构合理规划网点规模、配置硬件设施、调节服务资源，结合社区居民和小微企业的金融消费需求，以社区支行和小微支行为载体，将金融服务触角不断延伸，服务力度和深度不断提升。据不完全统计，截至 2016 年底，银行业设立社区支行 6 362 家，小微支行 1 540 家。

智能银行服务亮点纷呈

2016 年，银行业加快网点智能化应用步伐，重点突出新设备、新布局、新流程和新服务，银行网点大步迈进"智能化"时代，高频、复杂、长耗时业务被迁徙到智能机具办理，网点操作效率提升，服务流程优化，大数据分析和客户画像的深度应用，使得网点营销更加精准，客户体验显著改善。

自助服务能级不断提升

据不完全统计，截至 2016 年底，银行业金融机构在全国布局建设自助银行 16.10 万家；布放自助设备 79.41 万台，其中创新自助设备 4.37 万台。2016 年，银行业金融机构自助设备交易笔数达 400.14 亿笔；交易总额 59.91 万亿元，同比增长 5.95%。

① 数据来源：《2016 年度中国银行业服务报告》。

银行业在行动

电子渠道服务创新突破

据不完全统计，2016 年银行业金融机构离柜交易达 1 777.14 亿笔，同比增长 63.68%；离柜交易金额达 1 522.54 万亿元；行业平均离柜业务率为 84.31%。

网上银行更加方便快捷

2016 年，银行业继续优化网上银行功能。据不完全统计，全年网上银行交易 849.92 亿笔，同比增长 98.06%；交易金额为 1 299.48 万亿元，同比减少 18.83%；网上银行个人客户达 12.19 亿户，同比增长 14.32%；企业客户达 0.27 亿户，同比增长 31.71%。

手机银行更加综合简便

2016 年，银行业手机银行业务继续保持快速增长态势。据不完全统计，全年手机银行交易笔数达 476.49 亿笔，同比增长 180.44%；交易金额为 140.57 万亿元，同比增长 98.82%；手机银行个人客户数达 11.47 亿户，同比增长 25.89%；企业客户数达 0.03 亿户，是 2015 年的 7 倍多。

微信银行、电商平台更加丰富便捷

据不完全统计，截至 2016 年底，银行业微信银行交易 2.18 亿笔；交易金额 9.97 万亿元，是 2015 年的 30 多倍。电商平台个人客户达 0.85 亿户，同比增长 12.96%；企业客户达 0.06 亿户，同比增长 218.36%；全年交易总量达 3.28 亿笔，交易总额达 1.98 万亿元。

客户服务中心更加专业高效

据不完全统计，截至 2016 年底，银行业金融机构客服从业人员为 5.36 万人，同比增长 10%；全年人工处理来电 11.03 亿人次，服务客户数量达 108.10 亿人次；银行业客服中心人工电话平均接通率达 88.87%，其中信用卡客服专线人工接通率为 90.78%，连续四年高于 90%。

三、保护消费者权益

保护金融消费者合法权益是全球金融改革的一项重点工作，是行业健康发展的重要基石，也是金融机构确保稳固发展的重要前提。2016 年，我国银行业消费者权益保护工作呈现出"政府重视、监管推动、协会部署、机构落实、社会参与"的局面。银行业进一步完善行业消费者权益保护制度体系，健全工作机制，强化监督管理，规范经营行为，重视消费者投诉，提升无障碍服务水平，加大消费者权益保护宣教力度，广泛开展普及金融知识宣传活动，增强银行业消费者维护自身合法权益的能力。

银行业在行动

推进消费者权益保护制度建设

2016 年，银行业金融机构认真贯彻落实国务院《关于加强金融消费者权益保护工作的指导意见》和银监会《关于加强银行业消费者权益保护 解决当前群众关切问题的指导意见》，扎实推进本单位消费者权益保护组织体系和制度体系建设，着力解决群众关心的热点难点问题，持续开展金融知识普及宣传，努力提高银行业消费者权益保护工作的有效性。

完善消费者权益保护组织架构

2016 年，根据国务院和银监会的指示精神，银行业金融机构着力完善消费者权益保护的组织架构，将消费者权益保护纳入公司治理、企业文化建设和经营发展战略中。

优化消费者权益保护评价体系

为充分发挥考核评价结果的激励机制，不断加强消费者权益保护工作，银行业金融机构持续完善消费者权益保护工作的考核评价机制，健全考核评价要素和指标，细化考核评价标准，切实提高考核评价指标的实效性和可操作性。

开展消费者权益保护教育培训

为进一步增强银行业金融机构消费者权益保护工作管理水平，银行业组织各级从业人员开展消费者权益保护专项培训，有效拓宽了全行业消费者权益保护工作思路，建立起消费者权益保护教育培训长效机制。

普及金融知识

2016 年，中国银行业协会连续六年组织全行业开展"普及金融知识万里行活动"。活动紧跟金融领域的热点、难点，精选活动主题，在银行业金融机构与消费者之间形成良性互动，营造社会公众"学金融、懂金融、用金融"的良好氛围，为行业可持续发展构筑了健康的金融生态环境。据不完全统计，参与 2016 年度中国银行业"普及金融知识万里行"活动的网点数达到 17.93 万个，派出宣教人员 105 万人次，组织金融知识普及活动 35.70 万场次，发放宣传资料 9 000 万份，受众达 2.90 亿人次。①

---

① 数据来源：《2016 年度中国银行业服务报告》。

投诉处理管理不断优化

　　2016 年，银行业金融机构严格按照监管要求，不断完善投诉处理流程，明确职责权限，有效处理客户投诉，满足客户诉求，客户投诉处理机制不断改进；中国银行业协会共受理各类客户再投诉 242 件，较上年减少 83 件，减幅 25.50%。从再投诉业务类型来看，服务类再投诉占比显著上升，信用卡业务再投诉占比略有下降，储蓄业务再投诉占比近三年逐年下降，贷款业务再投诉占比显著下降，理财业务再投诉占比保持稳定，电子银行业务再投诉占比有所上升。

四、特殊群体服务

　　银行业作为公共服务行业，积极响应党和国家的号召，勇于承担社会责任，制定出台无障碍服务系列行规行约，完善营业网点的无障碍设施建设，加大信息无障碍环境改造，不断细化特殊群体客户服务内容和方式，得到社会各界一致好评。

　　银行业金融机构认真贯彻落实国家关于残疾人事业发展和无障碍环境建设的相关法律法规，制定无障碍服务指导意见和实施细则。截至 2016 年底，各单位共制定出台涉及残疾人保护的相关制度近 600 个。同时，不断创新服务模式，优化服务流程，推出一系列措施提高对特殊群体的人性化服务水平，投入大量资金改善银行的无障碍服务环境建设。

　　据不完全统计，银行业金融机构设置轮椅坡道的网点 5.86 万个，设置盲道的网点 0.95 万个，设置呼叫按钮或服务电话的网点 6.38 万个，安放爱心座椅的网点 10.37 万个，设立爱心窗口的网点 8.71 万个，配备盲文业务指南的网点 1.47 万个，配备助盲卡的网点 3.69 万个，投放低位自助设备的网点 1.34 万个，配备语音叫号系统的网点 11.54 万个，配备叫号显示屏的网点 11.60 万个，配备盲文密码输入器的网点 4.33 万个，配备语音播报点验钞机的网点 3.45 万个，设立无障碍卫生间的网点 0.43 万个，设立无障碍停车位的网点 2.94 万个。银行业金融机构不断新建、改建各类无障碍设施，其中，叫号显示屏和语音叫号系统两项无障碍设施的普及率超过 50%，轮椅坡道的数量较 2015 年的 3.02 万个，增加了 2.84 万个，增幅达 94.08%。

　　据对 2 万多残疾人客户的调查显示，习惯在银行网点办理业务的客户占 61.30%，习惯通过电子渠道办理业务的客户占 16.02%，网点和电子渠道两种方式同时使用的客户占 22.68%。其中，65% 以上接受调查的残疾人客户认为，目前银行业无障碍设施、无障碍服务及电子渠道无障碍服务基本能够满足日常办理业务的需要。

---

① 数据来源：《2016 年度中国银行业服务报告》。

真诚关爱员工成长

- 营造和谐工作氛围
- 支持员工全面发展
- 提升员工幸福感

　　员工是银行业赖以生存和持续发展的动力源泉。银行业金融机构严格遵守相关法律法规，切实维护员工合法权益，积极推进民主管理，着力提高员工的综合素质与能力，提供多元化的职业发展通道，开展丰富多彩的文体活动，健全困难员工帮扶机制，增强员工认同感与凝聚力，激发员工的积极性与创造力。

　　截至 2016 年底，银行业金融机构从业人员 409 万人。[1]据不完全统计，银行业金融机构组织开展员工培训项目逾 21.46 万个，培训项目覆盖 2 699.40 万人次，同比增加近 115.40 万人次；反腐倡廉培训覆盖 239.61 万人次，反洗钱培训次数 1.79 万次，治理商业贿赂培训次数 1.69 万余次。[2]

---

① 数据来源：中国银行业监督管理委员会。
② 数据来源：中国银行业协会根据收集银行的数据汇总。

东亚银行（中国）举办员工健康知识讲座

一、营造和谐工作氛围

银行业金融机构严格遵守并执行《劳动法》《劳动合同法》等相关法律法规，在招聘、录用各个环节坚持公平、公开、公正原则，依法为员工提供薪酬与各项休假、健康体检等福利。杜绝使用童工及各种形式歧视，做到同工同酬。积极营造能者多劳、追求个人价值与社会价值有机统一的工作环境，与员工共同建立责任感与社会使命感理念共识，共同筑造可持续的发展。

银行业在行动

上海银行杜绝就业歧视，对不同性别、民族、文化背景、宗教信仰的员工平等对待。对同一岗位残疾人和健全人实施同工同酬。2016 年，该行安置残疾员工 17 人。

江苏银行坚持招聘条件公平、流程公开、结果公正，建立了员工招聘工作监督管理机制，在招聘条件中未设定应聘人员性别、体貌等方面的条件，在培训、薪酬、职业成长、晋升方面坚持平等，抵制歧视。

吉林银行不断优化完善薪酬管理体系，使薪酬政策和水平与机构盈利能力提升相适应、与内部管理能力和经营压力相匹配，坚持男女同工同酬、派遣制员工同岗同薪同酬。

二、支持员工全面发展

培训是支撑银行业从业人员实现自我价值、机构价值、社会价值统一的主要途径。为应对银行业盈利能力下降、从业人员流失加剧等新挑战，银行业金融机构着力完善培训体系，提升员工可持续发展能力。各类型银行业金融机构深入开展分类分层培训，针对高管层开展关于国际视野、战略执行和经营管理能力培训；针对业务发展实施的培训聚焦职业综合素养提升，大力推进员工交叉学习能力。在这一过程中，不断创新在线学习平台、移动学习平台等方式，最大限度满足员工自主学习的需求。

银行业在行动

　　江苏银行启动"精准学习"，围绕创新业务人才紧缺特别是基层对掌握金融产品开发、定价、风险管理等核心技术的需求，通过跟班培训、参与业务拓展、项目开发等方式，加快创新业务人才成长步伐，有效配合业务转型发展。

　　甘肃省农村信用社联合社发挥资源整合优势，开展各类培训满足各类银行不同层级员工培训需求。如开展全省农村信用社理（董）事长培训班、监事长培训班。此外，积极尝试举办藏语培训班，重点就藏文基础、藏族文化、日常文明用语、业务用语、企业理念等方面进行培训。

　　汇丰银行（中国）为配合全球标准等合规项目的落实，推出了分别针对普通员工的"卓越自我"及针对中层管理人员的"卓越管理"系列集团价值观教育专项课堂培训，共有 3 000 多人次参加了该价值观教育项目。

　　东亚银行（中国）针对分行行长开展《情景路线谈判》和《情境领导》培训，帮助分行行长们通过有效的谈判技巧达成更佳的业务成果，同时在对内管理中提升效能。

浙商银行高管参加中欧国际工商学院高管研修班

　　在职业通道建设方面，各类型银行业金融机构努力构建"以绩效导向为核心、倡导能上能下、鼓励能者多得"的职业晋升理念与机制，激发员工主动性、创造力，促进员工与银行业共转型、共发展。

银行业在行动

　　中国农业发展银行印发《推进领导干部能上能下实施细则（试行）》，树立"能者上、庸者下、劣者汰"的用人导向。制定印发《2016—2020 年分支行领导班子建设规划》，面向全行公开遴选部分总行部室和省级分行副职，研究修订《专业岗位管理办法》，在管理岗位之外，拓宽员工职业发展通道。

　　中信银行坚持"德才兼备、适才适位"的人才理念。在人才选拔上，重视德才并重，以德为先，择优选贤，汇聚精英，优胜劣汰；在人才使用上，将合适的人放在合适的岗位，建立完善的激励机制，发挥人才效能。

　　徽商银行组织开展员工"双向选择"人岗匹配工作。对于新入职员工，安排支行轮岗实习，以"导师制"为基础，促进新员工快速成长。

　　哈尔滨银行坚持"人岗匹配、人事相宜"的用人原则，构建开放的职业发展平台，引导员工科学、合理地规划职业理想和目标，充分调动本行员工的工作积极性。

　　山西省农村信用社联合社帮助员工建立职业生涯规划，探索建立管理职位和专业技术职位系列并行的双阶梯晋升机制，为专业技术人员开辟晋升通道和发展空间，提高员工的工作积极性和岗位成才率。淘汰素质低、能力差、不适应工作岗位需求的员工，彻底打破"大锅饭"、"铁饭碗"，真正建立起员工能进能出的动态管理机制。

三、提升员工幸福感

员工在工作中持续获得幸福感是银行业得以持续发展的重要支撑。银行业金融机构在为员工提供多元化职业发展平台，助力员工获得个人职业成就感的同时，更加关注如何带动员工更好地实现个体的社会价值，体会更有意义的人生价值。

银行业金融机构始终关注员工的身体与心理健康，关爱女职工，开展体育、书法、绘画等多种文娱活动，推进员工工作与生活平衡。开展主题鲜活的拓展训练活动，增强员工团队协作精神、提升员工向心力与凝聚力；建立各具特色的困难员工与特殊群体关爱机制，构建了和谐融洽的企业文化。此外，大型商业银行、股份制商业银行等银行业金融机构开展了形式丰富的员工志愿服务，通过员工的身体力行，带动客户、普通民众体会志愿的精神、关爱的温暖、小爱汇聚大爱的正能量，共同营造良好的社会氛围。

据不完全统计，2016 年银行业金融机构共提供员工受灾补助、医疗救助、生活帮扶等各项帮扶资金逾 4.31 亿元。[1]

银行业在行动

中国农业发展银行"爱心帮扶志愿服务"活动，围绕病人护理、心理疏导、家政服务等方面，开展"成人类爱心帮扶志愿服务活动"；以员工本人家庭中 18 周岁以下子女为帮扶对象，围绕学业辅导、亲情陪护等方面，开展"儿童类爱心帮扶志愿服务活动"。

交通银行积极开展"幸福交行"建设，在总行层面成立了幸福交行管理委员会，制定下发了《交通银行幸福指数管理暂行办法》和《幸福交行建设综合评价体系实施方案》，将"幸福指数"纳入考评体系，发布年度幸福指数报告。此外，交通银行还采取模块化的措施开展健康小屋建设、手术绿色通道、员工体育文化艺术"家"年华、"一顿热饭"等员工关爱活动。

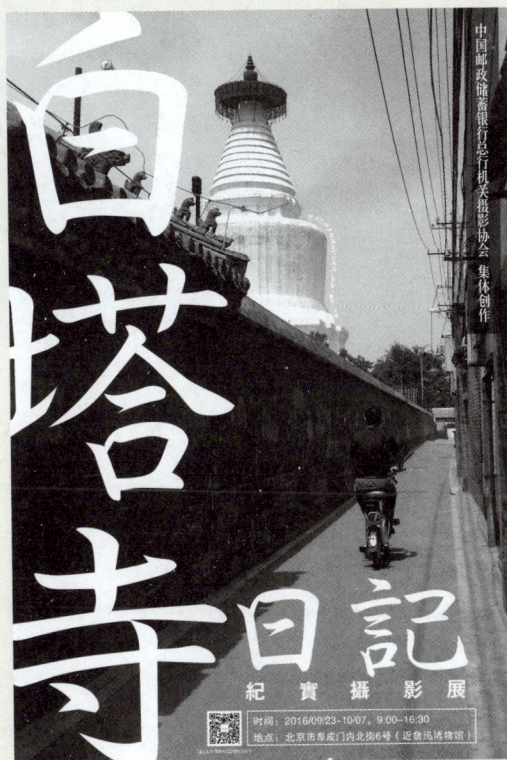

中国邮政储蓄银行员工志愿者用相机记录白塔寺处于变革之中的历史街区人文风貌

---

[1] 数据来源：中国银行业协会根据收集银行的数据汇总。

热心参与公益慈善

"作为企业公民，上海浦东发展银行始终牢记以赤诚之心履行社会责任。作为一家非医疗机构，上海浦东发展银行发起'逐梦萤火虫'西部地区儿科医护人员进修百人计划，力求通过这样的方式撬动优质医疗资源，为提高西部边远地区儿科医疗服务能力和技术管理水平、增进西部儿童福祉贡献一份力量。"

——上海浦东发展银行行长刘信义

参与公益事业是提高银行业社会认可度的重要纽带。银行业金融机构在国内以及海外注重与所在地社会各界的沟通与融合。2016年，银行业金融机构加快推进组织建设，深入志愿者服务机制建设，加大与公益、环保等专业机构合作力度，推动客户以多元化的方式积极参与公益项目。通过更加系统性的设计和公益项目，积极向公众传递责任理念、促进文化交流、增进各方共识，带动社会营造诚信、友善、文明、和谐的责任生态。

国家开发银行及政策性银行聚焦扶贫、绿色环保、员工关爱，推进青年员工志愿服务。大型商业银行依托志愿服务机制以及全球分支行机构员工的共同力量，开展覆盖教育、医疗、环保、文化、救灾等多个领域的活动，同时持续推进海外社区关系共建，促进中国与海外社区文化交流、员工融入等。如中国工商银行在阿根廷、越南、马来西亚等当地社区开展"停止饥饿""文化交流"等社区公益活动；中国银行连续5年支持"彩虹桥"国际学生交流公益项目，积极推进慈善基金会筹建工作，集各方合力推动公益事业发展。

股份制商业银行、城市商业银行、资产管理公司、汽车金融公司积极探索设立公益基金会，推动自身机构志愿者机制建设或志愿者所在地登记注册，发挥主业优势设立公益基金、公益理财、慈善信托，结合互联网平台技术，带动员工、客户、专业机构、社会公众，开展覆盖留守儿童、务工人员子女、贫困儿童教育帮扶、心理指导，贫困弱势人群医疗救治，贫困地区医生能力提升等系统化、机制化、常态化的公益项目。

在这个过程中，股份制商业银行、资产管理公司、汽车金融公司涌现了一批例如华夏银行"助力环卫子女成长基金"、广发银行"广发希望慈善基金"、平安银行"平安银行橙基金"、招商银行"小积分·微慈善"公益平台、上海浦东发展银行"放眼看世界"公益理财及信托计划、兴业银行"聚益优学单一资金信托"、浙商银行"彩虹计划"、中国信达资产管理公司"微信运动"、大众汽车金融（中国）有限公司成立"蓝丝带基金"等特色公益实践。

在城市商业银行中，重庆银行设立"重庆银行爱心公益基金"；富滇银行、苏州银行组织完成网络志愿者注册，开展相关公益实践；江苏银行推出公益理财产品；哈尔滨银行成立同佳岸慈善公益基金会；吉林银行、桂林银行开展志愿者服务队相关公益活动。

农村商业银行、农村信用社在推动公益发展中同样开展丰富的实践。山西、辽宁、湖南、广东、甘肃、新疆等农村信用社积极开展志愿者服务活动。此外深圳农村商业银行慈善基金、昆山农商银行慈善基金会、宝生村镇银行创新创业基金、广州农商银行太阳公益基金会展现了农村商业银行致力于公益事业发展的行动。

部分外资银行将公益开展嵌入企业战略，通过搭建公益平台、开展志愿者服务、设立教育奖学金等支持公益事业发展。汇丰银行通过在决策过程中充分考虑社会、环境及经济发展之间的平衡关系推进可持续发展，在中国内地开展了"2016汇丰社区志愿者行动"、医院"游戏陪伴"等公益项目；东亚银行设立东亚银行公益基金，开展"萤火虫计划"等。

据不完全统计，2016年银行业金融机构公益慈善投入总额达11.13亿元，公益慈善项目达6 056个；员工志愿者活动时长86.33万个小时。[①]

---

① 数据来源：中国银行业协会根据收集银行的数据汇总。

银行业在行动

交行·汇丰上海颐乐行动计划

交通银行与汇丰银行（中国）联合恩派公益组织发展中心发起了"交行·汇丰上海颐乐行动计划"，共同出资 388.50 万元，从上海深度老龄化的实际出发，创新养老服务理念，建设"一硬一软"的为老服务模式，助力全社会敬老、助老良好氛围的形成。该项目计划自 2016 年 9 月到 2017 年 12 月，在上海 5 个街道，资助 80 ～ 100 个为老服务项目，惠及 5 万名社区老人。

将"老来客会馆"模式（通过挖掘低龄健康老人成为为老服务公共空间的志愿者，并对志愿者进行能力建设，以实现老年人自我服务、自我管理的目的）引入社区，结合社会养老服务需求，优化为老公共空间服务功能

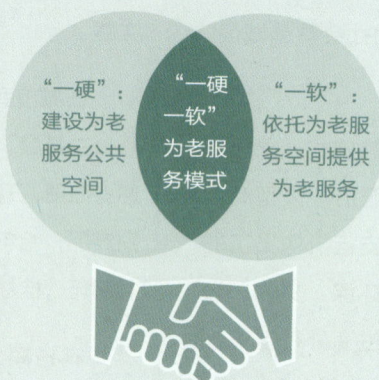

"一硬"：建设为老服务公共空间

"一硬一软"为老服务模式

"一软"：依托为老服务空间提供为老服务

建设社会基金，发展老年志愿者团队，培养稳定的社会力量，以此激发社区内部活力，创造政府、企业、社会三方合作模式，营造各方共同参与、各尽其能的养老服务发展氛围

百年交汇 携手公益

"看我的" 2016 环卫子女成长计划

2016 年，华夏银行助力环卫子女成长基金组织了 20 名北京环卫子女在中国美术馆开展了为期一周的艺术夏令营，除了对小朋友进行艺术培养之外，还让他们在指导老师的带领下，对垃圾桶进行艺术改造，共完成了 5 组创意作品，交由专业公司制作成品之后在故宫博物院持续展出，发出"爱护城市卫生"、减轻环卫工人工作负担的热切呼唤。此次活动让环卫子女从不同视角认识了家长的工作，对家长的职业产生认同感和尊敬。通过系统的传播计划，引发大众对环卫子女和环卫工人以及本项目的持续深度关注，提高公众对环卫工人及其劳动的尊重。

华夏银行助力环卫子女成长基金公益活动

银行业在行动

ME 公益创新资助计划

2015 年，中国民生银行发起第一届"我决定民生爱的力量——ME 公益创新资助计划"，旨在关注和支持公益领域的创新实践及社会影响力的提升。

2016 年 9 月 23 日，第二届 ME 创新资助计划在深圳慈展会启动。2016 年 9 月 23 日至 10 月 18 日，ME 创新计划项目组收到 400 份项目申请。经过众多公益和社会创新领域的专家学者的两轮评审，最终来自全国的 42 家公益机构项目成功入围并进入答辩环节。

2016 年 12 月 21 日至 12 月 31 日，ME 创新计划进行为期 10 天的投票环节，截至 2017 年 1 月 1 日凌晨，共有 88 万余人投出宝贵一票，影响范围超过 2 500 万人次。综合项目答辩及网络投票得分，最终 21 家机构入围，每个公益项目获得 50 万元的资金支持。

慈善中国行——与美好未来同行

自 2008 年启动以来，"广发慈善中国行"足迹已遍布全国 9 个省份。下面是美好未来的数字见证：

- ◎ 2008—2016 年，持续 **9** 年，走进 **9** 个省份
- ◎ 9 年间，捐赠金额达 **4 888** 万元
- ◎ 累计 **14** 万多名孩子受益
- ◎ 累计援建希望厨房 **467** 间
- ◎ 累计援建电子阅览室 **10** 间，让更多的孩子享受到读书的乐趣
- ◎ 累计援建亲情屋 **65** 间，帮助留守儿童实现与父母视频通话

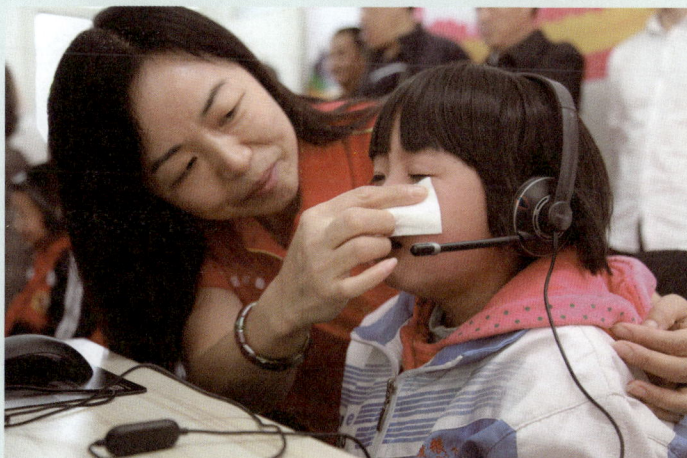

广发银行帮助孩子们与外出务工父母进行视频沟通

广发银行志愿者为大山深处的孩子们送去关怀

未来展望

　　2017 年是实施"十三五"规划的重要一年，是供给侧结构性改革的深化之年。银行业金融机构要充分发挥好"服务国家、服务社会、服务群众、服务行业"的重要作用，持续深化改革，创新升级银行服务，加快转型发展，大力推动国家战略实施，为经济社会平稳健康发展贡献新动能。

　　创新理念，发展经济。银行业金融机构要加大服务供给侧结构性改革力度，深入推进"三去一降一补"，打破思维定式，创新工作方法，切实提升服务实体经济质效，满足实体经济发展对金融服务多元化、多层次的需求，做好稳增长、促改革、调结构、惠民生、防风险等各项工作，实现企业、政府和银行三方共赢。

　　跨境金融，深化开放。银行业金融机构要加饮助力跨境金融，实施"一带一路"发展战略，配合中资企业"走出去"，延伸海外金融服务的广度与深度，发挥指导资源配置和优化投资效果，深化改革开放，开启全新的国际合作格局，促进沿线各国经济繁荣与区域经济合作，打造全方位的对外开放格局。

　　推进普惠，聚焦特惠。银行业金融机构要继续加快完善普惠金融体系，深化普惠金融体制机制改革，实现涉农信贷投放持续增长，探索低成本、可复制、易推广的小微企业金融产品，引导贫困地区银行业机构持续下沉服务重心，打通和做好边远地区金融服务"最后一公里"问题，提高综合服务水平，推进民生改善，让千家万户都能享受到金融服务的雨露甘霖。

　　统筹协调，提升服务。银行业金融机构需强化"以客户为中心"和"服务创造价值"的理念，全面加强服务能力与服务管理体系建设，创新服务方式和流程，拓展服务渠道，整合传统服务资源，联动线上线下优势，提升整个银行业资源配置效率，构建更加有效的消费者保护工作机制，以更先进、更灵活、更高效地响应客户需求和社会需求。

　　倡导绿色，共建家园。银行业金融机构要继续顺应可持续发展战略，加大对绿色经济的支持力度，加大环保领域、严控高污染行业的投贷力度，推进绿色金融制度建设和工具创新，将环境和社会管理纳入全面风险管理体系，为环境保护注入新活力，推动生态文明建设。

　　在变革的时代，方向比努力更重要。银行业探索未来发展之路，需放眼国内外宏观经济发展，顺应国内外银行业发展趋势，明确问题、预判方向，结合自身资源禀赋，在履行社会责任、提升可持续发展能力的过程中，探寻适合自身特点的转型发展路径。

附录

附录一

2016 年中国银行业社会责任案例集

索引

国家开发银行

投贷联动支持科创企业

2016 年 11 月 25 日，国家开发银行与北京中关村重点科创企业签订"投资 + 贷款"合同，并于当日实现 3 000 万元投资、3 000 万元贷款同步到位，用于该企业科技绿色循环产品设计研发，这标志着全国首单投贷联动支持科创企业项目正式落地。

2016 年，国家开发银行积极贯彻落实《2016 年政府工作报告》关于"年内启动投贷联动试点工作"要求和国务院常务会议关于"部署建设双创基地发展双创空间，选择金融机构试点开展投贷联动融资服务"会议精神，作为全国首批十家试点金融机构之一，率先在全国启动科创企业投贷联动试点，与北京中关村、上海张江、武汉东湖、天津滨海、陕西西安等五个地区签订合作协议，实现试点地区投贷联动合作全覆盖并推动项目落地。截至 2016 年底，国家开发银行在五个试点地区均实现项目落地，投贷联动合作协议金额 1.96 亿元，实现资金到位 1.37 亿元。

开发性金融支持内蒙古包头市北梁棚户区改造

北梁是内蒙古自治区乃至全国最大的城市棚户区，李克强总理先后两次深入北梁棚户区视察。国家开发银行创新工作思路，破解困扰北梁棚户区改造多年的难题，将总理的嘱托和关怀送进了千家万户。持续稳定的信贷投放促使北梁棚改项目进展顺利。截至 2016 年底，国家开发银行共对该项目授信 221.2 亿元，新建及回购安置房 4.4 万套，总建筑面积 400 万平方米。北梁棚改在国家开发银行资金的大力支持下，使百姓彻底改变了狭小拥挤的居住条件，摆脱了恶劣的生活环境，取而代之的是宽敞明亮的住房和方便快捷的生活，真正实现了和谐棚改、平衡棚改、增效棚改、宜业棚改，创造了令人瞩目的"北梁速度"。

2015 年以来，住建部已先后两次在包头召开全国住建系统座谈会，学习推广北梁棚改经验。

积极推动落实高访项目成果，开发性金融助力中资企业"走出去"

国家开发银行积极服务国家外交和"走出去"战略，助力我国铁路装备制造业"走出去"。该行融资支持的"阿根廷某铁路改造项目"为 2014 年习近平主席访阿见签成果，用于帮助阿根廷建设改造 1 511 公里的货运铁路线，项目总投资约 24.7 亿美元，中资企业作为 EPC 总承包商，可直接推动我国铁路装备制造出口约 13 亿美元，中资因素达 60% 以上。作为阿根廷振兴铁路计划的重要组成部分，建成后的该线路货物运输能力将由 110 万吨 / 年提高到 600 万吨 / 年，大大提升阿根廷铁路整体运输能力，成为中阿经贸合作的亮点工程，并有力促进中阿全面战略伙伴关系发展。截至 2016 年底，该项目已累计实现 6.65 亿美元的贷款发放，进展较为顺利，获得了阿根廷政府和民众的好评，社会、经济效益正逐步显现。

不忘初心照亮寒门学子人生路

姆帕什布出生在四川省凉山彝族自治州甘洛县团结乡磨推嘴村，家境贫寒。幸运的是，姆帕什布申请到了国家开发银行生源地助学贷款，让他顺利完成了大学学业。在他眼里，与社会各界的无偿资助相比，助学贷款带来的心理压力小多了，别人的资助会让他觉得受之有愧；而助学贷款既是对他学业的有力支持，更是他前进的动力，让他相信将来能够靠自己的双手偿还贷款，自力更生。

姆帕什布只是国家开发银行开展助学贷款业务以来支持的 700 多万名家庭经济困难大学生中的一个。呵护这些孩子的大学梦正是该行开展助学贷款业务的初衷。十多年来，这些孩子在该行助学贷款的帮助下，走进了大学校园，挥动着追求美好未来的翅膀，开始了充满梦想的人生新旅途。

"我现在已经顺利完成了大学本科阶段的学习，步入了工作岗位，心里满满的都是对所有帮助过我的人士和组织的感激之情和对后辈贫寒学子们的祝福。"

——四川大凉山的彝族学生姆帕什布

绿色建筑

2014 年 6 月 11 日，美国绿色建筑委员会（USGBC）首席执行官马含（Mahesh Ramanujam）先生为国家开发银行大厦颁发了国际绿色建筑认证（LEED）金级证书，这标志着该行长安街办公楼正式获得国际绿色建筑称号。早在项目建设的初期，该行领导就提出了"中国的、现代的、银行的、绿色的"设计理念，并确定了争创 LEED 金级

的目标。国家开发银行大厦建设过程中，与北京金融街控股公司及设计、施工单位积极贯彻绿色建筑理念，采用了双层呼吸幕墙、冰蓄冷等新型环保技术；项目建成后，国家开发银行又积极倡导随手关灯、垃圾分类、楼内禁烟等环保要求，这些都充分体现了 LEED 认证绿色环保的理念与责任，最终获得金级认证。国家开发银行大厦实际使用效果良好，展现了环境舒适、节能降耗、使用便捷的绿色建筑特点，得到了全体员工的好评，更体现了国家开发银行积极履行社会责任义务的决心与行动。

"国家开发银行大厦是中国第一家获得此项认证的国有大型金融机构总部办公楼，该行在倡导节能减排、绿色环保的管理理念上迈出'具有前瞻性、领先的一步'。"

——马含先生

小贴士

国际绿色建筑（LEED）认证是美国绿色建筑委员会建立并在全球推行的"绿色建筑评估体系"，是目前国际公认的绿色建筑认证标准。获得绿色认证金级的建筑除了必须使用符合标准的建筑材料及设备以外，建设过程也必须遵循严格的环保工艺，尽量利用可再生材料，因此建设费用比一般项目要增加 10% 左右，但施工中产生的各类垃圾比传统工艺减少 50%，建成后能耗比一般建筑低 30% ~ 50%，体现了"减少建筑对环境造成的负担和影响"的宗旨。

履行社会责任　助力经济社会发展

国家开发银行喀什分行积极落实中央治疆方略，在南疆三地州维稳、脱贫攻坚、棚改、重大基础设施和民生工程等重点领域，持续加大信贷投放，取得积极成效；聚焦政府热点难点，创新打造维稳"1+5"项目新模式，支持南疆三地州双语幼儿园以及边境防控体系、人员密集场所公共基础设施及乡村维稳综合基础设施等项目建设，目前已累计授信 50.1 亿元；积极承担社会责任，助力民生改善，帮助 15 户贫困群众实现脱贫，并大力推动农民居住条件改善、村容村貌建设、南疆棚户区改造建设，承诺棚改贷款 48 亿元，惠及群众约 16 630 户；推进丝绸之路经济带核心区建设，推动喀什大文化、大物流、大交通等领域项目建设，贷款余额超过 60 亿元，助力喀什向西向南开发开放。

中国农业发展银行

支持高标准农田建设的"泰州模式"

为进一步落实中央"藏粮于技、藏粮于地"战略，泰州市政府提出了"十三五"期间将全市 200 万亩未达标耕地全面建设成高标准农田的设想，中国农业发展银行江苏省分行充分发挥政策性银行职能，采取"投、贷、补"结合的模式，即农发重点建设基金的"投"、政策性银行的"贷"、国家发改委新增千亿斤粮食产能中央投资的"补"相结合。截至 2016 年底，中国农业发展银行累计投放贷款 3 亿元、基金 5 亿元，有力地支持了一期 10 万亩工程的完成，直接增加经济效益 5.05 亿元，粮食增产 12 万吨，带动农民增收 2.4 亿元。

该试点模式的成功推进，促成了国家自 2016 年第 2 批专项建设基金开始，专门在农口项目中增设了"高标准农田建设"专项，极大地调动了各方投建积极性。该模式对现行高标准农田的建设内容、投资标准和投融资方式进行了突破，提出了将高标准农田与耕地保护占补平衡相结合、与村庄集中连片开发整治相结合、与当地农业产业优化布局和建设现代农业配套基础设施相结合的新理念，使地方政府能够在大规模推进高标准农田建设的同时，一揽子解决当地农业农村各类短板问题。

打通脱贫致富"最后一公里"

广西百色市隆林各族自治县是全国仅有的两个各族自治县之一，是中国农业发展银行定点帮扶的贫困县，有 2 019 个自然屯还没有通硬化路，占全县自然屯的 77%，需修建的屯级硬化道路达 3 526 公里。货运、客运不通，使得隆林县大量农产品低价出售甚至滞销，成为农民脱贫致富最大的梗阻。

中国农业发展银行广西隆林县支行审批改善农村人居环境建设贷款 2 亿元，对隆林县 16 个乡镇 56 个村（其中有 31 个为贫困村）的 222 条屯级道路进行改扩建。项目建成后将彻底改善贫困村的交通条件，可惠及贫困户 6 778 户、建档立卡贫困人口 25 089 人。截至 2016 年底，已发放贷款 4 700 万元，31 个预脱贫贫困村的 143 条通屯水泥路项目全面开工建设。修路期间，当地的农产品价格即一路上扬，如杉木从 10 元 / 根无人问津，涨至 30 ~ 60 元 / 根；生猪从 5 元 / 斤翻倍到 10 元 / 斤，沿途村民得到巨大实惠。

"衣加衣送温暖"捐衣活动

继 2013 年、2014 年、2015 年后，中国农业发展银行于 2016 年 10 月 24 日至 11 月 1 日连续第四年开展"衣加衣送温暖"捐衣活动，鼓励机关员工积极行动，踊跃捐献，做一件实事，献一片爱心，用实际行动传递温暖，传递关爱。此次活动共为西部艰苦地区困难人群募集衣物 2 600 余件。总行青年志愿者们将这批衣物统一消毒、打包，带着该行员工的深厚情谊，送往该行定点扶贫县广西壮族自治区隆林各族自治县困难群众。

增绿减霾共同行动

中国农业发展银行大力倡导绿色环保理念，长期致力于绿色环保公益。该行认真贯彻落实中央关于生态文明建设及京津冀地区环境污染防治整体要求，积极响应共青团中央、全国保护母亲河行动领导小组"京津冀晋蒙青少年增绿减霾共同行动"号召，和内蒙古自治区二连浩特市园林局合作开展了"增绿减霾共同行动——中国农业发展银行青年林"公益建设项目。

京津冀地区是国家雾霾治理重点区域，京津及冀晋蒙周边地区是国家重大生态工程"京津风沙源治理工程"实施地。该行积极开展"增绿减霾共同行动"，建设"中国农业发展银行青年林"，支持和参与绿化工程建设，大力倡导和践行绿色理念。

此公益项目从 2015 年启动，建设周期 5 年，该行和二连浩特市园林局一起，通力合作，齐心协力，共同完成 1 200 亩的建设目标，为共创京津冀晋蒙美好生活、服务国家生态文明建设大局作出积极贡献。截至 2016 年底，中国农业发展银行已投入资金 24 万元，植树近 500 亩。

中国进出口银行

"互联网＋"为政策性金融支持小微企业"插上翅膀"

中国进出口银行浙江省分行与浙江网商银行建立银银合作，依托小微企业银行转贷款模式，通过大数据、云计算等现代信息技术为小微金融注入新动能，有效提高政策性金融支持小微企业的广度和深度。该行向网商银行发放 5 亿元小微企业银行转贷款，用于支持天猫、淘宝、"1688"等网商平台上的小微企业和经营户，用款企业高达 1 万余户，单户贷款余额 4.86 万元，真正做到"支小支微"；实际用款人贷款利率最高为 8.57%，最低为 4.82%，加权平均利率为 6.67%，不到网商银行平均贷款利率的 60%，切实降低了用款企业的融资成本。

统借统还贷款为制造业小微企业注入转型升级"催化剂"

中国进出口银行江苏省分行与江苏省政府展开合作，批量推广政府专设平台统借统还贷款。地方政府为支持小微型制造业企业获取该行统借统还贷款，主动出资设立专项平台管理公司。截至 2016 年底，该行向常州 19 家公司发放小微企业统借统还贷款 32.64 亿元，推动当地以中小微型制造业为主的民营经济蓬勃发展、百花齐放。通过与江苏省政府合作，该行累计发放统借统还贷款 169.92 亿元，贷款质量保持零不良，累计支持小微企业 1 001 户，促进当地就业 12 万余人，帮助企业实现销售收入约 800 亿元，创造税收约 20 亿元，有力地推动了地方制造业平稳向好发展。

统借统还贷款在新疆播撒民族团结之种

中国进出口银行新疆分行与新疆某水果集团建立合作，依托该集团旗下的小额贷款公司，向其发放小微企业统借统还贷款 1 亿元，用于对当地林果种植户提供经营种植资金支持。该笔业务涉及吐鲁番地区、和田地区、喀什地区 10 个合作社、78 个大户生产者，直接惠及 1 122 户农民增收，其中少数民族农民占比接近 80%，有效支持当地扶贫脱困工作，促进维汉民族团结。

"政府搭台　银企唱戏"——依托外贸综合服务平台批量支持出口小微企业

中国进出口银行山东省分行依托统借统还贷款模式批量支持出口小微企业，支持外贸回稳向好。该行与青岛市商务局、青岛市国税局、中国出口信用保险公司山东分公司建立合作，向国内优质外贸综合服务平台商之一的某集团发放统借统还贷款 3 亿元。截至 2016 年底，该笔贷款通过该集团已累计帮助 1 000 余家小微企业，拉动出口贸易 7 亿多美元。在主管部门指导下，在该行政策性资金支持下，该集团已成为线上与线下、国内与国外、外贸服务与跨境点上服务相结合的综合性服务平台，成为政府外贸政策转换器、小微企业成长的孵化器。

统借统还贷款助力科技创新型小微企业发展壮大

中国进出口银行陕西省分行依托小微企业统借统还贷款模式，分别向安康某中小企业融资服务公司、西安高新区某中小企业创业服务公司和陕西某中小企业金融服务公司发放统借统还贷款 9.12 亿元。上述贷款均由地方政府投融资平台提供担保，用于支持本地产业园区内优质科技企业和制造业企业，落实政策性金融服务小微型创新型、制造型企业发展。

中国工商银行

合作"超主权机构"的突破

2016 年，中国工商银行卢森堡分行成功营销欧洲投资银行开立人民币清算账户，标志着该行的人民币清算行建设在超主权机构领域内取得了新的突破。作为一家超主权机构，欧洲投资银行对于业务合作伙伴选择及新业务方面开展均非常谨慎，在风险管理、内部流程等各方面有着严格要求。自 2011 年起，该行已与欧洲投资银行建立起良好合作关系，并获得该行在多币种融资需求上的有力支持。在成为指定的人民币清算行后，该行主动加强双方关系，就人民币国际化进程、本行的人民币业务优势，包括人民币账户功能、协议文本等问题，与对方展开了系统性的沟通交流，最终达成本次业务合作。

打造"澳门最受欢迎的零售银行"

中国工商银行工银澳门创新产品种类，丰富服务内涵，积极打造"澳门最受欢迎的零售银行"，引领当地金融服务水平。在当地首创基金挂钩型理财产品，推出"私人银行客户专属"和"财富管理客户专属"两个理财产品系列品牌。在当地首推信用卡购车分期业务、短信分期业务，

及 HCE 手机信用卡、新版手机银行等多项产品。其中，信用卡购车分期业务广受商户和持卡人欢迎；新版手机银行打破传统手机银行仅对本行客户开放的壁垒，向行内外客户同时提供众多的休闲购物服务。首推跨境车费缴费缴纳业务，与境内分行联合发行"琴澳粤通信用卡"，使拥有粤澳两地车牌的司机客户在工银澳门即可缴纳境内路桥费用。

"棒棒哒证券交易手机 APP！"

2016 年，中国工商银行工银国际结合境内外移动终端发展趋势及客户交易习惯，进一步优化和升级现有的证券交易手机 APP 系统，丰富 APP 功能、改良交互体验，大幅度优化了界面设计观感和功能实现水平。该系统已覆盖港股、沪港通 A 股、美股及新加坡、日本等多个证券交易市场，预期将逐步覆盖包括美洲、欧洲在内的更多国家和地区的证券交易市场。此外，海外期货交易平台也于同年上线，交易网络覆盖芝加哥商业交易所、伦敦金属交易所等国际各大主要期货交易所的农产品、基本金属、贵金属、能源、股指及汇率、债券等期货衍生品，具备全时区全时段的不间断交易服务能力，进一步满足了客户的高频交易需求。

让就医不再难

中国工商银行为解决"就医难"的社会焦点问题，加强与医院的合作，优化丰富银医服务，开放融 e 行、融 e 联、个人网上银行、自助终端等线上线下渠道，向该行及其他行客户共同提供预约挂号、智能候诊、缴纳诊间费用、查询检查报告等一揽子服务，给公众带来全新的就医体验。2016 年，该行广西分行首个互联网模式的银医服务项目在贵港市人民医院投产。该项目通过在医院内布设自助机具、开通手机客户端及微信公众号等形式，打造高效、动态的平台，帮助用户使用手机或者自助设备实现预约挂号、智能候诊、缴费、报告打印等操作，节约原先因排队造成的时间浪费，为患者提供实时有效的医疗信息服务，同时释放医护人员的时间和精力，更好地服务于患者。

连接亚非的跨境汇款

随着中国和非洲经贸合作的不断加深，两地企业的跨境经营与投资日益活跃。2016 年，中国工商银行联合

标准银行集团推出"中国—南非直连跨境汇款产品",构建起综合化、个性化和自助化的跨境资金集中管理系统。该系统以中国工商银行全球现金管理及境外业务系统为基础,针对跨国企业客户的跨境现金管理业务需求,为中、外跨国企业客户提供以全球主账户为载体的金融服务,可支持美元、南非兰特、人民币三个币种。企业通过该系统可实现国内发往南非标准银行对公、个人直连汇款业务,高效管理应收、应付款,归集、调剂内部资金,及时、准确获取现金流信息,获得多样化投资机会。投产当天,中国工商银行北京分行成功处理首笔业务:柜员根据客户实际汇款需求录入汇款币种、收款行国家、收款行标识等要素后,系统进行产品类型判断以供网点选择,然后上传业务至处理中心。

扎根山区担责任　和谐发展勤耕耘

中国工商银行清远阳山支行关注当地民生,响应政府号召,视阳山县的健康发展为己任。通过创新融资等方式加大信贷投放,支持阳山经济发展。截至2016年末,各项贷款余额30 281万元。心系山区贫困群众,扶危济困送温暖,阳山支行组织专项队伍历时3个月,走遍了4个镇近30多个自然村,累计为山区群众上门启用社保卡约3.5万多人次,同时派出驻村帮扶员工,帮助村民解决就业、医保、教育等问题,并为特困人群送去生活必需品。践行公益活动,关爱留守儿童,积极参加公益行支教活动,为广大留守儿童带去温暖和欢乐。保护金融秩序稳定,致力于消费者权益保护工作,积极参与金融下乡等主题群众金融知识宣传活动,开展反假币、反洗钱、防诈骗、珍爱信用等金融知识普及宣传与公众教育服务活动。

履行金融职责　助推脱贫攻坚

中国工商银行四川巴中南江支行始终以服务地方经济、助推脱贫攻坚为己任,不断深化经营转型,强化发展意识。一是创新信贷模式,大力支持交通、旅游、小微企业以及城镇建设等重点项目。二是推动互联网金融,为学校提供自助缴纳学费、教辅材料费服务机器;开通智能电表多媒体充值项目,提供随时随地缴费的便利;通过融e购平台营销当地特色农产品,拓展了县域农产品的销售渠道和宣传途径;在旅游以及企业方面,利用互联网创新了资金融通和支付的方式。三是助贫扶弱,平衡发展,成立帮扶工作队,积极开展金融、教育、卫生、产业以及基础建设等方面扶贫工作。四是根据客户需求,创新服务模式,在窗口服务、智能机服务、特殊人群服务等方面不断完善。

服务苗侗众乡亲　奉献社会勇担当

中国工商银行湖南靖州苗族侗族自治县支行紧紧围绕靖州杨梅、茯苓、山核桃三大特色产业发展,积极支持县域经济的发展和壮大。截至2016年末,各项贷款余额达6.02亿元,比5年前翻了近5番。在绿色信贷方面,靖州工行2016年一共发放了3亿元项目贷款,支持某风力发电有限公司临口风电项目建设,积极以绿色信贷项目为切入点支持地方经济建设。在扶贫帮困方面,密切关注贫困区百姓需求,积极跟公路、交通等部门联系,牵头筹集20多万元资金,通过一年多时间努力,帮助炮团村修建了炮团大桥,解决了2 400名村民出行和100多名孩子上学过河难的问题。为了实现脱贫致富,支行行长亲自带队驻点,帮村民们出主意、找项目、筹资金,仅一年时间,就有几十户农户甩掉了"贫困帽"。

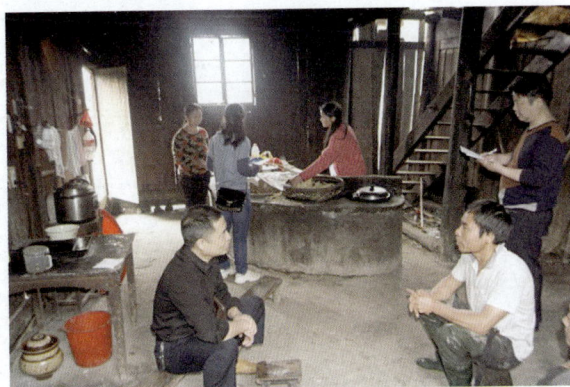

中国农业银行

推动农业供给侧结构性改革积极探索服务"三农"新模式

2016 年，中国农业银行突出做好"三农"和县域重点领域金融服务，特别是努力服务好以大企业、大项目、大市场为代表的"大三农"，以新主体、新要素、新业态为特征的"新三农"，以各地特色优势农业为重点的"特色三农"。

服务农业结构转变，提高农业供给质量	◎ 水利行业贷款余额突破 2 700 亿元，支持了国家 57 项重大水利工程，改善农田灌溉面积 26 894 万亩，惠及人口 49 066 万人 ◎ 与 72 个国家级农业科技园建立合作关系，对国家级、省级龙头企业金融服务覆盖率分别达到 82% 和 61%
服务农民致富，提升百姓生活福祉	◎ 共发放惠农卡 1.94 亿张，"金穗惠农通"电子机具行政村覆盖率 75.1% ◎ 支持专业大户、家庭农场 27.5 万户，贷款余额 528.4 亿元；支持农民合作社 172 家，贷款余额 5.18 亿元；支持合作社社员 106 091 户，贷款余额 183.13 亿元 ◎ 棚户区改造贷款余额达 1 496.38 亿元，发放"农民安家贷"1 676.3 亿元
服务美丽乡村，让记忆乡村美起来	◎ 县域城镇化贷款余额达 4 000 亿元，比上年末增加 634 亿元，增长 18.8% ◎ "美丽乡村"系列产业基金业务累计审批 212 亿元，已实现投放 202 亿元

服务"一带一路"建设　助力实体经济发展

2016 年 7 月 4 日，刚果共和国总统德尼·萨苏—恩格索携夫人及刚方代表团到访中国农业银行，董事长周慕冰与萨苏总统就深化双方金融战略合作、中刚非洲银行未来发展及人民币在刚使用等话题进行了深入交流。7 月 5 日，在国家主席习近平与刚果共和国总统德尼·萨苏的共同见证下，董事长周慕冰与刚果共和国财政、预算和国库部部长卡利斯特·恩加农戈签署了《刚果共和国与中国农业银行深化金融战略合作及跨境人民币金融服务协议》。这是继 2014 年 6 月，该行与刚果共和国签署《组建合资银行合作协议》以来，双方在金融领域的又一次重大合作。

探索扶贫新思路践行普惠金融

中国农业银行不断完善顶层设计，优化产品创新机制，对于具有区域政策优势、结合地方产业的精准扶贫产品开辟"绿色通道"，积极探索金融扶贫与定点扶贫新模式。2016 年，该行在 832 个扶贫重点县贷款余额 7 044 亿元，带动了 560 万建档立卡贫困人口；创新区域性特色扶贫产品 76 个；在 4 个定点扶贫县（河北武强、饶阳，贵州黄平，重庆秀山）投放贷款 26 亿元，支持带动 3 万建档立卡人口；发行全国首笔扶贫社会效益债券 5 亿元。

定点扶贫"四融"模式

为民"融智"	◎ 主动联系各地分支机构，详细了解当地扶贫项目开展情况以及新农村建设情况 ◎ 在"三会一课"上定期给村民讲解最新扶贫政策，组建银村共建小组
帮民"融资"	◎ 开展贫困户信用等级评定 ◎ 探索创新"农行 + 扶贫产业 / 专业合作社 + 贫困户"的金融精准扶贫模式 ◎ 提供贴心式办贷服务
替民"融通"	◎ 联系在村小卖铺、肉牛养殖专业合作社安装"金穗惠农通"智能终端 ◎ 组成金融服务宣传小组，负责向村民宣传"金穗惠农通"智能终端 ◎ 向年轻村民、外出务工农民以及外出读书大学生等推荐普及手机银行 APP
助民"融商"	◎ 帮助蔬菜瓜果进城 ◎ 帮助土特产品入超

防范电信诈骗保障客户权益

2016 年，中国农业银行成立了"消费者权益保护办公室"，开展从源头上治理电信网络诈骗专项工作，是首家与中国人民银行牵头建设的"电信网络新型违法犯罪交易风险事件管理平台"对接的大型商业银行。

中国农业银行防电信诈骗措施

健全体系	◎ 总行成立电信网络诈骗专项治理领导小组 ◎ 明确部门职责 ◎ 建立监管沟通机制 ◎ 制定应急预案 ◎ 建立总结报告和表彰机制
科学部署	◎ 个人新开户数量控制，单位开户审慎核实机制，对异常开户行为审核 ◎ 存量账户清理，暂停涉案账户开户人名下所有账户的业务，建立买卖账户、冒名开户的惩戒机制 ◎ 严格联系人电话号码与身份证件号码的对应关系，增加转账方式，调整转账时间，加强非柜面转账管理，加强线上线下特约商户管理 ◎ 在计算机系统、自助设备、POS机留存安全防护，严控员工违规使用客户信息，对设备厂商监督
加大宣传	◎ 在营业厅、线上渠道、社区、学校、农村、商圈、企业、军营等现场宣讲 ◎ 编写培训手册，修订岗位培训教材，开展防范电信网络诈骗知识竞赛

植根中华沃土弘扬传统文化

2016年，中国农业银行积极支持优秀文化传承发展，加大对中华诗词的扶持力度。连续两年独家冠名《中国诗词大会》节目，引导观众增强中华优秀传统文化的价值认同感和归属感，掀起全民古诗词学习热潮，激活亿万中华儿女传统文化基因，节目播出后得到了社会公众的广泛关注和肯定。

打造雪域百姓"最贴心的银行"

西藏，一座高原，十万边疆，五百山水，三千佛唱。这里也遍布着中国农业银行在西藏的512个网点，中国农业银行塔玛营业所就是其中一个，驻地海拔4 000米左右。营业所员工爱行如家，为给每一位前来办理业务的客户营造整洁舒心的环境，员工们每天都提前2个小时进行营业前准备。服务覆盖的达那普乡距离营业所80多公里，海拔4 700米，生存环境恶劣，为了方便达那普乡农牧民办理业务，塔玛营业所员工每月至少到达那普乡开展2到3次流动服务。秋冬两季开展流动服务时，多会遭遇恶劣天气，但从未动摇过塔玛营业所员工将农业银行金融服务带到千家万户的决心，对塔玛营业所热忱优质的服务，农牧民都交口称赞。

中国银行

连续14年定点扶贫"北四县"

中国银行积极践行"担当社会责任，做最好的银行"发展战略，充分发挥国际化、多元化平台优势，实现精准扶贫。连续14年在陕西咸阳（永寿县、长武县、旬邑县、淳化县，以下简称"北四县"）定点扶贫，发挥自身、客户、员工、国际四种力量，落实"十个一批"（安排一批信贷资金、推动落地一批金融政策、建立一批村镇银行、为当地培养一批金融人才、增派一批扶贫干部、销售一批优质产品、帮助引进一批企业、用好一批慈善基金、推荐一批就业岗位、引入一批国际慈善基金），聚集各种资源，动员社会力量，努力探索一条有中行特色、可持续、可复制的精准扶贫之路。

2016 年，该行在"北四县"投入帮扶资金 7 200 多万元，为"北四县"企业叙做贴现业务超过 2.5 亿元，实施"安全饮水、道路交通、光伏建设、农业设施"等项目 23 个，帮助建档立卡贫困人口 2.8 万人增收，2 053 名贫困学生受到资助。

发布跨境人民币指数和离岸人民币指数

跨境人民币指数

2013 年 9 月 20 日，中国银行向全球首发"跨境人民币指数（CRI）"。该指数关注人民币"跨境循环"，体现人民币在跨境和境外循环流动的"人气水平"。2016 年 10 月，CRI 指数为 248 点，是 2011 年基点（100 点）的 2.48 倍。

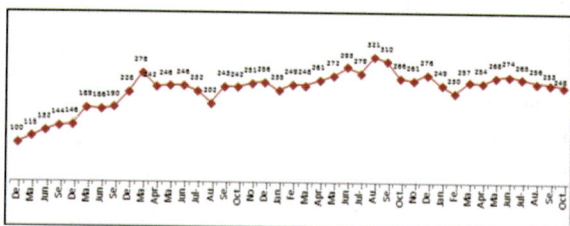

中国银行跨境人民币指数

离岸人民币指数

2014 年 3 月 11 日，该行向全球首发"离岸人民币指数（ORI）"。该指数体现人民币在境外的"规模状况"。2016 年第三季度末，ORI 指数为 1.29，是 2011 年基值（0.32）的 4 倍。

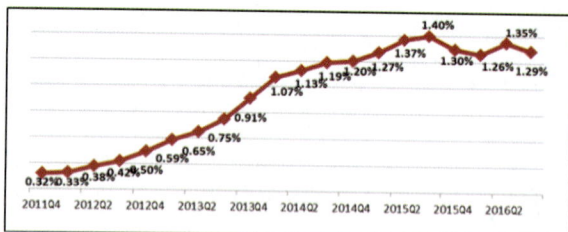

中国银行离岸人民币指数

"中英金融服务圆桌会"

2016 年 7 月 22 日，英国大使馆主办、中国银行协办的"中英金融服务圆桌会"在中国银行成功举行。英国财政大臣菲利浦·哈蒙德、英国财政部副部长马克·博文、英国驻华大使吴百纳女爵士等英国政府代表，以及中国人民银行、银监会、外管局和中英两国大型金融机构的高管出席会议。

> "中国银行为中英金融搭建了高端对话与交流的平台，对探讨推动中英自由贸易进程、紧密中英经贸金融合作关系提供了帮助。"
>
> ——英国财政大臣菲利浦·哈蒙德

推出中小企业跨境投资撮合服务

中国银行在全球首创推出"中银中小企业跨境投资撮合服务"，为全球中小企业搭建互联互通平台。从 2014 年开始，已先后在全球举办了 28 场跨境撮合活动，累计 15 000 多家中小企业参加，达成合作意向 5 000 多项，得到了国内外各界和客户的高度评价。

中国银行举办跨境撮合活动的区域

亚洲	四川、河北、广西、北京、安徽、陕西、湖南、广东、贵州
欧洲	法国、意大利、德国、荷兰、英国
美洲	美国
大洋洲	澳大利亚、新西兰

上线电子印章系统

2016 年 5 月 29 日，中国银行上线电子印章系统。电子化印章内嵌 16 位业务验证码，客户可凭业务验证码，通过中国银行门户网站对凭证上的业务信息进行验证、识伪。同时，电子化印章改变了过去手工盖章位置不准确、力度不均匀、深浅不一等问题。投产后，业务印章电子化率达 96%，每笔业务办理时间缩短 30%，极大地改善了客户体验，平均每位业务经理每日可节省 0.75 个小时，全年可节省 3 476 520 个小时。

情牵彝乡　大凉山深处的守望者

中国银行四川会理城北支行是四川中行辖内最偏远的县级支行，所处县域交通闭塞，不通高速，不通火车，与外界的联通渠道仅有一条108国道。2016年，会理中行坚持扶贫攻坚，做爱与担当的传递者，多次深入定点扶贫单位会理县小黑箐乡茨竹村，深入乡村农户开展调研，寻找帮扶措施。职工捐款5 000元，解决该乡民俗文化广场文化墙绘画投资费用。组织人员到该乡各村开展金融扶贫知识、反假知识等宣传，发放、张贴各种宣传资料2 000余份，为扶贫攻坚这项政治任务作出了积极贡献。会理支行还组织人员对会理太平镇5所小学、法坪乡2所小学、黄柏乡1所小学的92名老师、2 060名学生进行了反假知识宣传，发送了反假货币宣传资料7 400份，赠送了学习用具8 000本。

胸怀南海　植根三沙

中国银行三沙支行于永兴岛设立，成为中国银行驻守祖国最南端的金融机构，也是三沙市设市后成立的第一家金融机构。其金融服务具有典型的"三沙特色"，在营业时间上，除了周一至周五正常营业外，还特意安排周末营业，以迎合当地官兵周末办理业务的需求。由于地处高温、高湿、高盐、高辐射地区，且几乎所有的生活物质都来自岛外，工作、生活、学习条件非常艰苦。在总行的大力支持下，2016年4月，海南省分行向三沙市政府捐赠100万元支持三沙岛礁绿化工程，分5年每年捐赠5万元共25万元支持三沙教育事业，帮助他们完成求学梦，为建设"美丽三沙、幸福三沙"贡献一份金融力量。

中国建设银行

服务"北大仓"振兴东北

黑龙江素来在我国粮食安全上占有重要地位。在我国重要的"粮仓"——"北大仓"，如何解决农村地区"融资难，融资贵"的问题显得尤为重要。由于农村金融体系建设不完善与金融产品的单一，以农村信用社和地方性商业银行为主体的金融机构的信贷规模，供给总量上严重不足。

为满足当地农民发展规模化种养殖业和农产品加工等产业化经营需求，中国建设银行黑龙江省分行依托黑龙江"大农业"的特点，确定了"一链两翼"三农业务发展模式。其中，"一链"是指以农业产业链为主线，以农业产业化经营为核心，实施从农产品种植到农产品收储、加工、销售等多环节全产业链信贷支持模式。"两翼"一方面是指以黑龙江北大荒农垦集团为核心，为黑龙江省垦区发展建设提供全方位金融服务支持；另一方面是以农村土地经营权抵押为主要担保方式的业务产品为核心，为省内农业新型经营主体提供信贷资金支持，以促进农业新型经营主体逐步发展壮大。

助推英国成为第二大离岸人民币清算中心

根据环球银行金融电信协会(Swift)对人民币的追踪，在2016年3月，英国取代东南亚金融中心新加坡，成为大中华区以外最大的人民币清算中心。

中国建设银行于2014年6月正式获任伦敦人民币清算行，凭借高效、安全的跨境和离岸人民币清算系统和网络，为人民币参加行和离岸人民币市场提供公平、及时、准确、专业的人民币清算及结算服务。伦敦人民币清算行正式开业以来运营稳定有序，清算量稳步提高，2016年12月1日突破12万亿元，该行已经发展成为亚洲地区以外最大的人民币清算行。

举办CCB2020宣传推介活动高管集中推介转型发展新成果

2016年9月8日，中国建设银行在北京举办"CCB2020：善建者·新活力"转型发展宣传推介会。百余家境内外媒体记者，40余位客户、机构投资者，该行高管层，部分董事、监事，部分分行、子公司负责人，基层员工代表出席了推介会。

在银行业传统发展模式面临空前挑战的时期，在经历十余年高速发展后，面对新形势，该行大胆走出了中国银行业的"先手棋"，于2012年率先谋划整体转型。董事长王洪章表示，面对经济下行压力、经济结构调整、金融脱媒、互联网金融冲击、利率市场化、监管升级、客户需求多元化等诸多因素，加快转型发展、深化金融改革成为必然。同时，加快实现客户服务平台化、收入结构多元化、运营管理科学化也是建设国际一流银行的需要。该行须实现资本充足、结构合理、管理规范、控制有效、功能完善、基础扎实，加快建设最具价值创造力的银行集团。在此基础上，该行确定了综合性经营、多功能服务、集约化发展、创新型银行、智慧型银行的转型方向。

龙支付正式发布再掀潮流支付新风尚

2016 年 11 月 9 日，中国建设银行在北京正式推出"龙支付"，这是该行运用互联网思维、打造金融生态系统、围绕客户体验推出的统一支付品牌，也是同业首个融合 NFC、二维码、人脸识别各种技术，覆盖线上线下全场景的全新支付产品组。

龙支付拥有四大优势：

更开放的用户体验。龙支付面向所有社会大众，客户只需下载中国建设银行手机银行 APP 均可申请注册成为龙支付客户。

更多样的支付方式。龙支付增加了二维码收付款，同时龙支付手机客户端丰富了 ATM 刷脸取款和声纹取款功能。

更丰富的支付场景。龙支付通过全面支持线上线下交易、支持 APP 插件支付等功能，将龙支付广泛应用于地铁、停车场、菜市场等客户衣食住行各个方面。

更安全的支付环境。龙支付的风控搭建致力于安全与效率的统一，基于 Token 设计的移动支付更加安全，大数据反欺诈帮助客户控制交易风险，更全面保护客户个人隐私和资金安全。

制定总行机关后勤工作勤俭节约十项措施

节能减排： 集体活动统一安排车辆，提倡合乘车辆，减少空驶；等候时间超过 5 分钟的，要熄灭发动机以减少

油耗和尾气排放。

节约用电： 大力推广节能灯具；加强巡查，下班及时关灯、关机，杜绝"长明灯"现象，减少电脑、打印机、复印机等办公设备的待机消耗；放假期间要关闭电源插座。安排物业公司每周两次检查用电设备，对用电管理不规范、浪费等行为进行记录和通报。

节约用纸： 提倡无纸化办公，充分利用 OA 系统和企业内部网功能，减少纸质文印材料，控制实物文件印数；除有特殊要求外，一律双面打印（复印）；实行废纸分类回收。

节约用水： 强化用水设备日常维护管理，逐步更换节水型龙头和卫生洁具，防止跑冒滴漏；办公室供应的桶装水在保质期内喝完后再换，防止"小半桶水"现象。

减少废弃物： 科学安排饭菜供应，减少剩饭剩菜，针对用餐不同时段科学安排供应节奏，积极开展"光盘行动"，增设"光盘"餐具回收专门通道，对"光盘"行为给予鼓励；简化公务用餐，严控用餐陪同人员。

心系龙井民生　便利"衣食住行"

2016 年 9 月，中国建设银行吉林龙井支行本着开发业务要与便民利民措施相结合的初衷，与龙井市立公热力发展有限公司和龙井市盛泰热力发展有限公司签署协议，龙井市民可通过网银、手机、自助设备以及柜面缴纳热力费，为龙井百姓带来极大生活便利。经过总行和省分行的

统筹安排，2016 年龙井支行定点捐赠扶贫款 80 万元，为百姓解决牛舍建设、光伏发电、危房改造等扶贫工作；2016 年 9 月，泗水村的危房改造项目开始动工，目前已经有 26 户封顶，预计全部 46 户危房改造工程在 2017 年 4 月末之前全部竣工；2016 年末利用互联网渠道帮泗水村销售了 7200 公斤牛肉，解决了泗水村村民养牛而销售难的问题；2016 年末，借助总行"母亲健康快车"项目，向龙井市老头沟镇卫生院捐赠母亲健康快车一台，解决了边远地区看病难的现实问题。

交通银行

国际化战略助推中国核能走出国门

交通银行巩固并提升"以亚太为中心，欧美为两翼、拓展全球布局"的国际化覆盖面，加强海外机构建设，加速完善全球金融服务体系，提升经营管理水平，增强国际影响力，服务企业"走出去"、"一带一路"等国家战略。

2016 年 9 月，交通银行深圳分行推动中国广核集团有限公司与战略合作伙伴法国电力集团（EDF）在伦敦正式签署了英国新建核电项目一揽子合作协议，这是中国核能企业首次进入西方发达国家，标志着中国从"核电大国"向"核电强国"的转变。此次合作，项目金额巨大，周期较长，对企业信用、融资能力要求较高。该行深圳分行积极沟通协调，及时跟进项目谈判进展，为该合作项目提供保函银团份额的 15%，共计 4.5 亿英镑，不仅帮助客户解决项目推进难题，同时还推动了装备制造业、工程建设业"走出去"，促进了核电行业进步。

打造金融业最佳服务品牌

交通银行秉承"一个交行、一个客户"的理念，加强客户关系管理，持续促进全行客户服务提升，着力打造金融业最佳服务品牌，提升服务品质。

2016 年，交通银行制定并实施了《交通银行消保服务考评指标及评分细则（2016）》《交通银行消保服务意见反馈管理办法》；完善客户投诉处理流程，加强客服处理能力，提升服务追踪处理进度，提高客户投诉处理率；

切实保护金融消费者财产安全权、知情权、自主选择权、公平交易权及信息安全权等权益；重视客户隐私保护；加强特殊客户服务。

2016 年，交通银行 140 家网点获评中银协"千佳示范网点"，在 J.D.Power 2016 中国零售银行客户满意度调查中得分 846 分，列业内前茅。

成功发行第一期 300 亿元绿色金融债券

交通银行不断进行绿色金融创新，努力完善绿色金融相关监管机制，加大绿色金融理念宣传推广，致力于推动我国绿色金融持续健康发展，做经济发展新时期绿色金融变革的先行者。

交通银行除继续加大绿色领域的资金投放力度外，利用资本市场加快绿色负债端产品和服务设计，在绿色信贷基础上，大力发展与绿色项目相匹配的绿色债券。截至 2016 年底，该行成功发行第一期 300 亿元绿色金融债券，是国有五大商业银行境内首单绿色金融债券，在国内机构中首单获得"穆迪"最高等级的绿色债券评估 GB1，并创下 3 年期品种发行利率同期限金融债券的历史新低。募集资金将全部用于符合《绿色债券支持项目目录》规定的绿色项目，有助于该行进一步加大对绿色产业项目的信贷支持力度，提升支持绿色发展能力。

设立规模逾 700 亿元专项扶贫基金

交通银行积极创新金融扶贫形式。2016 年，设立专项扶贫基金向国家集中连片特困地区、革命老区和中央苏区等提供融资支持。扶贫基金已在贵州铜仁、陕西渭南、广东梅州、广西百色、河南商丘等地顺利落地，主要覆盖新型城镇化、交通、水利、旅游等公共事业和特色产业领域，总规模超过 700 亿元。

此外，交通银行还在每年捐赠预算中设扶贫专项资金。2016 年，全行扶贫捐赠总金额 1 777.74 万元，实施扶贫捐赠项目近 200 个，近万名建档立卡贫困人口受益。截至 2016 年底，向甘肃天祝、山西浑源和四川理塘总共投入帮扶资金 500 余万元，支持甘肃省天祝县打柴沟镇深沟村日光温室示范园建设项目、山西省浑源县生态养殖黄芪鸡综合开发项目和蔡村镇尧村深井与配套建设项目、四川省理塘县下汝村、额和村和卡灰村的集体牧场建设，在三个定点扶贫县帮助建档立卡贫困人口脱贫数 2 549 人。

助力移动互联网医院建设

交通银行关注医保、医药、医疗"三医联动"改革机遇，深入分析政策环境、行业运行情况和客户状况，着力发展排名前列公立医院，支持优质医药集团和制药企业，围绕相关产业提供有力的授信支持，帮助医药行业健康发展。

2016 年，为推进湖南省医疗卫生行业发展，完善医疗体系信息化现代化发展，交通银行湖南省分行与全省各级卫生和医疗行业及其单位携手合作，在医院的"自助就医""移动医疗"等领域，共投放资金近 60 亿元，用于支持全省 30 多家医疗机构的设备升级、改造，改善医疗环境和提升医院自身建设。同时，湖南省分行积极引领银医合作模式创新和"互联网＋"金融模式创新，提升医卫行业的服务水平和发展能力，为全省人民提供更加便捷、高效的医疗服务，为打造交通银行和谐向上的工作环境而不懈努力。

重视精准扶贫　支持特色产业发展

交通银行吉安分行积极推进金融扶贫和定点扶贫，扶贫工作组和乡村干部经常同吃同住，入户走访，访贫问苦，为贫困群众做实事做好事。通过扶贫工作组的积极努力，争取到扶贫资金 10 万元，为楠木坪村贫困户的客家土坯房进行维修加固，为贫困村民提供安全保障；帮助南瓜、竹笋等土特产的贫困种植户联系销路，拓宽贫困户收入渠道。同时，积极参与"爱心助学"活动，号召党员和干部员工与贫困学子结对子，献爱心，累计资助 3 万余元，帮助贫困学子健康成长。在做好定点扶贫的同时，吉安分行围绕贫困地区主导产业和区域性特色行业发展，向产业链前端贫困地区客户提供一体化的金融服务，促进特色产业发展，拓宽贫困户增收致富渠道，支持井冈山国家农业科技园农产品建设项目贷款 2 亿元，该笔贷款有力地支持了当地农业发展，为农户带来更多的就业机会及增收渠道。

中国邮政储蓄银行

"贷"动巾帼创业

汪女士是南陵县弋江镇的一名普通妇女，自幼因小儿麻痹症落下双腿残疾，让汪女士多年来屡屡求职碰壁，生活非常艰难。2015 年，她开始尝试做微商，经营日用化妆品，先后拿下了很多微商界知名产品代理权限。2016 年初，汪女士想进一步扩大经营，可是苦于资金不足。

中国邮政储蓄银行安徽省芜湖市分行联合芜湖市妇联、人社局、财政局、人民银行推出妇女创业贷款。该贷款具有无须担保人、无须抵押物，亦无须担保及手续费等优点。在南陵县妇联的推荐下，芜湖市南陵县支行主动上门找到了汪女士。2016 年 5 月 25 日，汪女士领到了 5 万元妇女创业贷款，成为全省第一位妇女创业贷款的受益者。截至 2016 年底，该行累计发放妇女创业类贷款 1 838 笔，金额 19 114.5 万元。

"如果没有这笔贷款，我的创业梦只能永远停滞在原点。"

——汪女士

设立邮银豫资"一带一路"（河南）发展基金

国家"一带一路"战略的实施，为河南加快对外开放步伐、实现跨越崛起提供了重大机遇。中国邮政储蓄银行河南省分行秉承社会使命，深度融入"一带一路"建设，积极助力中原腹地走向开放前沿。

邮银豫资"一带一路"（河南）发展基金是经河南省财政厅和中国邮政储蓄银行充分对接，由河南省豫资城乡投资有限公司和河南省分行共同发起设立，基金规模100亿元，是省内首只服务"一带一路"战略的投资基金。

基金投资项目分为功能类和产业类两大类。功能类项目主要投向保障性安居工程、城镇化和新农村建设、海绵城市、地下综合管廊、轨道交通、高速公路、生态保护和环境治理等领域，并择优投资其他类型项目。2016年9月，基金首笔投资19.44亿元成功发放，用于支持濮阳市棚户区改造项目。

助推福州"蓝色经济"

伴海而生，因海而兴。作为古代"海上丝绸之路"的重要发祥地，独特的地理环境孕育了福州繁荣的海洋经济和悠久的海洋文化。当前，在融入国家"一带一路"打造21世纪海上丝绸之路战略枢纽城市的过程中，福州的"蓝色经济"又迎来发展新起点。

助推福州"蓝色经济"发展，中国邮政储蓄银行福州市分行先行先试。早在2014年12月19日，该行就与福州市海洋与渔业局签订战略合作框架协议，注入百亿元资金支持福州海洋经济发展，为当地的海洋与渔业产业提供沟通交流、银行融资的新渠道。截至2016年底，该行累计发放海洋渔业贷款金额176.64亿元。该行已专设海洋渔业产业链开发专项额度，海洋渔业特色支行的数量达到全行特色支行总数的37.5%。

> "我们已确立'蓝色金融'的特色定位，给予福州市区域内海洋渔业金融产品研发创新差异化的区域转授权，丰富抵质押物种类和形式，助力福州海洋经济发展。"
>
> ——中国邮政储蓄银行福州分行行长

开创"固定平台＋流动金融"精准扶贫新模式

2016年，国务院扶贫办肯定了中国邮政储蓄银行青海省分行"固定平台＋流动金融"服务模式，指出该分行流动金融服务车对牧民群众实施追随式金融服务，打通了服务"最后一公里"，实现了金融精准扶贫的无缝对接。

按照新农保政策，青海省海南藏族自治州共和县倒淌河镇甲乙村牧民才让单周每月可领取125元养老金。刚开始时，为了这125元养老金，才让单周要搭乘班车到共和县支取，往返不仅要花40元车费，还要搭上整整一天的时间。自2011年该行海南州支行开通流动金融服务车后，才让单周和甲乙村512户牧民中领取养老金的103名牧民，每月在家门口就可取到政府发放的新农保养老金。

> "中国邮政储蓄银行是青海金融市场的一支主要力量，也是普惠金融的有力推动者，特别是在服务中小微企业和'三农'工作中，邮储银行发挥着重要作用。"
>
> ——青海省委副书记、省长王建军同志对该分行2016年工作作出重要批示

智慧菜市场　街坊买菜不用愁

刘奶奶来自湖南，跟子女移居广州，因无广州银行卡，取现金到银行网点排队时间长，到ATM上跨行和异地取款手续费高，带现金买菜又怕找错钱，十分烦恼。

王叔叔在广州开了一个餐馆，每天要到菜市场进菜，对于王叔叔来说，必须每天拿笔一次次记录，十分麻烦。

陈阿姨在菜市场摆档卖菜，忙活了一天，收了一堆零钱，还有一张假钞，一天的活白干了，旁边的档主还弄了个秤，缺斤少两，赚得比她多，陈阿姨真是又心疼又生气。

了解到这些情况后，中国邮政储蓄银行广州市分行组建团队，在实地调研后进行探讨研究，最终与广州寺右肉菜市场协商并达成一致意见，共同推广邮储银行"菜e嘀"服务。双方首先对市场的硬件进行修缮，让市场更整洁、更干净；为每一个档主免费赠送"菜e嘀"电子秤；银行派柜员、客户经理带着移动PAD上门，为档主免费开银行卡，用来收款；在市场里布置专业的农药残留检测设备和技术人员，安装新LED屏幕，每天随机抽检肉菜，把

检测的农药残留情况公布在 LED 屏幕上，让街坊们买菜放心，让档主们卖菜安心。"菜 e 嘀"服务社区、深耕菜市场，让街坊们体验了"互联网＋"的美好生活。

中信银行

开展"中信银行·故事汇"企业文化品牌活动

中信银行高度重视企业文化价值理念的传播，2016年推出了"中信银行·故事汇"企业文化品牌活动。该活动以编辑成册的《中信银行人》故事为蓝本，由该行统一策划，故事编写单位的员工自导自演，通过现场会、视频会的形式向全行员工展现。宣讲活动结束后，该行还及时将所有故事视频制作成网络课件，使全国各地的员工都能第一时间观看故事、体味文化。员工们纷纷表示，"中信银行·故事汇"给他们带来了一场高水平的文化故事盛宴。通过宣讲，这些承载着企业文化的感人故事深深地印在员工脑海中、刻入员工心中，激发大家从故事中学习文化价值理念，践行企业文化。截至 2016 年底，中信银行组织开展了两季"中信银行·故事汇"活动，共宣讲了 12 个故事；参与宣讲的员工超过 50 人，现场和通过视频观看演出的观众超过 8 000 人次；网络在线观看率达91.79%。

组织媒体下基层

2016 年 9 月 8 日至 10 日，中信银行组织新华社、《金融时报》《中国证券报》《上海证券报》《中国经营报》《财经》等中央主流媒体，以及新华网、中国网、新浪、和讯等主流互联网媒体总共 19 家开展走访基层活动。记者们通过实地采访，在与该行呼和浩特分行的四家业务合作伙伴进行深度交流后，为该分行的区域金融服务叫好并深受震动，纷纷进行了新闻报道。新华社的《中信银行呼和浩特分行：服务实体经济助力自治区经济转型》、《金融时报》的《"带毛的"就有价值"奶牛"抵押新模式为农牧业播撒普惠阳光》、《中国经营报》的《一线调研：基金解困地方资金瓶颈，中信银行详解投资样本》等新闻报道，传递出了该分行在支持轨道交通发展基金、草原生态产业联盟运营、信农贷等方面的具体行动，凸显了该分行在 PPP 领域、服务实体经济、扶持中小企业、普惠金融及精准扶贫的区域业务特色。截至 2016 年底，此次活动引发媒体原发深度报道 18 篇，转载报道 142 篇，原发报道文字超过 3 万字。

百信银行模式

百信银行是一个依托中信银行和百度的直销银行，是业内首家采用独立法人运作模式的直销银行（子公司），开创了"金融＋互联网"的全新模式，在互联网金融领域具有里程碑式的意义。百信银行是以金融为主导，充分发挥中信银行和百度母公司的专业优势。中信银行将来主要的工作重点在产品的设立与创新，风险管理、内控合规管理，以及客户的激励和服务方面；百度则在大数据的处理，以及场景化的设计方面发挥他们的优势。在双方的共同努力下，新的直销银行将充分发挥双方优势，形成"金融＋互联网"的强大合力，满足广大用户和小微企业日益增长的金融服务需要，为发展普惠金融、支持实体经济发展作出贡献。

"风信子"爱心公益助学活动

2016 年，中信银行总行风险管理部志愿者开展了"风信子"爱心公益助学活动，在位于北京市昌平区的燕京小天鹅打工子弟公益学校开展了捐助和支教活动。燕京小天鹅打工子弟公益学校是一所专门服务于北京农民工子弟的学校，日常经营困难，大部分学生家长从事废品回收、保洁等低收入工作，文化水平较低，流动性较大，孩子普遍缺少家庭关爱和自信。该行发起支教活动号召后，用员工的捐款购置了应急电源、电风扇、整理箱等学生们急需的生活用品，并利用周末闲暇时间，帮助学校加固校舍、开垦自留地，定期派出支教队伍，给孩子们讲授高效学习方法、奥数、国际象棋、书法等课程。截至 2016 年底，中信银行总行风险管理部累计捐书 248 册、捐款约 6 300元；组织员工志愿者支教活动 16 人次。

大力推进绿色租赁业务

中信银行中信租赁有限公司从 2015 年开业伊始就坚持走"市场化、专业化、国际化"的发展道路，着力打造

"绿色租赁"品牌。2016 年，该公司重点布局清洁能源、节能环保等相关绿色信贷领域，形成特色产品线，业务得到快速发展，与北控新能源、正泰集团、正信光电等多家行业龙头企业签署了清洁能源领域的战略合作协议。截至 2016 年底，该公司绿色信贷租赁余额 125.26 亿元，占比 36.61%，投向清洁能源、节能环保领域的占比分别为 36% 和 6%。

该公司加大创新力度，推出业内租赁资产交易及三方合作体系"租赁 +"，与多家同业机构签订战略合作意向，建立了 80 余家租赁公司及第三方金融同业的合作渠道，树立了同业开放合作的品牌形象。该公司已加入光伏绿色生态合作组织（PGO），是全联环境服务业商会、中国节能环保金融联盟等专业性行业协会的会员，并连续荣获《金融时报》2016 中国金融机构金牌榜"最具创新力租赁公司"奖、第十三届中国国际金融论坛"2016 最佳融资租赁创新奖"、《金融理财》金貔貅奖"年度金牌金融租赁公司"奖等，在行业中树立起了"绿色租赁"特色品牌。

中国光大银行

"云南·购精彩" 打造国内首个银政企三方合作电商平台

在"互联网 +"政策指引下，为更好地带动云南地方经济发展，中国光大银行与云南省政府合作搭建"云南·购精彩"电商平台，该平台为国内首个银政企三方合作电商平台。"云南·购精彩"深耕涉农产品企业，通过互联网数据化运营模式，为中小微企业信用升级，助力当地名优产品走向全国，以重点商户的"点"，带动贫困地区相关产业发展的"面"，进而为优质农特产品寻找上下游合作，实现精准扶贫和企业效益的双赢。

母亲水窖 大爱无疆

中国光大银行主动与贫困地区建立帮扶关系，充分调动贫困人口的积极性、主动性和创造性，开展多层次、多形式扶贫项目及扶贫活动，不断拓展公益扶贫的内涵与外延，积极履行社会责任。中国光大银行持续支持"母亲水

窖"公益项目 12 年。截至 2016 年底，该行共支持建造水窖 8 593 口，小型水利工程 68 处，校园安全饮水项目实施 6 所学校，受益家庭 23 855 户，受益群众 111 228 人。

持续打造中国最大的开放式缴费平台

中国光大银行"云缴费"平台引领开放式缴费产业发展，接入水、电、燃气、供暖、交通罚款、高速 ETC、加油卡、教育考试、物业管理等 1 000 余项缴费项目，向近 200 家知名支付公司、电商、银行等合作商户输出缴费服务，是中国最大的开放式缴费平台。

2016 年，中国光大银行"云缴费"平台年交易金额突破 400 亿元，同比增长 85%；交易笔数突破 2 亿笔，同比增长 77%。

"天宫二号"背后的故事

2016 年中秋之夜，中国"天宫二号"空间实验室成功飞天，开启了中国空间站时代的大门，而为此次"天宫二号"提供"振动体检"的是苏州一家民营高新技术企业。

该企业在发展中也曾面临融资难题。在其发展的关键时刻，中国光大银行苏州分行推出的知识产权质押融资业务，成功向其发放"专利权质押"贷款 3 000 万元，用于支持其当时正在进行的世界最大级别电振动试验系统的研发。该笔贷款是苏州高新区首笔纯专利权融资贷款，也是苏州市单家企业获得的最大一笔纯专利银行贷款。

绘绿色梦想　筑美好家园

2016 年 6 月至 10 月，中国光大银行上海分行开展以"绘绿色梦想，筑美好家园"为主题的环保绘画大赛，共收到 1 332 幅作品，通过微信平台投票，最终选出票数最高的 12 幅获奖作品。获奖者被授予光大银行环保小达人胸章，以此鼓励更多人践行环保理念，创造美好生活。

华夏银行

世界银行京津冀大气污染防治融资创新项目

2016 年，华夏银行成功申请世界银行京津冀大气污染防治融资创新项目转贷项目（Program for Results，简称 P4R 项目）。该项目作为国务院《大气污染防治行动计划》和《京津冀及周边地区落实大气污染防治行动计划实施细则》的配套，由华夏银行作为国内唯一合作银行，和世界银行共同提供不少于等值 9.6 亿欧元的资金，为京津冀区域能效、可再生能源、污染防控领域项目提供项目融资支持。通过引入低成本的国际金融组织资金，按照世界银行有关流程开展工作，将进一步提高该行绿色金融能力。在实现该行自有资金获得正常收益的同时，为能效、可再生能源和大气污染防控领域提供低于市场平均价格的融资。

"电商贷"

华夏银行运用互联网信息技术和大数据分析技术，研发"电商贷"特色产品，服务互联网经济下的电商客户，致力于为广大电商客户提供专业、全面、高效的融资服务。"电商贷"以淘宝、天猫、速卖通、亚马逊、ebay 等各类电商交易平台上的经营商户为授信对象，向符合条件的网络经营商户在线发放、可随借随还的流动资金信用贷款业务。截至 2016 年底，"电商贷"已在杭州、北京、广州、武汉、南京等电商分布较为集中的区域开办，华夏银行累计发放贷款超过 4.5 亿元，服务客户数 600 余户。

华夏之星"初心图书馆"

2016 年 10 月，第三座华夏之星"初心图书馆"在河北涞水县义安镇第一中学竣工，建造历时 7 天，华夏银行组织捐赠的 2 万余本图书全部录入图书系统并入馆，受益师生达 760 余名。"华夏之星"还发起了"为你读诗"倡议，得到全行员工的热烈响应，优秀作品已作为"有声读物"被收录至所有的"初心图书馆"中，陪伴乡村儿童的成长。2014—2016 年，"华夏之星"在湖南长沙望城、河北张家口怀安、河北涞水义安为乡村小学共搭建了三座"初心图书馆"，该行捐赠图书逾 4 万册，各界捐赠总额超过 200 万元，超过 2 000 名孩子受益。

"华夏之星"是 2010 年华夏银行联合中国中小企业协会发起的开放式公益平台，旨在寻找中国有远见、有潜力、有情怀的新生代小企业家，支持这些企业家所领导的小企业稳健成长，逐步壮大。这项全行性的公益活动已经坚持了七年，并基本形成了克己、匠心、利他的价值观运营模式。

"小龙人"移动银行 4.0

华夏银行的"小龙人"移动银行 4.0 运用位置服务、生物识别、大数据等新技术，从业务架构、服务内容、操作流程、视觉设计等方面进行全新设计开发，推出了基于用户实时位置自动推送、基于用户交易以及基于用户生活场景等情况智能融入的移动银行 4.0 服务，构建了满足客户"衣食住行医教保娱"等日常生活需要的"完美生活"生态圈，重塑移动互联服务新体验。截至 2016 年底，"小龙人"移动银行日均新增客户数约 7 000 户，日均动账交易量约 6 万笔。

广发银行

"五心服务"打动中老年客户

广发银行倾力打造养老金融服务新模式，针对50岁以上的中老年客户推出集理财服务、支付结算、增值服务、商超优惠等特色服务于一体的专属金融产品——"自在卡"，满足老年人日益多元化、个性化的服务需求。

放心	◎ 组建中老年金融服务团队，为中老年客户提供理财咨询等专业服务 ◎ 为中老年客户筛选定制适合的投资理财产品
舒心	◎ 与华润、家乐福、京东等大型线上线下超市合作，每月8日、28日开展刷"自在卡"享八折的市场活动 ◎ 对接美容美发沙龙、医疗保健机构、果蔬生鲜店铺、旅行社等，凭"自在卡"可以获得便利优惠
省心	◎ 为"自在卡"客户开辟国债购买专窗绿色通道，免去排队困扰 ◎ 开通"亲密付"功能，每月定期归集养老金、赡养费，一站式解决生活费用缴存困扰 ◎ 提供开卡工本费、瞬时通费用、跨行转账、手机银行跨行转账四项支付结算费用减免优惠
贴心	◎ 提供老年人专属的人身意外伤害保险、家庭财产保险等保障 ◎ 举办金融防欺诈、安全用卡等专题沙龙，提供金融安全知识的权威解答与协助
开心	◎ 定期开展书画、摄影、烹饪、健康保健等学习班，举办扶贫、捐助、捐赠等公益活动 ◎ 启动第一届"自在卡杯"全国广场舞大赛，为中老年客户展现自我提供全国性的平台

点燃"心"希望

自2015年起，广发银行在云南和广东启动了"大爱救心——先天性心脏病救助"项目，通过"资助＋合作医院减免＋新农合报销＋家庭个人自负"的方式，帮助家庭无力负担治疗费用的先心病患儿接受手术治疗，重新过上健康正常的生活。

4岁的小馨雨是云南寻甸县一位患有先心病的儿童，因家庭困难始终没有进行手术。小馨雨的父母在得知该行先心病救助项目后便提出救助申请，很快就得到了回应，小馨雨被该行安排前往广州军区总医院接受手术治疗，术后的小馨雨逐渐恢复了健康。

截至2016年底，"大爱救心——先天性心脏病救助"项目累计投入364万元，已有近300名孩子通过心脏介入手术或外科手术获得康复，过上健康正常的生活。在2016年中国银行业协会社会责任工作表彰大会上，该项目也荣获了"2015年度公益慈善优秀项目奖"。

量身定制中小企业专属金融产品

广发银行针对中小企业"短、小、频、急"的融资需求特点，不断加大小企业金融产品创新力度。

电商企业 存在问题： ◎ 资金需求频繁、额度不高、周期较短 ◎ 多属于轻资产型企业，不具备直接融资条件	"电商贷"基于中小微电商企业在第三方电商平台（天猫、京东）的交易流水，采取信用、抵押等模式为其提供资金支持。授信额度最高可达1 500万元，信用额度最高300万元
科技型企业 存在问题： ◎ 具有高成长性和高风险性，技术快速更新带动资金需求不断扩张 ◎ 主要资产如知识产权变现能力较弱，缺少抵（质）押物	"科信贷"通过与广东省科技再担保基金等合作，采用"打分卡"模型对企业进行综合评价，对于符合条件的科技型企业提供信贷支持，授信额度最高可达500万元
新三板挂牌企业 存在问题： ◎ 具有轻资产、成长快、风险高等特征 ◎ 现金流不足，新三板市场流动性不足，定向增发融资困难	"三板贷"通过股权质押、房地产抵押等担保方式，为新三板挂牌小企业提供综合金融服务。单户额度最高2 000万元，单笔期限最长1年

"文化征信贷"——扶持文化企业快速成长

为支持初创期及成长期的文化企业发展，广发银行南京分行联合南京文化金融服务中心，为南京的文化企业打造了专项金融产品——"文化征信贷"。

便捷的信用贷款："文化征信贷"采用信用贷款模式，以大数据量化风险测评结果为依据，无需任何担保即可获得融资，贷款额度最高可达200万元。

灵活的还款模式："文化征信贷"的还款期限可根据企业资金实际使用情况设定，采用随借随还模式，期限最长可达一年。

专业的融资服务：有需求的文化企业可以在线申请融资。同时，企业还可以在南京文化金融服务中心平台上获取政策信息、领取金融服务券。

教育扶贫为贫困村点亮未来

教育扶贫，首先是贫困村"脱贫"的希望之门。2016 年，广发银行启动了为期三年的新一轮扶贫开发工作，成立了扶贫工作队，对革命老区——广东省韶关市翁源县渔溪村进行对口帮扶，而教育扶贫也成为了广发银行的重点工程之一。

2016 年，广发银行投入 60 余万元建成了渔溪广发希望幼儿园，全园占地面积 2 500 平方米，分小、中、大三个班，开设语言、体育、音乐等课程，可容纳 60 余名幼儿学习，不仅渔溪村的幼儿可以实现就近入学，附近村的幼儿也可以到这里来就读。涓涓细流汇聚正能量，广发希望幼儿园让渔溪村的办学条件得以大大改善，为提升教育质量奠定了基础，为消贫助困创造了动力。截至 2016 年底，已经有 54 个幼儿入读，其中惠及 5 个贫困户家庭、6 名贫困户幼儿。

平安银行

紧抓地炼行业机遇　支持山东传统特色产业发展

地方炼油是山东的传统特色产业之一，山东地炼产能约占全国的 70%。随着国家放宽进口原油限制，地炼行业迎来新的发展机遇。为满足其国际贸易融资需求，平安银行为该类客户核定专项额度。2016 年，该行累计对山东地炼行业授信 110.2 亿元，满足企业原油进口的资金需求，支持山东传统特色产业快速发展。

橙 e 网帮助中小企业解决融资难问题

为帮助中小企业互联网转型升级，平安银行升级推出"供应链金融 + 互联网金融"整合服务平台——橙 e 网，为客户提供供应链在线融资、在线支付、在线理财、在线保险等综合金融服务。

通过橙 e 网与企业 ERP 数据对接，该行青岛分行依

据某珠宝商提供的交易数据，为其下游经销商发放信用贷款超过 1.5 亿元，帮助经销商解决预付款融资难题。

> "平安银行的采购自由贷真心好，我们 2016 年前前后后大概从平安银行获得 450 万元贷款，利率低，放款快，无担保，非常好！"
>
> ——格力经销商

全面覆盖汽车消费产业链和生命周期

平安银行汽车金融在全国各主要城市设立服务机构，实现了一、二线主要城市的全面布局，市场份额持续领跑同业。近年来，平安银行汽车金融产品体系不断完善，由单一的新车抵押贷款，扩展到购车、置换车、后市场等消费场景，并融合贷款、基金、理财、保险，全面覆盖汽车消费产业链和车主全生命周期。在作业流程上，实现了全流程自动化，30 万元以下贷款 1 秒钟内完成审批比例超过 60%，整体出账时效达到 1 小时以内，大大提升客户体验，有效促进车主消费。2016 年，平安银行汽车金融在 170 个城市，累计为逾 50 万客户提供汽车金融服务，合计金额 821 亿元。

推动绿色清洁能源发展

平安银行能源矿产金融事业部重点支持可再生能源建设与运营。截至 2016 年底，累计批复可再生能源授信 222 亿元，占全年已批复授信总额的 13.7%，促进了区域电力结构优化，支持节能减排。

玉环县 80MW 农光互补地面光伏电站项目位于浙江省玉环县经济技术开发区，是一所晶科集团建设运营的集中式电站。项目总投资 6.55 亿元，平安银行为其发放中长期贷款 4.58 亿元，有力地支持了项目建设。该项目于 2016 年 4 月末并网发电，月均发电 1 000 万千瓦时。电站设计运行期 25 年，预计总发电量 20 亿千瓦时，相当于 24.6 万吨燃煤发电量。该项目取得了良好的经济效益、环境效益与社会效益。

成功堵截电信诈骗　获央视专题报道

客户邓女士遭遇电信诈骗，207 083 元被从建行账户转入在平安银行开立的某理财管理公司账户，平安银行

襄阳分行员工接报后，立即对该理财管理公司账户进行跨分行紧急冻结，第一时间控制账户资金，经警方连续多天侦察，成功将客户被骗资金全额追回。2016 年 9 月 8 日，中央电视台新闻频道《新闻直播间》栏目对此做了专题报道。

招商银行

手机银行 5.0 为客户开启未来之门

2016 年末，招商银行手机银行 5.0 版本正式上线，借助 FinTech（金融科技）技术实现了行业内多个首次突破。截至 2016 年底，该行手机银行 5.0 累计下载客户数达 4 152 万户。

✓ **摩羯智投，投资一键智能化：** 客户选择投资期限、收益目标、风险要求→摩羯智投为其构建投资组合→客户自主决策→一键购买、一键优化。

✓ **"我的"频道：** 账户总览、收支记录和个人消费信用卡使客户一眼看清自己的财务状况。

✓ **生物识别：** 借助指纹、语音和人脸等生物识别技术，实现刷脸办业务、语音搜索等功能。

"以前不懂怎么选择理财产品，但现在摩羯智投可以提供一键定制的基金组合，让理财更加安全省心。"

——年轻白领

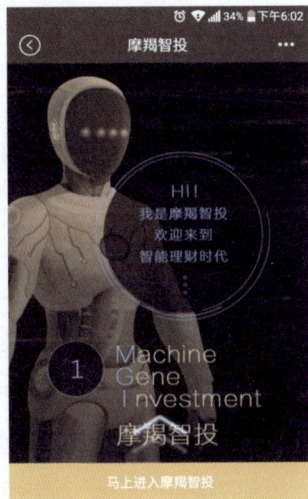

打造智慧医疗　全新就医体验

招商银行推动金融服务与医院诊疗服务的深度融合，借助信息技术整合线下医疗服务模式，创新打造了集诊疗服务、结算服务和融资服务为一体的智慧医疗服务系统，可有效缓解挂号、排队麻烦，提升患者体验、优化就诊环境，并将在未来通过打造数字化卫生健康城市，促进医疗资源的均等化与高效利用。

2016 年，招商银行的智慧医疗服务体系签约 108 家医院，让更多的老百姓享受高质量、信息化医疗卫生服务。

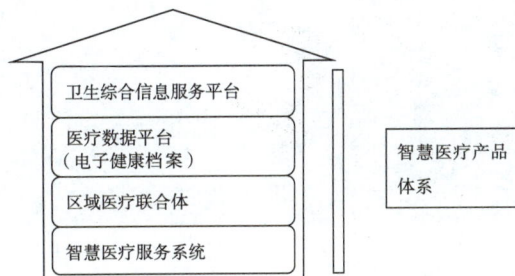

"使用招商银行为医院打造的'智慧医疗'项目，我用手机就能为孩子预约挂号、查询检查检验结果等，甚至连支付押金、缴费退费都能在手机完成。自己少了很多折腾，孩子也少受很多累！"

——客户周先生

积累小积分　奉献大爱心

招商银行自 2012 年起即与壹基金共同推出了"小积分·微慈善"平台，让信用卡用户日常消费积分就能转化为对慈善的投入。在 2016 年世界第 9 个自闭症日期间，招商银行创造性地将"小积分·微慈善"与微信平台结合，打造出"积分众筹""积分拍卖"的慈善新模式，为客户带来更加丰富与互动化的公益体验。

1 分温暖，10 分有爱

去捐助： 使用微信扫描活动二维码即可进入"小积分·微慈善"专属页面，点击"去捐助"，即可参与"积分众筹"，为自闭症儿童献上一份爱心

去拍卖： 想获得孤独的天才小画家的艺术作品？或是

招商银行信用卡限量纪念卡册？点击"去拍卖"，便可以用"积分"参与公益产品的竞拍

短短一个月的时间，"积分众筹＋拍卖慈善"专题活动共得到了 35 225 名招商银行持卡人的参与，为自闭症儿童募集了 10 188 204 积分——总计两万多小时的自闭症儿童融合课程。

续写庄严承诺，助力脱贫攻坚

1999 年，招商银行第一批扶贫干部来到云南永仁、武定两县挂职。十八年来，该行构建了以"教育扶贫、产业扶贫、文化扶贫"为核心的扶贫模式，累计投入扶贫资金 9 531.85 万元，建成希望小学 30 座，选派扶贫干部 70 名。

教育扶贫

✓ 投入资金建设青少年活动中心、电脑教室等

✓ 组织教师培训、学生交流活动

✓ "一对一"结对帮扶 2 651 名贫困中小学生、大学生

产业扶贫

✓ 架桥、修路、建设饮水工程等

✓ 建设芒果连片种植、蔬菜种植基地项目等

✓ 以小额扶贫信贷循环资金等解决农户种养殖启动资金难题

✓ 帮助 80 名贫困户完成职业技能培训，并实现转移就业

✓ 电商扶贫：为永仁青皮石榴打造公益电商品牌"招

仁爱"——"当地优质农产品＋电商平台＋招行员工采购"，2016 年产品累计销售额达 580 多万元

文化扶贫

✓ 组建"金葵花"彝族少儿合唱团

✓ 举办彝绣培训班、彝刺大赛

✓ 支持"彝人风采"摄影大赛

健康向上，跑出活力

招商银行与悦跑圈合作启动了"奔跑吧！招行"主题健康活动，鼓励员工自发组建"跑团"，以跑步调节身心、保持健康活力。截至 2016 年底，招商银行共有 67 566 名员工通过悦跑圈参与，跑步总里程达到 2 559 万公里。

"跑步对我来说是一个净化身心的过程，它使我快乐、让我心情开朗，我也常常动员家人一起加入跑步的队伍，享受运动的乐趣。"

——"奔跑吧！招行"活动参与客户

上海浦东发展银行

智慧港口

港口作为"一带一路"及"长江经济带"等国家战略实施的关键节点，承担着国家的门户和核心枢纽的重要职能。但港口行业企业的业务仍是几十年不变的线下受理、现场收费模式，导致业务流程长、结算效率低等问题。

上海浦东发展银行利用银行资源优势与国际国内各大港口有效合作，共同实施集中受理线上服务互联网战略，

面向港口行业推出业内首创的智汇港口金融服务方案，真正让港口企业实现从提箱、放箱、查验、支付等业务一站式互联网线上综合受理模式，有效解决港口行业服务"最后一公里"的难题。

截至2016年底，该行服务覆盖5家国内国际大港口企业，实现企业网上业务网站点击访问量接近100万人次，帮助企业撤并线下人工网点2个，为企业节省各项成本百余万元，同时还为涉及港口上下游业务的1 000余家中小企业客户提供低成本便捷的金融服务。

综合金融服务企业"走出去"

2016年，上海浦东发展银行统筹全行海外业务平台，充分发挥离岸银行、自贸区分行和境外分行的跨境服务优势，优先支持符合国家"一带一路""走出去"政策导向的行业龙头企业，在业务风险、国别风险可控的基础上，积极开展跨境并购、海外资管等业务创新，结合人民币国际化战略，大力推进面向境外同业客户的跨境人民币服务。

境外并购融资。为中化、中海运、腾讯、万达、海航等客户提供并购资金支持。截至2016年底，投放并购贷款金额逾20亿美元。

海外资管。创新发行离岸和自贸理财产品，对接支持云南城投、香港航空、万达集团、复兴国际、渤海化工等客户海外发债，较好地满足了客户境外直接融资和美元资产配置的双重需求。

境外同业跨境人民币服务。落实人民币国际化战略，面向境外同业客户开展央行人民币跨境支付系统宣传推介，提升系统在国际同业市场的认知度和参与度。同时推出跨境人民币同业金融服务方案6.0版本，提升服务能级。

发行中国境内首单绿色金融债券

《G20绿色金融综合报告》指出，支持G20实现强劲、可持续和平衡增长的战略目标，所面临的一个重要挑战是如何扩大绿色融资，以满足未来十年全球高达数十万亿美元的绿色投资需要。

上海浦东发展银行经过十年来不断地创新和实践，形成了业内最丰富和领先的产品体系。2016年，在扩大绿色融资方面，成功实现了中国境内首单绿色金融债券的发行，三期发行规模累计达500亿元。

上海浦东发展银行首选与雾霾治理、污染防治、资源节约与循环利用相关的重大民生项目、具有重大社会影响力的环保项目，并根据自身优势，重点投放于京津冀、长三角、环渤海、珠三角等地区。

治理环境污染，支持绿色信贷任重道远，希望商业银行能够以此次绿色金融债发行为契机，不断创新服务方式和模式，更好践行和加大对绿色信贷的支持力度，支持经济结构转型升级，提升全社会的绿色理念。

——中国银监会股份制银行监管部准入处处长孙晓明

与普通金融债券相比，绿色金融债券的核心在于通过政府引导和市场化约束相结合的方式，形成了既有政策引导和激励，又有社会声誉和市场约束的绿色金融发展机制，将有效激发商业银行加大绿色发展的意愿和能力，实现银行自身经营能动性与国家战略层面的良好结合。

——中国人民银行研究局局长徐忠

构建"科技金融生态圈"

2016年，上海浦东发展银行成立交易银行部，运用投行思维、互联网思维和供应链思维，回归公司业务实质和本源，将交易银行产品和服务嵌入客户生产经营全过程，助力实体经济发展与产业转型。

根据该行战略规划，2016年初，该行总行交易银行部新设立工商企业经营中心（科技金融中心），专业化推进高科技、战略性新兴企业的经营，通过建设新体系、搭建新平台、创新新产品政策等措施，全方位为科技创新创业企业提供全程培育特色金融服务方案。

上海浦东发展银行对科技金融进行了深入研究，提出"科技金融生态圈"的理念：旨在通过金融体系、业态、产品和服务的创新优化，促进科技创新高效转化为物质和精神财富，同时反哺回馈金融业创新发展，推动金融业优化改革并提升竞争力，形成相互促进、相互支撑的活动状态。

截至2016年底，该行服务科技型企业客户超过18 000户，贷款余额超过1 000亿元。

"逐梦萤火虫"西部地区儿科医护人员进修百人计划

"逐梦萤火虫"西部地区儿科医护人员进修百人计划由上海浦东发展银行与上海市儿童医院、首都儿科研究所附属医院联合推出。该行设立专项基金，用于资助西部地区 100 位基层儿科医护人员两年间在北京、上海顶级儿科医院进修和学习。

参加第一批进修的 40 位医护人员，包括 30 名医生和 10 名护士分别来自陕西、新疆、四川、西藏、内蒙古、贵州、宁夏、云南等 8 个西部省、自治区。9 月 20 日，26 位医护人员在首都儿科研究所附属儿童医院开始为期半年的进修，10 月 13 日，上海市儿童医院开班仪式正式举行，14 名来自西部地区的医护人员开始进修学习。

"逐梦萤火虫"项目是该行和上海市儿童医院、首都儿科研究所附属医院、上海市儿童健康基金会所通过跨界合作，践行社会责任的一次创新实践，也是国内金融机构的首例尝试。

雪域高原绽放金融之光助推西藏经济繁荣发展

2016 年 9 月，上海浦东发展银行拉萨分行开业，紧紧围绕"以客户为中心"的经营理念，积极满足广大西藏人民的生活需求以及金融服务需求，全面提升藏区群众服务体验。该行拉萨分行通过市场化方式共同设立 200 亿元产业扶贫基金，以金融创新的形式，助推西藏产业扶贫工作；通过产业扶贫，促进扶贫工作逐渐由"输血"向"造血"转变，在更大范围内实现脱贫致富，加快西藏人民奔小康的步伐；与拉萨市人民政府签署《战略合作协议》，通过基建项目融资贷款、股权基金等方式向拉萨市重点基础设施及重点工程项目提供 100 亿元以上的融资，助推拉萨市经济建设取得新突破，实现银政共赢。

兴业银行

产业基金服务福建供给侧改革

2016 年 7 月 8 日，由兴业银行参与发起设立的某技术改造投资基金在福州市马尾自贸区正式注册成立，首期规模 80 亿元，期限 10 年，通过股权和债权投资支持企业技术改造升级，投资主体大部分为福建省内民营企业或民营上市公司。截至 2016 年底，已落地项目 23 笔，投资规模达 21.85 亿元，实现了对福建省内各区市（不含厦门）技改项目的全覆盖，为技改企业节约费用 6 600 万元，有效降低了企业融资成本。同时，该技改基金还对企业进行股权投资，从而增大企业资本金，优化企业资产负债结构，为福建产业转型升级和供给侧结构性改革提供强劲金融动力。

"大大降低了我们的财务成本，消除了公司发展的后顾之忧，同时根据企业生产经营状况，设置了灵活的还款计划，切切实实给我们带来了实惠。"

——福建省某纺织股份有限公司负责人

综合施策助力国家供给侧改革

兴业银行配合供给侧结构性改革制定并完善一系列供给侧金融服务方案，包括制定"有保、有控、有压"的差异化信贷政策，加大对改革深化、新型城镇化建设、战略性新兴产业、工业转型升级重点领域的投融资支持，并以多种方式稳妥退出"僵尸企业"或环保、安全生产不达标且整改无望的企业及落后产能，推动企业转型升级，优化业务布局。

2016 年 12 月初，该行非金融企业债务工具主承销规模突破 4 000 亿元，承销规模稳居股份制银行第一，全市场第三，企业资产证券化业务落地 893.39 亿元。再如，该行累计为山西省煤炭企业承销债务融资工具 418 亿元，特别是在 2016 年严峻的市场环境下，共为七大煤业发行债券 55 亿元，有效缓解了企业资金紧张问题。

落地黑龙江省首笔工业投资基金项目助减雾霾

2016 年初，由黑龙江省政府牵头，兴业银行哈尔滨分行作为主要参与银行，一家资产管理公司作为 GP 管理人，设立了黑龙江省工业投资基金，并于 2016 年底完成了该项基金首笔项目的落地放款。

该投资基金首笔项目主要投向"年处理 350 万吨秸秆综合利用项目"工程。该项目利用废弃农作物秸秆为主要原材料，生产本色生活用纸、绿色食品包装纸、黄腐酸有机肥，是典型的资源再利用和循环经济项目，促进当地秸秆回收，有效减少因秸秆燃烧带来的雾霾源，明显改善当地生态环境，社会效益显著。

截至 2016 年底，该行为黑龙江省已累计发放绿色金融融资金额近三百亿元，融资余额逾百亿元，为黑龙江省绿色节能环保项目的开展提供了有力保障。

兴业银行与"绿家园"的联合"变绿"术

2016 年，兴业银行继续与"福建绿家园环境友好中心"（简称"绿家园"）保持良好的合作关系，充分利用其收集整理的《福建省污染企业名单》，将环境预警信息纳入该行预警管理系统，在行内发布风险预警信息 3 685 条，为该行授信项目的尽职调查、审查审批、存续期管理提供信息支持。

2016 年共有 24 家企业因在向该行申请贷款时被提示该风险预警信息而主动联系"绿家园"并进行环境风险整改。截至 2016 年底，共有 6 家企业完成整改，逐步修复环境信用，成为"绿名单企业"。

赤道原则助力践行企业社会责任

2016 年，中国化工集团旗下的两家子公司——正和集团股份有限公司和山东华星石油化工集团有限公司的油品质量升级项目经过兴业银行济南分行赤道原则项目评审，签订《赤道原则项目借款合同》，成功落地实施。

响应环保要求顺势而为

近年来，汽车尾气排放的有害物对大气的污染日益为人们所重视。降低成品车用汽柴油中的硫、烯烃、芳烃含量，可有效地减少汽车尾气中有害物的排放量。随着 2014 年汽柴油标准升级到国Ⅳ标准，2017 年将开始推行国Ⅴ标准，正和集团、华星集团积极响应国家环保要求，提前布局升级油品质量。

客户认同项目顺利进行

根据赤道原则要求，两个油品升级项目属于应当适用赤道原则的项目。经过兴业银行济南分行与客户充分沟通交流，客户认同该行践行赤道原则的做法，并且认为应用赤道原则要求来管理项目的环境和社会风险，既是支持国家的节能减排事业，也是提升自身绩效管理水平，履行企业社会责任的应有之义。

高效审批支持节能减排

经过该行总分行通力合作，项目高效完成选择评估机构、入场评估、收集资料、出具评估报告，以及项目环境与社会风险审查等流程，及时满足客户用款需求，体现了兴业银行的效率。项目的实施将使得客户油品质量符合国Ⅴ标准要求，提高燃烧效率，有利于减少二氧化硫等污染物排放，具有良好的社会效益和环境效益。

"阳光小贷"民生服务工程

由兴业银行乌鲁木齐黄河路支行全面落地实施的小额担保贷款主要由政府出资设立担保基金，委托担保机构提供贷款担保，由经办银行发放贷款，解决城镇登记失业人员、城镇复原转业退役军人、返乡创业的农民工等以及有关规定内的劳动密集型小企业在就业或创业过程中自有资金不足并难以获得银行贷款的实际困难，通过帮助其从事个体经营或自主、合伙创办小企业等方式，实现自主创业，并带动更多失业人员就业。截至 2016 年底，累计向 4 565 人发放小额担保贷款 2.45 亿元，带动就业 43 000 人，有效解决了当地广大创业人员、下岗再就业人员及农牧民缺乏创业、生产资金的难题，在促进当地创业就业、推动经济发展、维护社会稳定方面成效显著。

中国民生银行

构建产业扶贫新思路

自中国民生银行被确定为河南滑县和封丘县定点扶贫

单位以来，经过不断地探索和研究，因地制宜，滑县确定
光伏扶贫项目，封丘县确定河南中兵重工机械有限公司无
人机项目。

滑县光伏扶贫项目：2016 年，中国民生银行一次性
捐助资金 300 万元，用于支持滑县的光伏扶贫项目建设。
初步测算，这笔资金可建设 375KW 光伏发电装置，为每
个贫困户资助 1KW 光伏发电收益，有针对性地帮扶 375
户贫困户，预计项目总收益 45 万元 / 年，收益期 25 年，
可长期稳定为贫困户增收。

封丘中兵重工机械有限公司无人机项目：中国民生银
行通过该项目向该企业投入资金 402.07 万元，通过取得
收益向贫困户分红的方式，对贫困户进行帮扶，约定年分
红 32.2 万元，每户每年帮扶 1 000 元，通过分红每年可
以帮扶贫困户 322 户。同时，通过增加用工的方式帮扶贫
困户，项目完成后，预计可以达到 100 名，总体可以帮扶
422 个贫困户，按照分红每户帮扶 1 000 元 / 年和用工每
年 3 万元 / 人计算，该项目每年的直接收益和间接收益达
到 332.2 万元。

推动民族文化繁荣振兴——上海民生现代美术馆

2010 年 9 月，中国民生银行上海民生现代美术馆正
式开馆，这是我国首家以金融机构为背景的公益美术馆。

作为社会公共文化事业中的重要组成部分，上海民生
现代美术馆积极推动中国当代艺术与国际前沿艺术的交流
及合作，举办国内、国际学术交流活动，推动艺术研究和
发展。自开馆以来，美术馆共举办国内外展览 50 余场，
并先后与美国、英国、法国、韩国、瑞士、比利时等国的
重要艺术机构合作办展，增进中外当代艺术交流，凸显了
该行推动文化公益事业的品牌形象、对城市文化建设的诸
多贡献和不懈努力。

"安全账户"保安全

为了保护银行卡客户的支付安全，中国民生银行首推
"安全账户"产品，提供"账户安全锁""高危交易防护""账
户安全险"三重保护机制，为个人客户提供创新而有效的
资金安全保护。

截至 2016 年底，中国民生银行"安全账户"签约卡

已达 78.6 万张，185 亿元客户存款受到保护；客户购买
账户安全保险 10 588 笔，保障金额 6.09 亿元；碰锁阻断
交易 50.6 万笔。"安全账户"对客户账户的保护功能已经
显现。

"航海战略"开辟员工成长之路

2016 年，中国民生银行提出以人才发展体系建设为
内容的"航海战略"，规划人才发展通道，围绕核心人才
职业生涯全周期进行统筹设计。

在此通道下，优秀应届毕业生通过"扬帆计划"进入
该行，经过系统培训、总行多岗位轮岗和分行多岗位轮岗
等培养阶段，迅速成长为合格专业人才；经"远航计划"
核心人才盘点进入核心人才库，按照中管后备或专业序列
方向接受系统化培养后，担任中管或者中高级专业职务；
经"领航计划"选拔测评进入高管或者高等级专业序列的
后备人才库，按照定制化培养计划成长为合格的高管副职、
正职或者专业序列资深级、专家级人才。

"航海战略"的五个子计划

引擎计划	引进高端人才
扬帆计划	招聘、培养和筛选管理培训生
远航计划	盘点与培养关键岗位核心人才
领航计划	储备和培养高级管理人员及专家型专业人才
灯塔计划	设计和实施差异化学习发展地图

恒丰银行

恒丰银行首家智慧银行网点开业　25 种智能应用凸显创新特色

2016 年 4 月 12 日，恒丰银行布设的第一家全功能
旗舰型智慧银行网点在古城西安正式对外开业。作为该行
的首家智慧银行，它既是一家全功能的银行网点，更是一
个金融创新服务体验中心。该网点在科技创新和业务流程
再造上实现了诸多突破，尝试打造覆盖更多渠道、连接更
多终端、采取更多交互方式的"去柜台化、科技智能、自
助移动"的业务处理模式，其所运用的前沿智能应用就有
25 种。银行卡开卡、综合签约、转账和基金风险评估、
理财和基金的签约购买等，只需客户经理完成真实性、合

规性见证，客户即可以通过半自助柜台快速办理，办理业务的平均时间由传统网点的 20 分钟缩短到 5 分钟。

该行智慧银行网点通过新信息技术的应用，实现低成本高效率的服务，让客户获得更优质服务体验，代表了未来银行物理网点的发展趋势，是恒丰银行发展数字银行的重要一环。

如期完成"西咸"布局
强劲扩充"丝路"力量

2016 年 8 月 1 日，恒丰银行"落子"咸阳，初步完成在西咸两地的布局，进一步扩充"助力丝路"力量。据悉，此次新开业的恒丰银行咸阳分行在筹备期便积极与当地政府相关部门沟通，深入广大中小企业了解金融需求，咨询所需帮助，目前已与一批行业翘楚建立合作关系，各项目已实现顺利推进。

据悉，恒丰银行已经向咸阳城投、咸阳高科、咸阳北塬、咸阳新兴纺织工业园等咸阳政府融资平台和企事业单位累计提供了近 20 亿元融资支持。2016 年计划提供融资支持 100 亿元，未来 2 年内，计划投放 500 亿元以上的资金支持。

恒丰银行西安分行于 2011 年 5 月正式对外开业。中小企业的市场定位、灵活高效的金融服务，让恒丰银行西安分行深得陕西市场认可，短短 5 年时间，在西安市布设网点 15 家，资产规模超过 528 亿元，成功跻身本地股份制银行第二梯队。同时，分行累积投入各类资金 600 多亿元，满足中西部金融服务需求，服务地方经济建设，惠及千万西北乡党。

交通一卡通产业基金成立
恒丰致力打造"出行的银行"

2016 年 11 月 25 日，恒丰银行与中国交通通信信息中心在北京签署全面战略合作协议，双方将充分发挥各自的政策引导优势、行业引领优势、资源配置优势和金融服务优势，在交通卡互联互通、"互联网＋交通"、产业基金投资运营、机构金融等领域展开全方位战略合作，全面开启了商业银行机构金融业务发展的新业态。签约仪式上，恒丰银行还全新发布了"出行的银行—Going Bank"这一特色品牌，打造"安全出行、便捷出行、科技出行、绿色出行"的服务理念和一体化平台。

此次签约后，双方将通过共同构建"互联网＋交通＋金融"的创新型科技平台，完善城市公共交通移动支付体系建设，提升交通卡的使用率和普及率。此外，通过共同组建交通一卡通产业基金，双方合作成立嘉兴中交瀚通投资管理有限公司对基金进行专业化运作和管理，在全国范围内整合交通卡营运主体，持续扩大交通卡互联互通覆盖范围，提高公共交通整体运营效率和服务能力，加快城市信息化、互联化、一体化建设。

发掘平台数据价值　恒丰银行"环保数据贷"
助力小微企业打破融资"瓶颈"

西安银能科技发展有限责任公司是一家科技型环保企业，主要生产植物中间体、植物提取物、食品科技及食品添加剂等，员工仅 30 人，2015 年实现超千万元营收并保持高速增长，但该企业的发展始终受到资金短缺的掣肘。

2015 年，恒丰银行西安分行开始关注该企业，恒丰银行总行移动金融部和西安分行通过与西安市高新区金融办的多次沟通协商，决定依托企业金融服务信用平台，合力开发一款针对园区内小微环保企业的纯信用贷款——高新环保数据贷，专项解决小微环保企业的融资难题。

2016 年 1 月 4 日，该企业通过线上渠道提交贷款材料，仅 3 天便顺利拿到恒丰银行西安分行 50 万元的纯信用贷款，成为高新环保数据贷的第一家受益者。

下一步，恒丰银行西安分行将总结高新环保数据贷的经验，并复制这一模式，加快推进这款产品应用于物流、生物制药等新兴产业领域。

恒丰银行多措并举　助力兰考早日脱贫

为积极响应中央和河南省委、省政府"精准扶贫、精准脱贫"的号召，认真落实省委书记谢伏瞻同志作出的"金融义工助力河南脱贫攻坚战"的指示要求，积极响应人民银行郑州中心支行加快推进兰考普惠金融示范区建设的号召，以及河南银监局局长王泽平同志 2016 年 8 月 3 日在河南省股份制银行第一次行长联席会议上作出的"股份制银行应该率先落实'做金融义工，助力脱贫攻坚大决战'"的指示要求，贯彻河南银监局与省扶贫办联合召开的全省银行业扶贫开发金融服务工作推进会议的精神，2016 年 9 月 3 日，恒丰银行郑州分行与兰考县人民政府签订战略合作协议，并组织全行干部员工赴兰考开展金融义工助力兰考脱贫攻坚活动。

下一步，恒丰银行郑州分行将发挥自身优势，与兰考开展全面战略合作，为兰考提供快捷、专业的金融服务。今后，恒丰银行郑州分行将用实际行动助力河南省实现"两确保、两不愁、三保障"的"十三五"规划目标，积极为贫困地区、贫困群众早日脱贫致富贡献力量。

浙商银行

浙商银行"随 e 贷"助力福利企业家

2015 年末，下岗女职工周万萍创业设立的重庆市康平塑料制品有限公司刚签下一笔大订单，为了采购原材料，原本有些失衡的资金线变得更加紧张。浙商银行重庆分行客户经理在了解到情况后，进行了实地调查并连夜设计了授信方案。截至 2016 年底，该行共为其授予"随 e 贷"300 万元额度，为期 3 年。

"浙商银行小企业业务效率高、服务好、成本低，是国家普惠金融具体而真实的体现。衷心祝福浙商银行越做越好，小企业业务越做越旺，让金融与实体经济携手与共，为像我这样真实需要资金扩大生产规模的小微企业家们服务。"

——重庆市康平塑料制品有限公司负责人周女士

小贴士

浙商银行"随 e 贷"是针对小企业客户推出的一款产品，客户申办该产品即可享受 4A 服务（Anytime/Anywhere/Anyway/Any amout），在合同约定的额度和期限内，客户可通过浙商银行网银、手机银行等渠道资助"提款"，等到货款收回，可按事先约定随时还款。同时，针对小企业客户"短、频、快、省"的资金需求特点，浙商银行还提供了最长 3 年贷款期限、多种还款方式、按日计息等选择，使客户贷款更有保障、资金周转灵活、成本更低。

量身定制业务服务出口企业

潍坊英轩实业有限公司是一家知名的柠檬酸生产企业，年出口规模 1.7 亿美元，该企业一直希望以较低成本有效盘活票据。浙商银行针对该公司需求为其量身定制"票据池质押＋出口池融资＋掉期交易"业务方案，盘活了其持有的存量票据，有效降低融资成本。

该行通过升级"涌金出口池"等产品及服务，满足客户低成本融资需求，为中资企业"走出去"搭建跨境服务平台，截至 2016 年底，共办理跨境人民币业务 707 亿元。

"自从与浙商银行合作出口池业务以来，应收账款入池、融资、还款等都能在网上银行办理，应收账款与融资可以多对一，并且融资方式非常多样，除了办理美元融资，还可以直接换开信用证、银行承兑汇票，融资期限也相当灵活，可长可短，确实非常方便。在汇率波动不定的情况下，还可结合代客资金交易产品锁定汇率风险，实在是太贴心了。"

——潍坊英轩实业有限公司财务部门负责人

小贴士

"涌金出口池"是浙商银行为满足客户对出口应收账款管理与融资需求，将客户在国际贸易中采用信用证、托收或赊销等结算方式项下未到期出口应收账款纳入该行资产池，为客户提供集出口应收账管理与融资等功能于一体的综合服务平台。

帮扶博尼集团化解两链风险

博尼控股集团有限公司主营无缝内衣和锦纶长丝的生产和销售，位列义乌市工业企业 50 强的前十位。2016 年初，随互保企业风险的全面暴露，该公司面临约 2 亿元大额代偿风险及其他资金链断裂困境。5 月，浙商银行义乌分行通过全面深入了解企业生产经营情况、评判风险后，给予了该公司 1.15 亿元的增进帮扶授信等支持。通过近一年时间的帮扶，该公司担保链、资金链风险基本趋于平缓，经营风险化解。

积极践行普惠金融帮扶特殊群体创业

客户张磊因多年前一场疾病而导致视力不佳，于 2001 年开始从事盲人按摩行业，先在定海成立了张磊推拿店，开业后生意较好，名气大增，后又在临城开设了一家分店。因生意扩大存在经营资金不足的困难。浙商银行主动上门，截至 2016 年底，该行向张磊发放 81 万元的经营贷款。

"在浙商银行的帮助下推拿店的生意越做越大，现在定海点日均客流量约 70 到 100 人，临城店日均客流量约 30 到 40 人，非常感谢浙商银行的帮助！"

——张磊推拿店负责人张磊

小贴士

截至 2016 年底，浙商银行国标小微企业贷款余额 1 436.29 亿元，服务小微企业客户达 62 015 户。同时，该行主动下沉客户定位和服务重心，有效支持"草根"阶层的融资需求。小微企业贷款呈现出户数多、单户金额小、惠及面广的特点，户均余额仅 200 余万元。

5 载彩虹为贫困学生筑梦美好未来

2016 年，"浙江银行彩虹计划"扩大了爱心版图，走出浙江来到了甘肃、四川、陕西、贵州等省市，并帮助甘肃 14 所学校完成"净水计划"，受助师生达 3 100 人。创新推出了"E 农计划"，将四川凉山山区学生家里囤积的农产品，通过"微店"和彩虹计划结对大会两个平台，在线上、线下同时以爱心价售卖，销售所得交给当地家庭，用于改善山区学生生活条件。同时，彩虹计划在浙江 30 个乡镇开设了针对留守儿童的"梦想课堂"，通过 DIY 立体书、音乐课、打篮球等方式为留守儿童带来丰富多彩的周末生活。2016 年彩虹计划共募集善款约 240 万元，其中浙商银行慈善基金会捐款 80 万元。

"一路成长，有很多人帮助了我，这么多年来，真的很感谢他们，他们真的改变了我很多，包括我的人生轨迹，如果没有他们的话，我可能初中毕业甚至没有毕业就外出务工了，因为他们的帮助我读了大学。我希望，我可以有能力去帮助更多的人。"

——彩虹计划受助生陈彩娟

小贴士

彩虹计划是浙商银行联合浙江电视台民生休闲频道及浙江省阳光圆梦基金会开展的大型公益助学活动，通过结对帮扶、爱心捐助等形式，呼吁个人及社会爱心企业资助品学兼优的贫困学生。自 2012 年以来，彩虹计划共募集社会各界捐款约 1 250 万元，资助学生超过 1 万名。其中，浙商银行慈善基金和员工捐款达 289 万元。

关注民生项目　致力小微发展

浙商银行凉山分行秉承浙商银行"源于社会，回馈社会"的理念，充分将自身发展与凉山州经济发展需求结合起来，切实履行以金融支持民族区域发展的责任。截至2016年底，浙商银行凉山分行各项贷款余额1.64亿元。凉山分行参与了当地"城景协调区开发及农民安置"、"电力基础设施"等重点民生项目。同时，凉山分行积极支持当地基础设施建设。2016年，向地处德昌县阿月乡的四川安宁河能源开发有限责任公司投放了短期流动资金贷款2 540万元，中期流动资金贷款960万元，支持电力实业发展。此外，凉山分行坚持将服务小微企业作为履行经济责任的长期着力点，持续跟进小微企业金融服务。截至2016年底，发放小微企业贷款3 500万元，实现了小微企业业务良好开局，并为今后积极支持地方经济发展奠定了良好基础。

渤海银行

渤海银行全行支持天津制造业航运业发展

渤海银行通过银团贷款、债务融资工具、债贷结合、股权基金、股债结合等创新方式为区域发展提供融资帮助，全面支持天津"全国先进制造研发基地""北方国际航运核心区"建设。截至2016年底，渤海银行支持天津先进制造业贷款余额74.66亿元，较年初增加42.15亿元；支持天津航运业发展贷款余额39.72亿元，较年初增加18.85亿元。

湖北省政府致信渤海银行表示感谢

2016年1月5日，湖北省人民政府向渤海银行发出感谢信，对该行及武汉分行积极支持湖北经济发展、助推地方经济转型升级表示感谢。湖北省政府在感谢信中指出，渤海银行武汉分行认真贯彻落实总行工作部署，紧扣湖北省经济社会发展主题，以支持省内重点区域和重点项目为抓手，加大信贷投放，加强业务创新，提升服务能力，助推地方经济转型升级，树立了在当地金融市场的品牌形象，有力地支持了湖北实体经济发展。

渤海银行与中国泛海控股集团签署《教育扶贫战略合作协议》

2016年7月8日，渤海银行与中国泛海控股集团签署《教育扶贫战略合作协议》。根据双方签署的协议，泛海控股集团从2016年至2020年，每年向广西等六省市各捐赠5 000万元人民币，共计捐赠15亿元人民币，资助30万名贫困家庭应届高考大学新生，由渤海银行北京分行承接资金具体发放业务，并提供相应的助学贷款和大学生创业金融服务等支持。

渤海银行承办第三届"美丽天津"摄影大赛

2016年5月19日，由渤海银行承办的第三届"美丽天津"摄影大赛在渤海银行总行大厦正式启动。第三届"美丽天津"摄影大赛由中共天津市委宣传部、天津市互联网信息办公室主办，北方网和渤海银行共同承办。"美丽天津"摄影大赛此前已经成功举办了两届，吸引了上万名网友参与，投稿作品超过六千组，照片数量更是近十万张，摄影大赛网络专题访问人数累计超过千万人次。"美丽天津"摄影大赛已经成为天津市网络文化宣传的知名品牌。

渤海银行杭州分行荣获杭州市"健康单位"称号

自成立以来，渤海银行杭州分行牢牢树立了"员工第一"的经营理念，把员工当家人，采取多方面措施关爱员工的物质文化生活，促进全行员工幸福健康成长。一是加强领导，制定"健康单位目标责任制"。专门成立以行长为组长，分管行长为副组长，分行多部门、多条线共同参与的健康促进领导小组。制定创建计划，分工明确，责任到人。二是把好源头关，加强膳食搭配，办好职工食堂。

三是全面开展控烟工作，营造清新的工作环境。四是组织开展多项活动，促进员工身心健康。为倡导员工建立健康的生活方式，专门设立了职工之家，配备了跑步机、台球桌等健身设备，定期举办养生讲座，高度关注员工心理健康，专门设立心理加油站，为员工舒缓工作压力。

北京银行

省内首单永续非公开公司债 助力江西旅游产业发展

2016 年，北京银行推出区域性股权交易中心永续非公开公司债产品，利用该产品可进入客户所有者权益，调整客户资产负债结构的特点。北京银行与上饶投资控股集团有限公司达成意向，并于 2016 年 8 月成功发行上饶投资控股集团有限公司永续私募债，共计 8 亿元，该笔资金用于支持上饶市旅游集散中心项目建设。该笔业务为江西省第一单在区域性股权交易中心备案发行的永续非公开公司债，《江西日报》于 2016 年 8 月刊发《"新四板"首单永续私募债落地》予以报道，在江西省内产生了较大影响。同时，该笔业务的成功落地，为江西省打造"江西风景独好"品牌及宣传江西旅游产业起到了积极推动作用。

"富民直通车"为村民提供便捷金融服务

北京市密云区石城村的村支书介绍说："原来总觉得贷款是非常难、非常复杂的一件事，北京银行的'富民直通车'设立金融服务站后，为村民发放民俗贷，开通绿色通道，现场办公，第一时间进行贷款调查，完成贷款审批，三天时间即将贷款发放到村民手中。老百姓拿到钱之后修缮民宿，如今游客数量比以前提升了 40%，村民收入提高了 30%。通过配套安装的移动 POS 机、助农取款机等自助机具，让我们不用再跑银行，解决了结算、贷款和支付的全部问题，真是一条龙全方位服务。"可以说该行的产品和服务体系不仅为客户提供了方便、快捷的金融服务，更改变了广大村民的消费和支付行为。

北京银行创新科技金融服务 发布"投贷通"产品方案

2016 年 3 月 29 日，北京银行举行"北京银行科技金融支持小微企业发展暨'投贷通'产品发布会"，推出深化科技金融服务创新"六大举措"，发布"投贷通"产品方案，涵盖认股权贷款、股权直投以及积极争取首批试点投资子公司等三大模式，通过整合优势资源，为科技型小微企业提供"投资 + 贷款"的双渠道融资支持，满足企业多元化融资需求，助力企业实现快速成长。

重庆银行

好行为获好回报 爱心公益基金为"好人"助力

2016 年 1 月 12 日，由重庆市委宣传部、市文明办主办，重庆银行协办的"重庆市道德模范与身边好人现场访谈暨重庆银行'爱心公益基金'捐赠活动"在九龙坡区铁路中学礼堂举行。此次捐助的资金，来自重庆银行 4 000 多名员工"每天一元钱，天天献爱心"汇聚形成的"重庆银行爱心公益基金"。该行人希望用自己的一点心意，表达对道德模范和好人的由衷敬佩和实质帮助，并希望向全社会传递向善的力量，让"好行为得到好回报"，带动全社会更多的人"做好事，做好人"。

本次受捐的 33 名"好人"，是在全市 252 名市级道德模范和 1 142 名重庆好人的基础上产生的，包括"助人为乐""见义勇为""诚实守信""敬业奉献"和"孝老爱亲"五大类，受捐的 33 名"好人"绝大部分还被评为"中国好人"和"全国道德模范"。

"三卡一品"工程助力精准扶贫

重庆银行针对农村青壮年一般通过自主创业或外出打工等形式增加收入，但整体收入不高导致留在农村的老人和儿童的生活水平并未得到根本转变，因病、因学致贫的现象，着力"精准"，把建卡扶贫人口再分层。推出"就学卡"，对贫困中、小学生支持就学；推出"就业卡"，对贫困大学生支持就业；推出"就医卡"，对中老年贫困人口支持就医；推出特色金融产品，对有脱贫意愿和可行项目的人员进行资金支持。"三卡一品"创新产品由此应运而生。向建卡贫困户免费发放"三卡"，提供扶贫特色"一品"。该产品已在彭水县成功试点。

"三卡"	就学卡	资助 100 名贫困中小学生完成三年学业
	就业卡	帮助 100 名贫困大学生实现就业
	就医卡	安排 10 000 名贫困人口进行一次免费体检
"一品"		针对彭水县的建卡贫困人口专门研发的一款特色金融扶贫产品，支持有合适项目的贫困群众开展脱贫创业

重庆银行"三卡一品"发放现场

母亲河畔激情奔跑　激扬重庆银行精神

2016 年 3 月 20 日早上 8 点，重庆国际马拉松赛在长江畔的南滨路鸣枪。本次比赛分为全程、半程、迷你三大项目，作为 2016 年全国马拉松锦标赛三站中的第一站和 2016 年巴西里约奥运会马拉松在中国的唯一一站选拔赛，吸引了 3 万多名选手参加。在重庆银行总行直属工会的组织和号召下，40 多名有梦想、有精神、有原则、有爱心、有担当的重庆银行员工经过精心准备，穿着统一的运动行服参加了本次迷你跑的活动。

马拉松运动彰显的是挑战自我、超越极限、永不放弃的体育精神，在倡导健康生活方式的同时，带来了意志品质的提升。母亲河畔激情奔跑，向 3 万运动健儿宣扬了重庆银行"五有"精神，向大众展现了重庆银行员工的风采。

"好企贷"开启小微贷款大数据时代

为探索解决小微企业贷款难题，重庆银行"好企贷"于 2016 年 7 月 18 日上线试运行，9 月底正式运行。"好企贷"是针对诚信纳税企业量身打造的，以纳税信用换取信贷额度的一款"守信激励、银税互动"产品。

"好企贷"产品特点

重构小微企业信用风险评级体系	行为化	离开财务看行为，强调企业行为数据的捕捉与分析
	全息化	360 度全方位评估视角，增加众多风险因素模块，可实现多源数据自动校验
	图谱化	将企业看作网络中的一个节点，基于企业基因图谱分析
	智能化	创新大数据智能模型
	动态化	兼顾历史与变化，采用动态评分技术，将客户视为所有历史行为的集合
	自动化	数据全自动采集，客户仅仅需要给出基础数据授权
再造贷款业务流程	入口多元	内外部渠道结合，可以通过合作方的网上平台、重庆银行网银及手机银行等申请贷款
	申请秒杀	探索、创新大数据风控模型，有效降低授信风险，并实现"秒级"自动网贷模式
	服务自助	借款人通过重庆银行网银确认审批结果，在线自助签订借款合同，自动申请放款、还款、查询等
	实时预警	针对"好企贷"客户，银行可全年无休对借款人情况进行监控，当触发定制的预警策略，及时通知贷后管理人员进行线下贷后管理

多举措积极推进服务创新

重庆银行以服务为立身之本，以"定位准、服务好、效率高、流程优、手续简"为理念走服务创新之路。2016年9月24日，重庆银行举行"明礼雅行·文明重行"服务礼仪大赛。人脸识别交叉验证系统，于5月31日举办的中国金融创新论坛暨"2016年中国金融创新奖"颁奖典礼中，荣膺全国"十佳互联网金融创新奖"。

2016年改善客户服务体验举措

丰富客户服务形式	◎ 将单一电话渠道扩展至在线、微信、视频等远程渠道，通过文字、语音、图像、视频等多媒体形式与客户沟通
	◎ 建设全媒体互动客服系统，设置清晰的跨渠道服务标准
	◎ 整合行内信息和资源，建立立体的客户分类、客户行为预测模型，为客户提供精准的"一户一策"和交互式专属服务
服务语言、服务流程标准化建设	◎ 编写了6万余字的《服务品质管理手册》，并印发500余册
	◎ 通过宣导、培训、监督、考核等方式推进标准化工作手册落地实施

提升自助设备多元化体验	完善设备种类	◎完成ATM80台、排队叫号机59台、自助填单机50台、自助回单机台的布设开通工作
	丰富设备功能	推动"ATM自助领取吞没卡"功能需求，可实现就地、实时领取吞没卡
	助农机具安装	綦江区政府签订"助农金融服务"合作协议
		在綦江区各村镇卫生室安装POS机具，实现小额存取款功能
		截至2016年底，已安装299台，总交易次数为2 505次，总交易额为60.7万元，为农户节约成本50 100元
	ETC项目推进	与重庆高速公路集团就电子不停车收费（ETC）项目开展达成初步合作

信贷资金持续投入　有效支持实体经济建设

经过总行的统一部署，重庆银行彭水支行积极探索地方建设投融资新模式，践行金融国企社会责任。一是多措并举，确保重庆银行首单5亿元双创基金成功落地，增强县域重点项目和重点企业的投融资能力；二是成功发行8亿元公司债，为彭水新城建设提供有力的资金支持；三是加大对重点项目投入，累计投放项目贷款三十多亿元，促进县域经济发展和产业结构升级；四是持续创新小微模式，切实解决小微企业融资难、融资贵问题，推动小微企业持续、健康发展，连续五年增量超亿元，成为区域内小微业务的排头兵，为地方民营经济注入血液。通过以上措施，解决就业1 000余人，帮助近300名贫困人口实现脱贫摘帽。

富滇银行

"加码付"富有诚意　滇付一切

2016年，富滇银行积极推进互联网金融业务发展，推出"富滇加码付"业务。"富滇加码付"是指一个二维码支持多渠道的支付，商户和消费者扫描二维码，通过微信、支付宝等多渠道，使用相应应用的余额或绑定的银行卡完成付款，富滇银行为商户提供资金结算、清分等服务工作。2016年8月29日，该行微信扫码收单业务正式上线，2016年12月16日支付宝扫码收单业务上线，实现微信和支付宝的聚合扫码支付，该业务的上线为该行线下商户的拓展提供了有力的营销手段。截至2016年底，共累积申请入网商户3 500户，累积交易笔数超过14万笔，累积交易金额超过 2 300 万元。

"富滇加码付"的优势：

使用扫码支付可使商户避免找零、收到假币的烦恼；付款人不需携带银行卡，只需通过微信等软件绑定银行卡后随时随地均可付款；无需硬件设备，只需一个二维码就能满足收款商户的支付需求，支持主扫和被扫，方便快捷；只需要一个人二维码同时支持微信、支付宝等主流支付方式；多商户适配，支持多种支付场景，适用于各行各业；商家对账更轻松，收款记录随时提醒，无漏账错账。

"富滇微贷" 贷来希望

富滇银行作为云南省第一家地方性股份制商业银行，立足地方，服务大众，支持地方中小企业发展。2014 年推出"富滇微贷"，截至 2016 年底，该项目至今已累计发放贷款 4 258 笔，为省内各小微企业业主提供总计 12.56 亿元的信贷资金支持，解决了小微企业融资慢、融资难的问题。

"富滇微贷"专门用于扶持云南本土小微企业，贷款主体为小微企业或企业法定代表人及主要负责人。该行在法律要素齐全、风险可控的前提下，简化流程和手续，缩短审批时限，实施当天调查、隔天审批、三天放款。

"富滇理想创业贷"为青年创业者点燃梦想

富滇银行利用云南地方银行优势和特色服务，积极响应党的号召，在"大众创业，万众创新"的大方向下，结合云南省地方特色经济，以云南省龙头企业龙润集团控股公司理想科技集团为核心企业，向社会需要创业的创业者发放贷款。

在 2016 年 10 月 24 日发放第一笔"富滇理想创业贷"后，至 2016 年底共计放款 660 万元，为 66 户创业者点燃梦想。

外部评价：

"富滇理想创业贷"为我解决了平台问题，同时还给我提供了资金支持，给了我很大的帮助，让我从一个失业人员有了工作还有了收入，很感谢富滇银行。

——获得"富滇理想创业贷"的白女士

金果贷"贷"来甜蜜生活

"富滇银行——金果贷"是富滇银行为破解果农贷款难、难贷款困境而在全国首个推出以水果作为抵押物的创新产品。自 2013 年 8 月产品发布以来，已在大理宾川、玉溪新平地区进行试点落地，累计为 2 277 户种植户提供融资支持。截至 2016 年底，贷款余额 2.10 亿元。

"因没有符合要求的抵押物，无法获得银行资金，导致果园基地建设不规范，产量一直上不去。听说富滇银行可以用水果权抵押贷款，获得 200 万元贷款彻底解决了后顾之忧。今年葡萄提前成熟销售，产量增加，收入也比前几年增加了几十万元。"

——大理宾川水果种植户杜女士

小贴士

以"土地流转经营权＋水果权＋代偿基金＋担保公司"等多种灵活组合方式，实现了"三个体现三个好"。"三个体现"：体现了富滇银行作为本土银行对社会责任的担当，体现了"为民务实、支农惠农"的县域经济的经营特点，体现了银行自身业务发展的需要。"三个好"：各级党委政府评价好、果农种植户评价好、银行自身综合回报好。

"富滇——扶贫贷"让希望不再等待

"富滇银行——扶贫贷"是富滇银行结合"政策扶贫＋金融扶贫"推出的新产品，结合贫困地区"致富缺乏产业支撑""发展面临基础设施建设落后的瓶颈"两个关键难题，推出"农富贷"和"农基贷"两个系列产品。该项目选取迪庆藏族自治州德钦县作为扶持对象，围绕"产、供、销、运"四大关键因素，以金融支持藏香猪、藏香鸡等地方产业特色种养殖产业发展为核心，延伸至生产保障、物资供销渠道、运输道路建设等。

"此次省发改委、富滇银行在迪庆实施"扶贫贷"项目是在迪庆扶贫攻坚"爬坡过坎"关键时刻的雪中送炭，为迪庆脱贫攻坚探索了一条新途径，提供了新经验。"

——迪庆州委书记顾琨

加强便民服务　普及金融知识　践行社会责任

　　富滇银行大理分行为残障客户开通了绿色服务通道，为客户准备了老花镜、小药箱、轮椅、拐杖、宠物笼等各项便民服务物品和设施。同时，大理分行切实响应银监会、人民银行和总行的"普惠金融"工作的号召，积极做好"普惠金融"的社会履职工作，将"普惠金融"活动开展到边远山区及大理州内的贫困县。开展了"普及金融知识万里行""金融知识进万家""3.15金融消费者权益保护主题日"等大型系列宣传活动，利用业余时间走乡串户、一边了解农民群众的困难并积极想办法帮助，一边宣传普及银行卡、电子银行、投资理财等相关金融产品知识以及金融消费者拥有的主要权利，并对非法集资、电话诈骗等金融风险进行宣传提示。大型系列宣传活动取得了良好的社会反响。

广州银行

补短板——支持南沙地区平行进口汽车供应链融资

　　广州银行积极开展国际业务，紧跟自贸区建设步伐，积极响应自贸区政府号召，突破传统风险管理思路。根据区内平行进口汽车企业从国外经销商或改装厂购买汽车到转卖国内分销商或直接销售至终端消费者并收回货款的阶段对进口车辆采购款及通关税款的融资需求，在充分分析区域特点、业务模式和客户背景的前提下，基于区内试点企业自身资金投入有限、大部分试点企业缺乏平行进口经验的情况，设计了预付款融资模式下的"进口信用证项下未来货权质押"的业务方案，为广州金港汽车国际贸易有限公司核准了1亿元综合授信额度，成为区内首家支持南沙自贸区试点平行进口汽车企业融资的银行。授信品种包括进口开证及进口押汇，担保方式为货权质押，由广州港南沙汽车码头提供车辆和核心单据监管。该种授信模式从企业交易流程的货物流及资金流着手，既能贴合企业的业务流程，满足其资金需求，又能实现动态的风险监管。

"科技贷"助力科技型中小企业腾飞

　　"科技贷"是广州银行为小微企业量身打造的明星产品。该产品是针对广州市科技型中小企业而发放的、满足广州市信贷风险补偿资金池要求的贷款，具有审批流程快、放款时间短的特点，简化了业务申报流程，积极有效快速促成银企合作，促使小微企业快速获得融资。产品推出以来，市场反应良好。截至2016年底，广州银行"科技贷"项目共43个，额度总计4.42亿元。在第五届金柜台奖评选活动中，该行凭借该产品荣获"2016年度最佳科技金融服务奖"。此次获奖既是社会各界对该行扶持广州地区中小型科技企业的肯定，也是广大客户对广州银行品牌形象、产品创新的认可。

广州银行信用卡助推居民消费金融

　　2016年，广州银行信用卡业务在移动互联网创新型业务上不断突破，是国内首批为持卡人提供微信银行服务号、APP的发卡行，也是国内首批支持Apple Pay、华为Pay、MI Pay和云闪付等全新移动支付方式的发卡行。截至2016年底，广州银行微信银行关注量已达63万，并创新推出了"在线帮助中心"以及互动活动板块。同时，"广银信用卡"APP升级改版后，增加一键添加Apple Pay、岭南通充值等创新功能。截至2016年11月，云闪付绑定户数居城市商业银行第一位，客户绑定率位于全国银行第一位梯队。

　　在产品上，持续推出"大消费，小负担"系列的消费分期产品，分期产品种类丰富，包括购车、车位、家装、大额消费、婚庆等，具有额度高、期限长、费率低、审批快的特点，2016年新增分期22.2亿元；发行面向小微企业主的"广赢卡"，更好地满足了客户经营性短期资金的周转需求。2016年信用卡累计透支余额155.85亿元，大力促进消费升级，发展民生消费金融。

　　凭借信用卡卡量规模及用卡活跃度、品牌知名度及影响力，广州银行荣获2016年广州日报金质金融服务品牌"最佳创新信用卡银行"奖。

关爱抗战老兵我们在行动

　　8月15日是日本宣布无条件投降的周年纪念日，广州银行南京分行组织员工在南京市向阳敬老院开展"关爱抗战老兵"一周年纪念活动。2015 年该分行工会倡议全体员工向生活贫困的抗战老兵捐款，共募集捐款 46 200 元，正式拉开"关爱抗战老兵"活动的帷幕。一年来，该分行将"关爱抗战老兵"作为一项长期公益活动，分行领导带领 8 个工会小组，组建志愿服务队，每月对抗战老兵进行走访慰问，为抗战老兵带送去慰问金、保健品、食品、衣物等，帮助老人料理起居，打扫卫生，定期取药送药，为老人解决用药困难问题。此外，在春节、端午节、中秋节、重阳节等重要节日，由分行领导亲自带队走访慰问每一名抗战老兵，为老人们送去节日的关怀与温暖。该分行将秉承"源于社会，回报社会"的发展理念，用诚挚的爱心，积极践行企业使命，努力承担社会责任，一如既往地关爱抗战老兵。

"上工治未病"——反腐倡廉教育新思想

为进一步加强广州银行反腐倡廉教育和作风建设，增强广大党员干部廉洁自律意识，提高拒腐防变能力，2016 年 10 月 26 日，该行组织了广州地区 150 余名党员干部参观"广州市反腐倡廉教育基地"——白云山和黄神农草堂中医药博物馆。白云山和黄神农草堂中医药博物馆是市纪委 2016 年授予的 6 家广州市反腐倡廉教育基地之一。党员干部参观了博物馆中华医药园、岭南医药园以及广药集团党建与廉政建设成就展。通过中药实物观摩、中药文化传承介绍，广大党员干部全面认识了中医药的博大精深，领会了"上工治未病"的理念。这种理念以药喻廉，以"正气内存而邪不干"，提出未病先防，把身体内的疾病隐患消除在萌芽状态，保持健康体魄的重要性，很好地诠释了反腐倡廉建设工作"惩防并举、注重预防"的指导思想，使党员干部对加强党风廉政建设重要性的认识有了更高层次的提升。

通过本次参观，以药喻廉，党员干部对加强党风廉政建设重要性的认识得到了升华，进一步筑牢了廉洁从业的思想防线。

徽商银行

客服中心大额外呼为企业客户"保驾护航"

徽商银行"大额外呼"业务是针对徽商银行人民币单位结算账户开通的一项大额交易热线查证服务。该项目于 2016 年 7 月启动，由徽商银行客服中心呼出团队实施。2017 年 3 月，某公司一笔 3 000 万元的错误转账，经客服中心外呼坐席电话联系确认，属错误操作，遂终止交易。

"这笔款项本该用于归还一笔今日到期的银行贷款，操作人员却错误将款项转入私人账户。如果贵行审核通过，我公司今天将无法按时归还银行贷款，每天要支付两万多元的利息，并且还要额外支付违约金。通过这件事情使我对贵行的服务有了不一样的认识，我不仅会成为贵行的忠实客户，还会将我的生意合作伙伴介绍到贵行开户。"

——某公司负责人杨先生

小贴士

大额交易是指单笔人民币金额在 100 万元（含）以上的柜面现金支取、转账付出业务或非柜面单笔人民币金额在 2 000 万元（含）以上和日累计人民币金额在 5 000 万元（含）以上的转账业务。由客服中心呼出客服代表负责与企业大额热线的联系人进行交易核实，以保证交易的准确性，降低企业交易风险。

借助互联网金融思维　创新信保贷款

徽商银行推出的信保网贷产品是全国第一家直销银行纯线上流程的信用贷款产品。该产品在互联网个人消费信贷领域属全国首创，具有互联网线上实时、全流程的特点，对传统信保贷业务模式具有颠覆性意义。保险公司在客户营销、贷款初审和保单出具之后，将客户信息和保单信息线上提交银行，银行线上实时审批。客户仅需下载客户端 APP，在线完成银行账户开立，待银行审批结束后，线上签订贷款合同、借据，实时放款。该产品实现了银行业务流程的全线上化办理，无需客户往返银行网点，大大提升了客户办理的便利性和审批放款效率。

截至 2016 年底，徽商银行新增客户 1 395 户，贷款发放总额 10 264.75 万元。

积极探索互联网小额消费场景"享花"新模式

2017 年第一季度，徽商银行直销银行推出超小额消费信贷产品——"享花"，旨在深度挖掘互联网小额消费场景，提升客户体验。该产品通过定制化产品和服务流程，将小额信贷服务融入消费场景的支付环节，努力打造一体化的流畅体验。同时，依托直销银行互联网金融平台，"享花"实现了申请、审批、支付等全业务流程线上化、智能化。

"享花"产品的另一个特点是还款方式的创新。"享花"打破传统，创新了按日还款的模式，排除了传统金融产品的"分期"概念，带给客户全新的信贷产品体验。未来，"享花"还将进一步优化产品流程，提升风控水平和服务能力，保障业务健康快速发展。

徽商银行"徽农卡"：普之城乡　惠于民生

舒城县杭埠镇个体户周先生，主要从事农产品销售，办理了徽农借记卡、徽农借记附属卡和徽农信用卡，从根本上解决自身经营资金周转结算和家人资金需求等问题，降低了结算成本，提高了余款收益。

"办理徽农卡后，往返各地进货结算省了手续费，结余资金可以享受分档计息功能，留在老家的妻子办理了徽农借记附属卡，也实现额度共享，此外我还办理了徽农信用卡，可以解决短期内周转资金不足的燃眉之急。"

——周先生

小贴士

"徽农卡"是徽商银行首次面向县域和乡镇农村个人客户发行的多功能银行卡，包括徽农借记卡、徽农借记附属卡和徽农信用卡三个卡种。其中：徽农借记卡除具备普通银行卡全部功能，还具备账户安全、分档计息、账户积分、代收代付等七大特色功能，具有"利息高、优惠多、功能全"三大特点；徽农借记附属卡在享受主卡所有功能和优惠的

同时，可实现账户共享、额度可控等业务功能；徽农信用卡可通过信用、抵质押、保证等方式申办，额度一次授信，可循环使用，在 5 年有效期内，可通过客户服务电话等渠道，方便快捷地申请涉农专项分期。

"税 E 融"让小企业融资"E"

徽商银行的"税 E 融"是以小企业在税务部门的缴税情况作为主要依据，通过网银线上向小企业发放信用流动资金贷款，最高可以贷款 100 万元。该业务自 2016 年开通以来，已经为合肥、六安、铜陵、芜湖等多个城市的小企业生产经营提供了资金支持。为进一步解决融资成本高难题，该行还提供了差异化的利率政策和灵活的还款方式，所借资金每日计息，按月付息，到期还本，也可以部分或全部提前还款。

"这笔贷款从申请到审批到发放全程都是通过网上操作，节约大量往返的时间，免去了提供各种材料的烦恼，给企业带来实实在在的便利。从来没有想到没有任何抵（质）押，只要好好纳税就可以得到 90 万元的贷款，并且随用随取、随用随还。对于我们这样的小微企业来说，节约了成本，提升了盈利空间。"

——安徽致诚机械制造有限公司企业法人李先生

小贴士

"税 E 融"专门用于扶持小微企业，贷款主体为小企业法人或实际控制人。徽商银行在企业纳税记录良好，法定代表人无不良信用记录，企业经营状态相对稳定的前提下，利用大数据审批，解决小企业融资难、融资成本高的困境，实现实时审批、实时放款。

江苏银行

积极跟进"一带一路"建设　支持企业"走出去"

2016 年，江苏银行"一带一路"项目相关业务覆盖

越南、塔吉克斯坦、巴基斯坦、老挝、斯洛伐克、匈牙利和印度尼西亚等地，积极做好企业出口业务、海外建设及项目投资金融服务。江苏银行在给予企业"走出去"的支持上，已不仅仅局限于"一带一路"主要沿线的项目建设，在非洲、美洲等重要"驿站地区"多领域同步拓展，快速推进资本国际化、多元化布局。截至 2016 年底，江苏银行服务"一带一路"企业数量 129 户，累计授信金额 230 亿元。

2016 年，江苏银行北京分行推进"一带一路"金融服务，与中国进出口银行联合牵头为中兴能源在巴基斯坦建设的光伏电站进行本外币银团融资，该行融资份额为 6 000 万美元。该项目为该行首笔外币银团，授信主体为境外公司，直接落地自贸区出账，开启了北京自贸联动模式。

大力拓展跨境电子商务业务 支持经济发展新业态

2016 年 1 月，江苏银行苏州分行率先上线"跨境汇 e 融"综合服务平台。1 月 15 日，与苏州工业园区国际商务区签订战略合作协议；3 月 30 日，与江苏国泰慧贸通企业服务有限公司签订跨境电子商务全面合作协议；4 月 11 日，与苏州市商务局签订跨境电子商务金融服务战略合作协议；6 月 18 日，与苏州新区跨境电商平台合作签约。

2016 年，苏州工业园区国家商务区、张家港保税区上线"跨境汇 e 融"系统实现了在线收付汇。截至 2016 年底，该行"跨境汇 e 融"共签约客户 36 户，实现跨境电商业务量 1.71 亿美元，实现了跨境电商 B2B、B2C 全流程、全模式、全币种线上综合金融服务，获得了政府部门和企业的一致好评，树立了良好的市场形象。

小贴士

"跨境汇 e 融"综合服务平台以支付单据、物流单据、交易单据及资金流、信息流、货物流的"三单对碰、三流合一"为目标，建立适应跨境电商的一体化金融服务体系，全面满足跨境电商企业的综合金融需求。同时，有效解决了跨境电子商务的监管需求。平台已经实现多币种的线上结售汇、付汇、支付信息报送、款项清分等"一条龙"

结算服务，未来还将实现 7×24 小时全天候线上收汇、线上收单、线上融资等功能，为跨境电商提供全方位的金融服务。

支持科技型企业创业创新

镇江艾科半导体公司专门从事集成电路封装和检测，以其过硬的技术和良好的生产环境，获得了台积电（TSMC）的订单，企业老板在无比兴奋之余，也面临了小微企业的共性难题——资金短缺。江苏银行镇江科技支行积极通过"科技之星"业务，为企业送上了 400 万元的纯信用、基准利率的贷款，解决了企业的燃眉之急。2016 年上半年，该企业拿到的台积电、展讯等订单近 10 亿美元，在该行的授信也达到了 1.8 亿元。

该企业良好的发展前景和先进的技术水平也吸引了众多的战略投资者，其中不乏有深创投、省高投、红杉资本等创投大佬。该行联合镇江新区政府、镇江国投、深创投共同围绕艾科半导体的上下游产业链，设立了一只 2 亿元的并购基金，同时对于并购基金所投项目，该行还按照同比例配套贷款。2016 年 5 月，艾科半导体已通过优质资产注入的方式成功登陆 A 股。短短的四年时间，一个科创小微企业摇身一变，成为上市公司。

小贴士

"科技之星"业务是江苏银行与江苏省以及各地科技主管部门共同合作，由江苏省和地方科技部门提供风险补偿，为省内科技型中小企业发放的专项贷款业务。

推动绿色信贷

2016 年 8 月，江苏银行南通分行投放 8 000 万元贷款，支持如皋市同源污水处理有限公司城市污水处理扩建项目。该项目为节能环保产业 PPP 项目，总投资 3.85 亿元。项目建成运营后，总处理规模达到 9.8 万吨 / 天，出水水质将稳定达到一级 A 标准。

开展精准扶贫

2016 年，江苏银行连云港分行向扶贫联系点东海县坡林村拨付扶贫资金 11 万元，保障温泉乡定点扶贫工作开展。作为帮扶单位，积极帮助挂钩帮扶村实施温室蘑菇种植等三个项目，增加村集体经济收入，拓宽贫困农户增收渠道。

宁波银行

宁波银行"快审快贷"缓解小微企业融资难

宁波银行为小微企业量身定制的"快审快贷"产品，以住宅为抵押物，提供评估、审批、签约、放款各环节限时服务。这款产品具备三项优势：一是额度高，"快审快贷"最高额度可达 500 万元，基本可满足中小企业的融资需求；二是放款速度快，1 天评估，1 天审批，1 天签约，1 天出账；三是授信期限长，授信最长可达 5 年，单笔贷款最长 3 年。

不仅如此，"快审快贷"申请流程便捷。一是在线云评估，通过微信云评估在线完成房产预估，简化了评估流程，并且支持在线申请融资额度；二是实地走访，银行客户经理通过在线申请信息，实地走访企业，收集客户资料，根据实际情况确定授信额度；三是系统出账快，宁波银行为"快审快贷"业务提供审批绿色通道，优质客户系统自动通过，确保当天审批出账。

2016 年，宁波银行的"快审快贷"贷款业务，在全辖全面推广，当年已累计批准授信额度 57 亿元。

哈尔滨银行

为大学生创业量身定制信贷服务

为深入推动"大众创业，万众创新"，哈尔滨银行于 2015 年 8 月，与黑龙江省大学生创业贷款担保有限公司联合发布一款专为支持大学生创业量身定制的贷款产品"创贷保"。该产品为财政贴息贷款产品，以着力解决大学生创业期间遇到的资金难题，面向符合条件的自主创业的大学生、合伙经营和组织起来创业的大学生、高校毕业生创办的小微企业提供的流动资金贷款。截至 2016 年底，

哈尔滨银行"创贷保"业务累计投放达 521 笔，投放金额 3 700 万元，占黑龙江省大学生创业贷款投放总量的一半以上。

精准支持黑龙江畜牧业"畜保通" 开辟养殖融资新路径

为支持黑龙江省畜牧业发展，2016 年下半年，哈尔滨银行在活体畜禽抵押贷款产品的研发上实现突破，新产品"畜保通"应运而生。该产品采取"活体畜禽抵押 + 保证人 + 应收账款质押"的新型担保方式。为了保证信贷投放的实效性，预防养殖企业抵押活畜流失或被非法转让，该行在开展业务时，还与牧业公司和当地畜牧局共同签订三方畜禽存栏监管协议，明确各自监管职责，将"互联网 +"理念引入贷后管理，即在养殖场内安装多机位监控设施，信贷员和相关部门工作人员采用手机端远程监控，以实现对抵押畜禽动态的实时监测。

大庆市杜尔伯特蒙古族自治县华慧牧业有限公司的负责人孙超是受益于该行"畜保通"业务的第一位养殖户。孙超所经营的奶牛养殖公司，是当地伊利公司的 A 级产品供应商，过去由于缺少抵押物，多家银行都拒绝了他的贷款申请。2016 年 11 月，该行的"畜保通"业务在大庆试点落地，正为扩大经营的资金问题一筹莫展的孙超了解到这一信息，遂提出申请。半个月后，顺利获得 3 年期 83 万元流动性资金贷款，用于购买青贮饲料，一解资金短缺的困扰。

"金税 e 贷"量身制定金融服务方案

哈尔滨银行"金税 e 贷"产品充分依托税务部门建立的税收大数据平台，在取得客户授权查询的前提下，银行以企业纳税信息为授信基础，通过对客户的综合分析给予客户授信额度。产品有效解决了小微企业信贷融资中信息不对称的问题，有利于小微企业纳税信用评价结果的运用，促进小微企业依法诚信纳税，同时也有利于银行业机构拓展优质客户，优化小微企业金融服务，实现企业、银行、税务的三方共赢。

哈尔滨盛太和亨经贸有限公司是哈尔滨银行应用大数据信息技术的主要对象之一，也是享受金税 e 贷金融服务的成员之一。2016 年，该公司遇到企业融资难题，公司

财务人员了解到了"金税 e 贷"产品。该行信贷员对哈尔滨盛太和亨经贸有限公司进行了信贷调查，并运用大数据技术对企业主进行了黑名单比对，对客户收入情况进行了增值税发票与银行流水的交叉核验，对客户支付消费能力进行了评估，对客户非银行信贷申请情况进行了查询，当日即量身制定授信方案，解决了该公司的燃眉之急。

率先尝试"两权"抵押　盘活农村沉睡资产

"金秋贷"是哈尔滨银行针对国家"两权"抵押贷款试点暂行管理办法而推出的一款小额农贷新产品，在全国金融机构中率先尝试"两权"抵押，盘活了黑土地沉睡资产。

2016 年 3 月 24 日，中国人民银行会同相关部门联合印发《农村承包土地的经营权抵押贷款试点暂行办法》和《农民住房财产权抵押贷款试点暂行办法》。该行凭借前期探索积累的经验迅速作出反应，推出以农村承包土地经营权抵押为核心的农户贷款产品"金秋贷"。办法出台后的第 4 天，哈尔滨银行向方正县邓士福等 4 名农户成功发放 18 万元农村承包土地经营权抵押贷款，成为全国首批发放农村土地承包经营权抵押贷款的金融机构。

该行还引入龙蛙农业金融租赁公司等第三方土地流转公司，通过与其合作，规避土地流转风险，提高放贷速度。目前，"金秋贷"从提出申请至贷款发放仅需 3 天左右。截至 2016 年底，累计发放"金秋贷"贷款 4 718 笔，金额超过 4 亿元。

发挥对俄金融服务优势
积极支持"一带一路"建设

2016 年，哈尔滨银行对俄金融本着"国际化、专业化、品牌化"的发展目标，勇于创新，积极进取，逐渐形成核心产品，由此通过两国银行间接对中俄经贸往来、"一带一路"基础设施建设提供一体化金融服务。哈尔滨银行作为中方发起人，联合俄罗斯联邦储蓄银行于 2015 年发起成立了首个中俄金融机构合作交流平台——中俄金融联盟。截至 2016 年底，新增机构 27 家，成员已达到 62 家。联盟影响力及带动作用日益凸显，2016 年受邀参加两次国际级商务活动，取得多项务实成果，对中俄两国产生深远影响。

2016 年，哈尔滨银行接受俄罗斯唯一政策性银行——俄罗斯开发与对外经济银行的独家委托，借助中俄金融联盟的平台，成功为其筹组 100 亿元人民币的同业间银团贷款业务。

贵阳银行

农村金融在实践中探索

在全面实现小康，完成脱贫攻坚任务的政策背景下，贵阳银行将金融服务与精准扶贫工作有效对接，以"坚持大数据金融扶贫、坚持创建联动扶贫、坚持依托农村集体合作、坚持微利普惠"为原则，与贵州省供销社联合社、贵农网建设创新型农村金融综合服务站，助推实现农业新"四化"（农产品销售电商化、农业技术专业化、农资配送物流化、金融服务普惠化）。依托农金服务站，为农户提供小额取款、转账、便民缴费等基础性普惠金融服务；依托农村电商，为农户提供现代化物流及商品信息交易服务。通过两者有机结合，搭建起支付结算、商品采销、数据归集等运营模式，以普惠金融改善农村区域金融服务生态环境，培育带动农村集体经济发展壮大，实现农民增收，促进农村经济、农民生活加快转型，助推金融精准扶贫。

截至 2016 年底，贵阳银行共建设农村金融服务站（含助农取款点）5 229 家，较年初新增 5 054 家；共涉及全省 64 个县（区）、600 个乡（镇）、4 629 个行政村，其中包括 46 个贫困县；累计发行借记卡 73 301 张，办理业务 34 万笔，服务农户 41 万人次。

设立产业基金　支持企业供给侧结构性改革

针对贵州省部分国有企业现阶段出现的阶段性经营困

难，负债高、财务负担重等形势，设立投资基金与企业签署投资协议，置换企业高成本负债，减少利息支出，降低资产负债率。贵阳银行通过设立基金为开磷集团增资扩股16亿元，为企业减少利息支出近1亿元，缓解财务费用支出1.8亿元，降低4个百分点的资产负债率，帮助开磷集团转型升级。

齐鲁银行

"生态养殖贷"给力 "小毛驴"驮来小金库

近年来，东阿阿胶价格一路上涨，东阿黑驴价格也是水涨船高。黑驴养殖成为东阿当地农户致富新途径。为促进黑驴产业发展，东阿当地政府出台多项扶持政策，当地村民也是跃跃欲试。虽然村民参与热情很高，但钱从哪里来却成了难题。作为一家以"服务中小企业、服务城镇居民、服务地方经济"为市场定位的本地银行，齐鲁银行了解到农户这一情况后，积极创新信贷模服务式，联合当地政府、阿胶集团在当地首创活体抵押模式，共同打造出黑驴养殖专项贷款——"生态养殖贷"。

具体操作方式是养殖户委托毛驴受托采购方采购驴驹，待养殖毛驴达到合同约定的要求时，由收购方进行收购。同时，齐鲁银行负责为养殖方提供贷款支持，毛驴收购方将收购价款直接支付至该行。"生态养殖贷"业务一经推出，便受到了当地农户的欢迎。截至2016年底，齐鲁银行东阿支行已为当地养殖户提供了9 000多万元贷款支持，"小毛驴"为农户驮来了小金库。随着该项目的持续推进，更多的养殖户将从中受益。

科技金融助力物流科技蓬勃发展

山东兰剑物流科技股份有限公司（以下简称兰剑物流）成立于1993年，是国内最早一批涉足物流领域的集咨询、规划设计、软件开发、设备制造、项目监理、系统集成为一体的整体解决方案提供商。作为一家高新技术企业，固定资产少，可抵押物不足是所有科技型企业的共同特征。随着公司与齐鲁银行合作关系的建立，该行深入研究高新技术企业融资特点，针对本公司固定资产少，可抵押物缺乏的实际情况，积极创新服务方式，突破传统信贷服务对担保品标准的硬性约束，为公司提供应收账款、订单质押等基于产业链的融资创新产品。

兰剑物流在发展过程中积累了大量的知识产权，针对这一特征，齐鲁银行积极为企业盘活知识产权，办理知识产权质押贷款，同时结合山东省知识产权质押贷款贴息政策，积极协助企业申请贷款贴息，最终为企业节省了10多万元的利息支出。

2015年和2016年，齐鲁银行一共给予该企业贷款2 000万元。该行的支持大大缓解了公司的经营压力，极大地推动了兰剑物流在高端物流装备及机器人领域的技术推广及应用。

举办少儿书画大赛

少年儿童是全社会关注的焦点群体，通过少年儿童这一群体，能够吸引整个家庭的目光，与社区家庭形成有效互动。为了让济南众多社区的千家万户了解齐鲁银行"服务城镇居民"的市场定位，塑造齐鲁银行"市民银行"品牌形象，该行按照"一个孩子影响六个成年人"的宣传规律，联合大众网、济南市青少年宫在2012年发起了"灵动齐鲁我的七彩梦——齐鲁银行少儿书画大赛"。

2016 年的大赛自 "六一" 儿童节正式启动后，吸引了近两千名少年儿童书画爱好者报名。大赛组委会共收到书画参赛作品 2 000 件，影响了近 1 万名社区居民。组委会从获奖作品中精选出 280 幅编撰成册，为每位参赛者赠送画册，并在各大社区网点摆放。此外，该行在济南市青少年宫组织了颁奖典礼，11 月 5 日，该行在济南世贸广场进行了集中展览，并在现场组织画册义卖活动，为该行爱心图书室活动筹集爱心善款。

走出金融机构　投身环保公益

为了提升社会环保意识，倡导绿色金融理念，4 月 23 日，由济南市金融行业协会主办、齐鲁银行承办的 "做城市主人享绿色金融" 环保公益活动在英雄山风景区赤霞广场举行。来自济南市金融行业协会会员单位和英雄山志愿者联合会的近 400 名志愿者，走出工作单位，在环保签名墙郑重地写上自己的名字，表达了志愿为环保贡献力量的决心和信心。所有志愿者沿英雄山绿道进行环保健步走，并在广场周边开展环境清洁活动，向市民宣传环保倡议，免费赠送环保袋。

对于金融机构来说，发展绿色金融既是促进经济和生态环境协调发展的客观要求，也是践行环保理念，回馈社会公益的一个重要渠道。齐鲁银行承办 "做城市主人享绿色金融" 环保公益活动，将绿色金融的理念向金融行业及社会大众进行了推广，"绿手套" 义工之家公益联盟、英雄山市民志愿者联合会等单位积极参与到活动中，为环保献力。

成立 "荧光扶助计划"
身体力行保障有序交通环境

2015 年 12 月 9 日，一条《济南交警被开车打电话女司机撞飞身亡》的新闻牵动了无数人的心，济南交警王

玄飞因公殉职，生命的年轮永远停在了 42 岁，13 岁幼子永失父爱。

为践行社会责任，发扬传导社会正能量，齐鲁银行以关爱王玄飞家庭、扶助幼子学习成长为切入点，与济南市公安局交警大队联手，发起成立齐鲁银行公益基金 "荧光扶助计划"，用关爱搭建平台，发动全社会关注交通安全，倡导市民自觉遵守交通规则，营造和谐、有序、安全的交通环境。

对因公牺牲的交警家庭及未成年子女教育给予资金扶助，首批捐赠扶助金额 75 000 元，让 6 个失去至爱的交警家庭和 3 名未成年子女得到了来自社会的真情关爱。

广东华兴银行

积极探索 "映山红" 银联家庭卡服务新模式

广东华兴银行与中国银联总公司合作推出 "映山红" 银联家庭卡（以下简称家庭卡），通过家庭卡打造一个以家庭金融为基础，家庭便捷支付为补充，家庭权益为特色的 "家庭金融平台"。该项目特点：

1. 家庭群组建立。开立家庭卡后，可由一人建立家庭并以家庭管理员身份向其他成员发出邀请，成员回复短信同意加入，即可完成家庭建立。

2. 家庭倍增积分：家庭其中一位成员生日，家庭所有成员当月刷卡消费可获得双倍积分。

3. 亲密付：只需选择设置昵称进行转账 / 预约转账。

4. 家庭超级收钱：提供将他行账户资金划转至广东华兴银行指定账户的服务。

5. 一家亲理财：可归集家庭成员资金，并为家庭成员提供家庭理财服务。

6. 家庭医生：向白金卡／钻石卡持卡人提供在线健康咨询以及在线挂号服务。

7. 运动权益，一元即享：向白金卡／钻石卡持卡人提供 9 大运动权益等。

截至 2016 年底，总 AUM 余额 51 441 万元；人均 AUM 余额为 8.75 万元。

推出手机银行 2.0 版本

广东华兴银行 2016 年推出手机银行 2.0 版，该项目为客户提供账户查询、转账汇款、智能存款、贷款、理财产品、基金等基础金融服务，水电煤等生活缴费、手机充值、机票预订、电影票预购、交通罚款缴纳等生活服务，同时还具备手机预填单、资产证明、工资单查询等特色功能。

该项目围绕客户实际应用场景，创新推出了扫码取款、二维码收付款、扫码登录网银、扫码下载等丰富的二维码应用服务，并通过指纹密码、手势密码等新技术的应用实现快速登录，在转账汇款过程增加人脸识别的验证方式，提升资金交易的安全性和体验。

该项目荣获由中国科学院《互联网周刊》、中国社会科学院信息化研究中心、eNet 硅谷动力共同颁发的"2016 中国手机银行最佳体验奖"及由中国网上银行促进联盟颁发的"最佳金融科技应用奖"。

积极推动绿色信贷　全力支持实体经济

广东华兴银行积极推进绿色信贷业务。在绿色信贷资金来源上，创新发行绿色金融债券，对接绿色项目资金需求；在绿色项目筛选上，联合中节能等第三方认证机构，挑选符合国家产业政策导向、《绿色债券支持项目目录》内的企业项目，组建该行绿色信贷项目库。

广东华兴银行于 2016 年成功获批在全国银行间债券市场发行不超过 50 亿元人民币的绿色金融债券。首期 10 亿元的绿色金融债券于 2016 年 12 月 19 日正式公开发行，发行利率为 3.98%，债券期限 3 年。绿色信贷战略的成功推进，使广东华兴银行成为广东省内第一家成功发行绿色金融债券的法人银行，也是广东省内第一家创新运用发债资金对接绿色项目的法人银行。

全国商业银行首家交易银行门户平台——"华兴｜企业 e 家"

广东华兴银行推出交易银行门户平台"华兴｜企业 e 家"。该项目以客户需求为导向，通过"六大管家"，包括支付管家、财富管家、资金管家、票据管家、融资管家、跨境管家等金融产品高效智能组合，外加"一个中心"——客户服务中心，将传统网银的企业账户模式转变为系统平台的企业用户模式，为企业提供端到端的一揽子资金管理和综合金融产品服务。

同时，广东华兴银行依托"华兴｜企业 e 家"平台推出单位结算卡、法人账户透支、e 票通、在线保理、跨境人民币资金池等交易银行各类产品，为客户提供丰富而灵活的金融服务，并同步推出"华兴｜企业 e 家"手机 APP 客户端，实现交易便捷化、渠道多样化。

截至 2016 年底，"华兴｜企业 e 家"门户平台客户注册数 790 户，客户通过交易银行门户平台完成理财交易额达 33.03 亿元。

烟台银行

特色支行助力实体经济发展

为支持当地实体经济发展，持续支持和督导芝罘区外行落实特色支行业务推进方案，不断强化特色支行品牌建设。烟台银行致力研究当地经济特色、优势行业，对于行业比较集中、形成产业集群的地区，在特色化、差异化经营的基础上，不断创新服务，建立高效服务流程，提供专业化服务。截至 2016 年底，烟台银行特色支行贷款业务共发放 246 户，贷款余额 28.54 亿元，完成全年计划的 245%。其中，公司业务 32 户，贷款余额 139 460 万元，占比 48.85%；小企业贷款业务 163 户，贷款余额 145 483 万元，占比 50.97%；个贷业务 51 户，贷款余额 510 万元，占比 0.18%。

从"薪"出发、引领潮流 发行代发工资客户专属品牌卡"薪瀛卡"

为更好地服务代发工资客户，提升烟台银行批量获客能力，4 月 12 日，烟台银行正式发行代发工资客户专属品牌卡"薪瀛卡"。

"薪瀛卡"是以薪金代发客户为目标群体的定制专属 IC 借记卡，集成存取款、转账、消费、投资理财、代收代付等该行普通借记卡所有功能，同时具备余额理财、实时申购份额确认、取款 / 转账 / 消费自动赎回、每日收益结转等创新功能，并在此基础上向该行代发工资客户提供专属优惠、专属产品及专享权益等全方位金融服务。同时，面向企业提供"联名薪瀛卡"行业应用加载、企业专属"薪瀛卡"方案等企业定制化服务。

"薪瀛卡"的发行，是该行定向营销、定制服务的一次创新之举，对推动建立以银行卡为基点、整合全渠道产品资源、重点营销绑定客户的服务体系具有积极意义。

苏州银行

创新投诉处理流程 树立良好消保形象

苏州银行积极践行"以小唯美、以民唯美"的发展策略，结合监管对于消费者权益保护工作的高标准、严要求，持续优化全行投诉处理流程，打造同业领先的"一复三结"（一个工作日内安抚客户，三个工作日内结案）处理流程，在投诉的善后处理上，社会口碑、监管口碑、市民口碑焕然一新。

对于投诉处理，该行客服中心实行科学的矩阵式管理，受理投诉转交至涉诉机构的同时，抄报其上级管理机构，尽可能地减少中间环节，注重实效，以确保投诉解决能够真正落到实处。对于受理的客户投诉，实施双重复核的同时，执行首问负责制及"谁的客户谁负责"原则，认真积极调查客诉情况的同时，在处理及回复客户时尽可能地做到服务"零瑕疵"，使客户满意。通过对投诉的快速、有效解决，反哺整体服务水平的焕然一新。

自 2016 年创新投诉处理流程以来，经过近半年的努力，苏州银行首日结案率达到 70% 以上，3 日结案率达到 95% 以上。并且自 2016 年 6 月起，连续 7 个月实现零监管转办有责投诉。

切实维护金融消费者的资金安全

近年来，电信网络诈骗案件呈现高发态势，客户一旦受骗，往往损失严重。为此，苏州银行积极响应监管要求，从源头抓起，向客户充分宣传防范电信诈骗的基本要领，相当程度上降低了资金损失的可能性。苏州银行还积极加强与公安机关的合作，创新建立了涉案账户快速查控机制，逐步实现对诈骗尾端取款账户的有效冻结，降低受害人的实际损失。

2016 年 4 月中旬，苏州银行借记卡风险监控系统刚刚上线 1 个月，审查人员在监控系统中发现多笔在台湾地区触发的预警可疑交易，且在连续预警的交易中，银行卡卡号相似（仅末 4 位不同）、开户行、开户时间、交易时间基本趋同、且账户内余额由同一张卡集中转入，分散取出，但都无法联系到卡主本人确认交易，结合以上情况判定，基本符合可疑交易的特征，出于风险审核人员的专业性及职业敏感性，审查人员第一时间上报给公安机关及业务管理部门进行后续处理，有效降低了资金损失的可能性。

"农发通"产品支持农村经济发展

江苏省农业资源丰富，农业产业发达，苏州银行作为本土法人城市商业银行，依托得天独厚的区位优势，在"三农"业务领域深耕细作。"农发通"产品是该行"银行 +

政府＋担保公司"模式的有益尝试,通过批量授信,向符合条件的农民专业合作社和农业龙头企业提供专项小额贷款,切实解决现代农业产业经营中"融资难、担保难"的问题。"农发通"产品具有"小额分散、期限较长"的特点,解决了"三农"客户在一定生产经营周期内的资金问题,且在贷款审批上建立绿色通道,简化程序、缩减环节、加快放款。

优势互补共营销　银租联动创"三赢"

随着上市公司的业务需求日益多样性,苏州银行针对客户的需求不断探索切入点,增强银企合作匹配度。2016年6月3日,苏州银行与苏州金融租赁股份有限公司(以下简称苏州金租)共同营销上市公司苏州电器科学研究股份有限公司,成功操作1笔金额为1亿元人民币的融资租赁业务。

苏州电器科学研究股份有限公司主要经营各类输配电设备,是行业内的优质企业。前期,苏州银行与该企业进行多次接触,但由于该企业所在行业的特殊性、基础设备投入大等问题,未能找到业务合作的突破口。苏州银行成立金融租赁公司以后,积极整合资源,创新综合化金融服务方案。一方面通过深入输配电及控制设备制造业的行业研究,强化营销人员专业化素质,提升对行业风险的识别与管控能力;另一方面进一步剖析企业需求,寻找最优服务方案。在营销过程中发现该企业的需求与苏州金租开展的业务天然契合,遂与苏州金租开展联合营销,共同满足了客户短期流动资金和中长期设备融资需求,实现了"三赢"。

吉林银行

金融惠民再升级

吉林银行个人网上银行向客户提供贷款、存款、理财、转账、查询等综合性金融便民服务,具有使用安全、快速、便捷的操作性,客户足不出户就可以办理业务。生活缴费、电子汇款和跨行汇款可以享受不受时间、空间限制的银行服务。吉林银行个人网上银行跨行转账已经实行零手续费的惠民举措。吉林银行新版网上银行现在正在紧锣密鼓地

建设测试中,新版网银对功能进行了重新分类,功能划分更加清晰,安全性也更高,版面操作上也更加人性化,更适于客户的操作。

"随着互联网金融的蓬勃发展,银行的服务更加平易近人,吉林银行的网上银行为客户提供了丰富的实用功能,跨行转账不仅能享受到实时到账的便利,而且还全部免费,是吉林银行为满足广大客户金融服务需求,推出的一项便民、利民的金融服务。"

——客户

打造互联网惠民金融

吉林银行推出的手机银行,是借助手机APP软件向客户提供金融服务的业务处理系统,服务内容涵盖账户信息查询,可以缴纳电费、水费、燃气费、有线电视费、电话费等多种生活费用,解决了人们的"缴费"难题。无卡预约取款业务更是该行手机银行的亮点,在手机银行软件完成预约后,客户可以在自助柜员机具上实现无卡取现。该行新版手机银行现在正在开发建设中,新版手机银行的设计吸取了大量客户的意见,在老版手机银行的基础上对版面和功能进行了重新分类,功能划分更加清晰,版面操作上也更加人性化,更适于客户的操作,也将采取更高的安全措施。

"随着吉林银行的手机银行普遍推广,人们的认知度增强,再加上开通服务的手续方便、业务操作简单、办理快捷,客户无须再去网点排队办理业务,节省了时间,越来越受到客户的欢迎。"

——客户

金融更惠民　生活更便利

吉林银行自助设备装机总量已超过1 000台,共开通运行自助银行292家,其中在行式自助银行278家,离行式自助银行14家。自助银行内主要布放的自助机具包括ATM(取款机)、CRS(存取款一体机)。吉林银行自助机具在传统存款、取款、转账等业务功能基础上,

先后开发了手机银行预约取款、无卡存款等业务功能。操作界面会提示客户的操作流程，提示客户注意遮挡操作按键，保障客户的个人隐私和金融信息。吉林银行通过自助设备的布放扩大业务能力，有力地缓解了交易高峰期的客户排队问题，提高了银行的服务效率。

> "吉林银行自助设备从布设位置上分为在行式与离行式，离行式主要布放在酒店、商场、饭店、超市、机场、学校、企业事业、24 小时便利店等，有效地满足了不同客户的金融需求。"
>
> ——客户

电话银行构建便民服务平台

吉林银行电话银行 2014 年 9 月开始升级改造，2016 年 2 月 1 日系统升级完毕正式上线。系统升级后，客户签约后可在电话银行自助语音缴费。签约时，由客户指定三个缴费号码，缴费时使用指定号码拨打电话银行进行缴费，从而提高电话银行缴费的安全性。

2016 年，吉林银行客服中心大屏幕增加了《话务动态分析表》，可以实时查看电话银行话务运行状态及各项指标完成情况，有效提高了坐席人员的工作效率。

桂林银行

推出"一链一策"供应链金融服务方案 助力实体经济发展

2015 年下半年，桂林银行推出供应链金融试点，通过对信息流、物流、资金流的有效整合，为核心企业及其上下游企业提供包括融资、理财、结算在内的综合回报高、融资成本低的一揽子金融服务方案。一年多来，桂林银行围绕供应链金融，大力支持广西百强企业、民营 50 强企业、当地纳税大户及其链属企业的发展，针对不同行业、企业推出"一链一策"供应链金融服务方案，打造专业团队，提高业务办理效率，与 20 多家知名企业开展了业务合作。2016 年，桂林银行供应链各项业务累计发生额达 219.53 亿元。

助力基础设施建设和新型城镇化建设

"保护漓江，发展临桂，再造一个新桂林"是广西壮族自治区党委和自治区人民政府遵循科学发展观提出的新理念。桂林银行响应政府号召，2016 年，该行为桂林君胜投资有限公司发放贷款 5 亿元，用于临桂新区防洪排涝及湖塘水系工程，助力将新区打造成第二个"两江四湖"。

贺州市作为世界长寿市，旅游资源丰富，吸引着大批游客。而光明大道（站前大道至八达路段）作为连接火车站的主干道和入贺窗口，道路狭窄拥堵、绿化率低，急需改扩建。桂林银行贺州支行紧密围绕市政府关于"加快构建'快旅慢游'服务体系"的号召，率先给予建设该项目的贺州市正宏投资有限公司 1.69 亿元授信支持，使该项目能够顺利开工建设，为即将开放的园博园等新项目做好准备。

持续开展保护母亲河活动

从 2007 年起，桂林银行与共青团桂林市委员会、桂林日报社共同发起桂林市共青团青少年"保护母亲河——漓江"环保基金，以"客户持桂林银行漓江卡在 POS 机每刷卡消费一次，桂林银行从手续费中捐款 0.1 元"及每年向该基金捐助一定数额款项的形式持续向该基金进行捐资。2016 年，桂林银行向该基金捐款 40 万元，累计捐款近 300 万元。自保护漓江母亲河活动开展以来，桂林银行每年组织漓江环保徒步、鱼苗放生等活动。截至 2016 年底，共计在漓江放生鱼苗 260 余万尾。

布放穿墙式零钞存取款机

2016 年 10 月，桂林银行在该行王府花园社区支行布放了第一台行业首创的新型现金自助存取设备——穿墙式零钞存取款机，可为客户提供 24 小时零钞存取和兑换服务。该设备除可提供 100 元面额现金自助存取、查询、转账、电子现金圈存、圈提等常规功能之外，还特别提供 1 元、5 元、10 元、20 元、50 元等多种面额钞票存取和零钞兑换功能，为公交乘客、零售消费等流动性较强、零钞需求量大的客户提供便捷的自助金融服务。截至 2016 年底，桂林银行已布放穿墙式零钞存取款机 15 台。

"以前存取零钱都要到银行柜台排队办理，自从有了零钞存取款机就方便多了，节约了不少时间。"

——个体工商户吕女士

桂林银行因地制宜　特色扶贫实现多方共赢

桂林市全州县东山瑶族乡白竹村属于国家级二类贫困村，地处山区，境内群山起伏，地势险峻，交通极为不便，生产条件非常恶劣。桂林银行根据当地农产品优质，但农户抵押物少、资金短缺的状况，通过与优质商户达成合作协议，在当地推出"银行＋商户＋农户＋合作社"的特色扶贫合作模式，搭建帮扶合作桥梁，形成一条农产品生产、销售、消费闭环微型供应链，使扶贫工作实现由"输血式"扶贫向"造血式"扶贫的转变。2016年，桂林银行先后在该模式下投放了351万元贷款资金，用于农户灵芝、东山香芋以及东山茶园土鸡等农产品的种养殖，有效地带动了当地贫困户脱贫摘帽。

邯郸银行

打造"办事快、客户乐、我快乐"的 "快·乐银行"文化

邯郸银行积极打造"办事快、客户乐、我快乐"的"快·乐银行"文化，努力做到"存款不排队、贷款限时办"。

存款不排队。通过更新设备、优化系统、"免点入账"、开满窗口、增加柜员、延时服务、加强培训、劳动竞赛、增加授权、关心员工生活等12项措施，创建"不排队银行"，2016年高峰时段客户平均等候时间降为5.5分钟。

贷款限时办。为提高贷款效率，创新推出"续贷""两年贷"和"次日贷"3项信贷便利措施。

2016年，累计办理"续贷"369笔、41.7亿元，占全部对公流动资金贷款的14.1%；"两年贷"108笔、35.8亿元，占全部对公流动资金贷款的12.1%；"次日贷"799笔、106.7亿元，占全部对公流动资金贷款的36.1%。

推进普惠金融建设　让群众享受现代金融便利

创建便利银行	创新推出"续贷"（免还本）、"两年贷"（2～3年期流动资金贷款）和"次日贷"（还款后次日再贷出账）3项信贷便利措施，提高贷款效率。2016年累计办理"续贷""两年贷""次日贷"184亿元，占全部对公流动资金贷款的62%
创建"不排队银行"	通过12项措施提高存款效率，全年高峰时段客户平均等候时间由2015年的6.5分钟降为5.5分钟
安全运行"夜市银行"	在邯郸、石家庄开办夜市银行，为忙人、急人、夜市人提供夜间服务。总行营业部夜间银行全年夜间业务量4万多笔，收入现金10亿元，分别相当于白班的37%和76%
创建免费银行	大力实施"邯银卡免费刷"等四大免费政策，全年共减免费用3 465万元，相当于同期利润总额的2.1%
打造"优服银行"	开展服务提升深化活动，全年百万笔业务量内部投诉由2015年的1.4次降为0.9次，行外保持零投诉
创建"公益银行"	在我市"7·19"特大洪水灾害发生后，向灾区捐款捐物300多万元。为我市教育系统发放贷款7.8亿元，捐资助教30万元。被授予"抗洪抢险救灾先进集体""邯郸市捐资助教先进单位"

"夜市银行"社会效益显著

邯郸银行积极探索延时服务的新途径，在邯郸开办了河北省首家、在石家庄分行开办了河北省第二家提供夜间人工服务的夜市银行。夜市银行坚持"夙夜在公、日夜守望"理念，重点满足"三种人"（忙人、急人、夜市人）的特殊金融服务需求，得到了社会各界的广泛认可。邯郸夜市银行服务安全运行5年来，在为广大客户提供便利服务的同时，收到良好的经济效益和社会效益。2016年总行营业部银行夜间业务量4万多笔，收入现金10亿元，分别相当于白班的37%和76%。

夜市银行案例入选《变革与发展——城市商业银行20年发展报告》，为河北城市商业银行唯一入选案例；中国银行业协会专职副会长潘光伟在"2016金融时报年会"上演讲推介邯郸银行创新开办"人工服务夜市银行"这一普惠金融实践案例，并给予高度评价。

创建"公益银行"支持公益事业

积极履行社会责任，2016年累计开展公益项目26项，总投入3 500多万元，占利润总额的2.1%，受益人数达35万人。设立3 000万元公益基金，目前已用于捐赠市民公共自行车3 000辆和存取点10处、市民卡100万张、新能源公交车4辆、新农村建设7个村和青年创业、职工创新、爱警夜餐、文化事业等公益活动。投资1 800万元建设冀南银行纪念馆，进一步丰富了红色金融教育基地。邯郸市"7·19"特大洪水灾害发生后，精准救援，向灾区捐款捐物300多万元。多渠道争取建设资金1 000余万元，帮助定点扶贫村申营村提前一年脱贫，被列入省级美丽乡村标准打造村。开展"绿美邯郸，保护环境""文明交通伴我同行"等志愿者服务活动，2016年志愿者活动时长累计5 600多小时。2016年被授予"河北省志愿服务先进工作单位""'市民车'项目建设先进单位""抗洪抢险救灾先进集体""捐资助教先进单位"。

创建"人本银行"关心员工成长

邯郸银行坚持"五湖四海聚一行，情同手足爱无疆"团队建设理念，努力构建银行与员工水乳交融、休戚与共的和谐关系。2005年以来连续被河北省劳动和社会保障厅、河北省总工会和河北省企业家协会联合授予河北省"AAA级"劳动关系和谐企业。

一是关心员工学习进步。举办了"怎样当好支行长"研讨班、邯郸银行金融学院在职研究生班、高管研修班等一系列培训活动；邯郸银行职工图书室被授予中华全国总工会"职工书屋"示范点称号；2016年12月省人社厅、省博士后管委会批准邯郸银行设立"博士后创新实践基地"。

二是关心员工职业发展。制定了员工成长计划，在员工提职、重用方面坚持尊民意、重实绩，明确大学生入职5年、研究生入职4年可参加中层干部选拔，特别优秀的破格提拔。

三是关心员工生活。建立了设施完善的职工之家和员工食堂、宿舍、洗衣房、理发室等后勤保障设施，通过工间操、茶歇等措施，营造温馨舒适的工作环境。

四是关心职工健康。每年为员工进行全面体检，将"三高"人数列入行工会有限责任目标考核，积极组织员工锻炼，关注员工身体健康。

青岛银行

云缴费平台

青岛银行自建缴费平台，收费单位无需开发、自由接入，实现多渠道自助缴费。

青岛银行开发标准化的收费平台，向收费单位和缴费个人/单位开放权限，由收费单位上传收费信息、缴费个人/单位通过银行提供的线上渠道进行自助缴费。该平台改变以往与收费单位系统对接的模式，通过为收费单位提供标准化收费系统，导入模板化收费信息，为合作单位分配出专属的收费模块，丰富银企合作内容。该平台免费提供系统供企业使用，并且由银行承担上线后运行维护，通过此模式进一步提升银行服务能力。

该项目自推出以来共签约收费商户26家，实现代收费1 687笔，金额176.47万元，已为多家物业公司、学校等提供了收费服务，使个人客户也能够足不出户、随时随地缴费。

该项目的开展有助于银行深入切入企业需求，打造新型的银企关系，同时为青岛银行实施的"接口银行"战略提供了有力支持，更为普惠金融的建设发展再添有力一笔。

海融财富理财

青岛银行"海融财富"理财产品涵盖多款子品牌，拥有丰富的产品线。根据产品特性，包含"安赢"系列（保本保收益型）、"稳赢"系列（保本型）、"创赢"系列（非保本浮动收益）、"尊享"系列（财富客户）、"钱潮"系列理财（高收益产品），拥有购买便利、收益率高、风险可控、期期实现预期收益率的特点，已经成为广大客户关注的焦点，每期发售都能引来客户追捧，赢得了广大客户及业界的认可。

2013—2016年，青岛银行连续4年进入普益财富银行理财全国区域性银行收益能力前十位，展现了日益强大的理财研发能力和投资运作能力。2016年青岛银行在全国所有国有银行、股份制银行、城市商业银行等银行业金融机构评选中脱颖而出，荣获 2015 年度"金牛理财银行奖"（综合奖），成为 11 家获奖银行之一；海融财富稳赢系列理财荣获 2015 年度"金牛银行理财产品奖"，成为全国仅有的 2 家获奖银行之一。青岛银行综合理财能力得到了权威机构、市场和客户的广泛认可。

与精准扶贫紧密结合 牵头主承销中国首单社会效应债券

2016 年 12 月 23 日，我国首单社会效应债券通过中国银行间市场交易商协会注册，并在银行间债券市场成功发行。此单社会效应债券发行主体为沂南县城乡建设发展有限公司，发行规模为 5 亿元，募集资金全部用于山东省沂南县的扶贫项目，由青岛银行担任牵头主承销商，中国农业银行担任联席主承销商，是我国将社会效应债券与精准扶贫紧密结合的成功案例，开创了我国社会效应债券的新纪元。

社 会 效 应 债 券（Social Impact Bonds，简称SIBs），作为一种公共服务或社会事务领域基于绩效标准付费的跨部门公私合作融资机制，2010 年起源于英国剑桥郡，目前在全球已有 40 余单完成发行。发行以来，社会效应债券凭借减轻政府财政支出压力、有效平衡各方利益、以较低成本推动社会总体福利及带动社会服务组织发展等优势，受到各国的普遍欢迎。

创新推出"链 E 贷"供应链金融产品

2016 年青岛银行创新推出针对核心企业供应商的一款供应链金融产品"链 E 贷"。"链 E 贷"产品是青岛银行围绕核心企业，依托核心企业提供的大数据信息，向符合条件的核心企业经销商、法定代表人或实际控制人发放的用于购买核心企业货物的信用贷款。该产品区别于传统供应链金融业务，其主要有以下创新点：创新建立线上供应链模式，银行与核心企业 ERP 系统实现无缝对接，实时了解经销商进销存数据，通过对大数据分析筛选符合条件的客户，解决了银行与客户信息不对称的问题；线上放款还款、手续简便快捷；经销商通过核心企业内部销售系统或者青岛银行网上银行进行网上放款、还款，手续简便快捷、使用方便；贷款随借随还、费率低；贷款按日计息，不用款、不计息，降低客户成本，实现银行、核心企业、经销商三方共赢。

青岛银行凭借该产品在 2016 年第八届金融科技与支付创新年度盛会上荣获银行业供应链金融卓越贡献奖。

"采购贷"为小微企业拓宽服务渠道

青岛银行积极拓宽服务渠道，主动从融资提供者向融资组织者进行转变，与市财政局、经信委、小企业中心、公共资源交易中心等政府部门对接，了解公共资源交易中心的政府采购系统和财政局的政府采购支付系统，实现政府采购贷网上作业模式。

某家具公司企业，主营业务为办公家具的生产和销售。该公司 2014 年初成功中标青岛市教育局的办公家具采购，中标金额 300 万元，企业多次参与青岛市政府采购招标并中标，与青岛市政府采购有良好的履约记录。企业成功中标后，由于经营规模扩大，导致没有足够资金进行采购和组织生产，企业迫切需要外部资金支持。2015年至 2016 年底，青岛银行已发放 10 笔贷款，累计金额4 480 万元。

天津金城银行

深入推进合规文化建设 积极营造良好合规氛围

天津金城银行自开业伊始，始终坚持合规文化的引领作用，以文化建设为主线，不断培养全员良好的职业操守和优秀的合规文化。一是积极落实"三项措施"，即"一块宣传阵地、一份合规承诺书、一堂合规文化课"；二是制定"三个办法"，出台包含"员工行为守则""员工行为禁止规定""员工违规行为处理办法"三位一体的《员工行为规范手册》；三是在行内醒目位置开辟"员工行为管理专项宣传廊"，树立全行员工的合规意识；四是开展"培育全员合规意识、加强政策法规学习"的活动等。

深入开展廉政普法警示教育

2016 年 11 月，为进一步防范操作风险和道德风险，牢固树立员工遵纪守法的合规意识，天津金城银行组织员工赴天津市滨海监狱开展廉政普法警示教育，通过参观服刑人员生产作业，听取金融从业人员因触犯法律而身陷囹圄的真实案例，使该行员工吸取教育、引以为戒，切实树立廉洁意识和合规理念，从自身做起，杜绝违法违规行为。通过持续推进该行合规文化建设，始终坚持合规文化的引领作用，提高全员对合规文化的认同感，进而将合规文化的各项要求内化为员工的自觉行动，实现了业务发展与合规文化建设的良性互动，积极营造有利于该行持久发展的合规氛围。

积极开展普惠金融业务

天津金城银行从 2016 年开始与深圳前海微众银行股份有限公司开展个人微联合贷款业务合作（以下简称微粒贷），研发了微粒贷业务管理系统，并于 2016 年 3 月正式开展业务，实现了管理不断完善，业绩稳步发展，风险可控。在贷款管理方面，天津金城银行制订了业务管理指引和操作规程，建立了日报、周报、月报等业务跟踪制度，完成了客户标准制定、监管报送、风险分布跟踪、迁移率计算、客户分布统计、黑名单筛选、内外部审计等贷款管理工作，

密切跟踪业务发展情况和掌握风险情况。截至 2016 年底，该行微粒贷合作产品贷款余额 3.90 亿元，累计放款 9.90 亿元，累计借款客户 3.60 万户，为普惠金融业务的开展作出了积极努力的探索。

践行绿色理念 投身环境建设

中兴新能源汽车有限责任公司是中兴为了发展无线充电业务专门成立的独立子公司，拥有目前世界最高水平的大功率无线输电技术产业化解决方案与产品服务。在当地政府的支持和指导下，中兴新能源汽车通过成立充电运营服务合资公司，建设以无线充电为主的城市综合充电网络。

2016 年 3 月，天津金城银行与中兴新能源汽车有限责任公司签署战略合作协议，主要合作内容包括：（1）融资及授信服务：提供综合金融服务方案以支持在京津冀地区推广其新能源汽车，建设充电基础设施。（2）供应链金融方案支持：提供新能源汽车及充电基础设施建设融资方案。（3）充电管理系统支付结算管理：推荐创新并具有市场竞争力的充电管理系统支付结算方案。（4）存款、结算、现金管理：开立存款结算账户；提供结算渠道，实现资金归集高效管理；提供应收款项管理服务，提供代发工资等服务。（5）其他创新业务：包括但不限于投资银行、并购业务等。天津金城银行通过支持新能源环保产业，投身环境建设、民生服务，积极履行了社会责任。

量身打造专属服务 努力提升客户服务能力

天津金城银行选择稳定安全的汽车金融渠道作为该行零售汽车金融客户的来源提供方，为该行提供客户来源，实现互联网金融操作并提供网点人员支持，同时在审批环节可以为该行提供交叉验证的依据。该行在获取客户基本信息后，依据该行的审批政策，采取背靠背审批方式，在审批、面签、放款、贷后管理等重要环节中，对合作渠道进行多方面监控，保证该行资产安全。"合作贷款"业务模式借助互联网金融和平台金融的优势，通过全流程监控，在保证天津金城银行资产安全的前提下，积累零售客户基群，迅速切入汽车消费金融细分市场。

贵州银行

创新"微保贷"助推小微企业发展

为缓解小微企业抵押难、担保难、贷款难的实际问题，贵州银行安顺分行建立银行业金融机构、国有融资性担保公司和小微企业互动发展机制，通过风险代偿补偿金，5～10倍撬动信贷资金，把更多的金融"活水"引向小微企业和"三农"发展。2016年11月1日，贵州银行安顺分行、安顺市扶贫办、安顺融资担保有限公司共同签署了安顺市小微企业银政通（微保贷）三方合作协议。

银政通（微保贷）是指小微企业担保贷款，由政府引导，该分行与安顺融资担保机构合作，市政府主管部门出资1 000万元设立安顺市小微企业融资风险代偿补偿金，该分行以风险代偿补偿金为基数，按最低放大5倍最高10倍为小微企业提供300万元及以下（期限一年以内）信贷支持，同时，引入融资性担保机构提供担保。

"微保贷"已成为贵州银行安顺分行主动服务脱贫攻坚的一项创新融资业务。目前，该分行已组建专门服务团队，建立了规范的运作模式。合作协议签订后，各县支行将加强与县区政府主管部门、政府融资担保机构合作，推动"微保贷"融资业务在县区落地开花。

"贷"动脱贫攻坚

贵州银行迅速将扶贫工作落实到行动上。为此，该行迅速出台《贵州银行"十三五"金融扶贫规划》《贵州银行党委关于精准发力支持脱贫攻坚的实施意见》等指导性扶贫行动纲领，确立了2016—2020年精准扶贫的"三大目标"和"五个定位"。"三大目标"：一是扶贫贷款增速不低于全行各项贷款增速，确保扶贫贷款占全行贷款的比重持续增加；二是确保2016年10月底之前实现全省县域支行全覆盖；三是力争为全省每个市（州）平均建立1～2只扶贫产业发展基金，平均每个县域支持重点建设项目2亿元以上，扶持3个以上优势扶贫龙头企业，帮助50户小微企业的发展。

"五个定位"：一是大力支持基础设施建设扶贫，重点支持贫困地区公路、通讯等项目建设。二是大力支持文化教育、医疗卫生等民生事业发展。三是积极支持产业扶贫，围绕贵州山地开展高效农业、旅游业等。四是抓好黔东南州丹寨县的对口帮扶工作，积极支持全省20个极贫乡镇加快脱贫步伐。五是以捐资结对帮扶、信息服务等各种有效形式解决贫困人口的实际困难。

打通金融服务"最后一公里"

10月26日，贵州银行在全省设立的最后一家县域支行罗甸支行顺利开业，圆满完成省委、省政府下达的"在今年10月底前完成全省县域机构全覆盖"任务。

能够在短短200多天时间里实现县域机构全覆盖，离不开该行各级各部门紧密配合，全行上下共同克服了一个又一个难题，形成了一条机构建设的专用通道，用效率和时间赛跑，抢时抢工，顺利打通金融服务"最后一公里"。

截至2016年11月底，贵州银行在全省71个贫困县域的融资余额达到659亿元，其中扶贫贷款近100亿元。计划为县域旅游项目融资30.87亿元，实现投放8.13亿元；在县域投放"新普十五"教育贷款56亿元；计划为全省49个县乡镇卫生院融资36亿元，实现投放14.29亿元；审批通过县域扶贫基金11只，已投放12亿元；计划向全省20个极贫乡镇投放扶贫贷款20亿元。

金融知识进万家

2016年9月10日，由贵州银行承办的"金融知识进万家"进校园公益宣传活动在贵安大学城贵州师范大学举行，省内20家银行业金融机构参加活动。近段时间，"校园贷"，网络、电信诈骗犯罪日益猖獗，大学生群体由于接触社会时间短、获取金融知识渠道较少，一直是金融诈骗犯罪的目标群体。在贵州师范大学活动现场，贵州银行与众多金融机构就针对2016年以来违法违规互联网活动等频发问题，宣传互联网金融、保护个人信息安全等金融知识，旨在通过"金融知识进万家"进校园活动契机，引导社会公众提升保障自身资金财产安全的意识，使用正规金融服务。

一直以来，贵州银行高度重视金融知识宣传，强化广大群众风险防范和信息安全意识，多次组织开展有针对性的金融知识普及活动，走进社区、医院、各类场所，利用现场咨询等方式,详细讲解金融产品的正确使用方法及注意事项,引导广大群体识别金融诈骗,防范非法集资,珍爱信用记录,零距离解答客户疑问,提升群众保障自身资金财产安全的意识能力。

真帮实扶助贫困户"解困脱贫"

安顺市顶云木厂村田冲组是一个县级贫困村寨,地理位置偏僻,土地脊薄,基础设备落后,一条乡村公路从村寨顶端的半山腰通过,贫困户大多数物质基础和生产能力较弱。贵州银行安顺分行按照关岭自治县"科级干部结对帮扶 5 户贫困户"精准扶贫工作要求,从顶云木厂村田冲组"建档立卡"贫困户中选取 10 户贫困农户作为包户结对帮扶对象,深入分析致贫原因,为帮扶对象办实事、办好事,在该行和贫困户之间搭起了真情帮扶的"桥梁"。

贵州银行安顺分行了解到 10 户建档立卡困难户,贫困人口数量 53 人,有劳动力家庭的男丁共有 7 户,辍学在家务农的孤儿有 3 人,有养殖意愿而无养殖支持的有 6 户,大多有脱贫内生动力,无脱贫发展方向。经过研究,该分行制订了既"输血"解困,又"造血"脱贫的对口帮扶方案。发动分行员工人人出力,为贫困户开展爱心捐款活动,该分行配置一定金额专项扶贫资金,购买 9 头优质种猪赠送每户贫困家庭领养。在该分行带动下,6 家贫困户自筹资金扩大养殖规模,促进脱贫增收。该分行表示,对今后符合授信条件的贫困户创业养殖项目,发挥信贷优势,发放小额担保贷款,实施精准扶贫。

绍兴银行

24 秒一笔的神速

绍兴银行采取远程集中授权,建立了前后台分离、后台集中的作业模式,减少了客户等待时间,提高了客户服务水平。截至 2016 年底,绍兴银行已将密码挂失等 113 个交易权限上传到远程集中授权中心,占到整个柜面授权业务的 73% 左右。

"以前去银行柜台办理业务,通常柜员处理得差不多

了,会呼叫一位柜台授权主管。这位主管帮助柜员审核相关信息,再进行授权后,才能办理完这个业务,整笔业务要办好,3 ~ 5 分钟算快的。如今,我办笔业务只需要平均 24 秒就能完成。真是提高了办事效率。"

——客户王女士

匠心独具开展金融知识宣传

绍兴银行发挥地方性银行的特色,通过"走进商圈、走进企业、走进农村、走进社区、走进学校"等方式,以"惠民、便民、利民"为核心,将金融知识普及工作渗透到日常经营工作中,围绕群众最关心的话题常年开展"3·15"消费者权益保护、普及金融知识万里行、金融知识普及月和金融知识进万家专项活动,让客户获得良好服务体验,切实推进了社会公众与金融的良性互动,增强了银行业消费者权益保护意识。

客户徐先生家中遭遇火灾,手中有九百元左右的火烧币,他前来该行要求兑换,了解烧毁的具体程度后,绍兴银行抽调专业人员进行残损币的具体兑换操作,最终按照人民银行相关兑换标准,为徐先生兑换了 895.9 元火烧币。

广西北部湾银行

打造特色国际业务产品
服务"一带一路"建设

广西北部湾银行顺应"互联网+"时代的潮流,与时俱进加强与客户、越南同业银行的沟通,创新国际业务产品,打造建设"跨境电子结算平台"。该平台定位为边民互市口岸量身定制业务模式,打破传统边贸结算方式,以跨境电子结算平台为基础,实现边民互市的自动实时结算,提高边境贸易结算效率,促进中越贸易往来。据统计,2016 年该行面向东盟国际的外汇交易量为 7.28 亿美元,同比增长 145.95%,跨境人民币业务量为 32.97 亿元人民币。

积极"引金入桂" 服务供给侧改革

广西北部湾银行深化"金融大同业"战略,发起主办

全国金融同业合作交流峰会，邀请国内外 100 余家金融机构参会，研讨支持广西沿边金改和"一带一路"建设策略，借力先进金融同业的市场和资源优势，挖掘扶持区内的优秀企业和优质项目，共与 20 多家金融同业达成合作意向，两年内可"引钱入桂"300 亿元以上。为开辟融资新渠道，该行在广西城市商业银行中获得"非金融企业债务融资工具承销商（银行类）资格"。通过在全国银行间市场发行同业存单等方式，2016 年，累计在区外引入各类资金 94.6 亿元支持广西经济发展。

助力广西成为首个开通地铁的少数民族地区

南宁轨道交通建设是南宁市加快建设面向东盟开放合作的国际大通道、西南中南地区开放发展的战略支点、"一带一路"有机衔接的重要门户以及区域性国际综合交通枢纽城市的一项重要工程。广西北部湾银行以参加银团贷款的形式，分别对南宁轨道交通 1 号线和 2 号线给予 1 亿元、3 亿元的贷款支持，联手国家开发银行广西分行等金融同业，助力广西成为首个开通地铁的少数民族自治区，共同为邕城人民创造美好生活体验。同时，该行不断刷新贴心式金融服务体验，与南宁轨道交通集团联手精心打造北部湾银行号列车。乘坐北部湾银行号地铁的乘客，可以了解到广西北部湾银行包括最新理财信息在内的各类产品，同时可以通过扫描下载 APP 来获取最新的活动内容。

"在南宁地铁首发日，当我踏上北部湾银行专列的时候，南宁人的自豪感涌上心头，心情激动极了，一时难以平复。"

——广西北部湾银行员工聂某

支持糖企改造升级　助力广西特色产业发展

广西是我国最大的糖业生产基地，食糖产量占全国总产量的 60% 以上。广西北部湾银行精准发力糖企业技术改造升级，着力提升集约化水平，支持广西传统特色产业、支柱产业实现可持续化发展。2016 年，该行对南宁某糖业公司追加了 1.2 亿元的授信额度，支持其完成超过 5 万亩的"双高基地"、10 万亩的合作蔗区开发建设。目前，该企业在该行的授信及用信金额达 4 亿元。同时，该行还聚焦农村薄弱环节，推动"双高"政策实施落地，向广西崇左市湘桂糖业有限公司发放 3 000 万元贷款，用于鼓励"糖都"崇左蔗农种植产量高、含糖量高的"双高"产品，推动产业优化升级，提高蔗农收入。

济宁银行

"微贷宝"助力草根阶层谋发展

客户李某，30 岁，济宁市任城区长沟镇人，2008 年开始从岳父母手里接过已经营十几年的玩具店，经营玩具批发零售，其中 80% 的业务为批发，20% 为零售，店面位于草桥口市场，夫妻共同经营，生意一直比较稳定。自 2010 年开始该客户一直在济宁银行贷款，还款记录良好。贷款金额从最初的 10 万元增长到了 50 万元，用于代理新的玩具品牌和进货。在该行的支持下，客户的店面扩大了，存货也增加了几倍，与此同时客户不断开拓市场，从最初的市区到现在的县城乡镇，都有客户的二级代理商。玩具品种的不断增加及市场的扩大也让客户的营业额及利润节节提升，成为较大的玩具批发商。

方便、快捷、高效的"微贷宝"

济宁银行小微客户刘老板在市区经营一家小餐桌，3 月正值开学季，也是小餐桌上半年的旺季，在旺季到来之前，要进行设备和设施装修更新，生意流动资金不足，2017 年 3 月 23 日从该行申请小额贷款金额 5 万元，期限 12 个月。该行小微客户经理从受理申请到客户成功提款用时 1 个星期，5 个工作日。客户资金到位及时，贷款金额全部用于装修小餐桌，更新了孩子的桌椅床铺和餐具，重新更换了壁纸等。经营环境的改善吸引了更多的孩子家长报名小餐桌，装修前有固定人数 16 人，现在有报名人数 23 人，实际接待 20 人，因空间有限客户有意将隔壁店面盘下来用来接纳更多的孩子，硬件条件上去了，托管费也上涨了，客户收入更高。

浙江稠州商业银行

"1+N" 产业链授信模式

浙江某机械设备有限公司是一家专营工业五金设备的企业。在注意到零售电子商务产业的迅速发展后，该企业主动开设了"实达实网上商城"，但货款回笼始终是企业面临的一大难题。

浙江稠州商业银行深入调研考察该企业的经营情况和融资需求，为其量身订制了"1+N"产业链授信模式和"互联网 + 银行"营销模式，即以该企业为核心，为其供应链整体授信 5 000 万元——以企业信誉和资产实力为下游客户担保，帮助下游互联网平台客户取得该行的授信额度，而客户采购到的设备又抵押给该企业，一旦出现风险，可以收回设备并为客户偿还贷款。

该行与该企业供应链下游客户授信用途已从单纯的设备采购扩展到一般生产耗材、物料采购等，已有全国各地供应商 500 多家，月交易额突破 2 000 万元。合作以来，该行发起的贷款达 360 多笔，累计申请贷款总额 8 500 多万元。同时，"生产资料互联网销售平台"已被列为浙江省首批电子商务创新试点项目。

创新融资方式

2016 年 5 月，浙江稠州商业银行再次以"东钱湖"商标专用权为质押签订了 5 亿元的贷款合作，这项合作成为浙江省内单笔金额最大的商标质押贷款项目。

近年来，浙江稠州商业银行在贷款申请流程、审批、放款、利率优惠政策等多方面给予小微企业便利，同时，通过创新担保标的物、创新融资方式，以商标质押融资作为支持小微企业成长发展的实际行动，鼓励轻资产或缺乏不动产担保品但拥有优势品牌商标、前景良好的优质小微

企业通过商标质押获得融资贷款，有效帮助小微企业解决融资难问题。下一步，该行将进一步深化改革创新，支持大众创业、万众创新，针对小微企业融资普遍存在的抵押物不足、担保难落实等问题，不断创新担保方式，将抵押品范围扩大至商位使用权、专利权、商标权、存货、应收账款、保本理财等，提升小微企业金融服务水平。

微联合贷款

浙江稠州商业银行主动拥抱互联网，探索线上平台获客模式，开展业务创新和渠道创新，积极对接深圳前海微众银行，通过联合授信的模式对线上客户进行贷款发放。微联合贷款的顺利投产使该行成为浙江省内首家与互联网银行开展此项创新业务合作的金融机构，这也标志着该行向互联网金融迈出了里程碑意义的一步。

微联合贷款主要依托互联网生态，以微信流量数据为基础，发挥腾讯客户资源和数据资源优势，有效运用大数据风控技术进行产品创新。该产品具有申请方便、纯信用、纯线上操作、随借随还、提款快捷、提前还款零违约金等优点，额度 500 元 ~ 30 万元，等额本金还款，单笔贷款最长 20 期。该产品采取白名单准入主动授信模式，线上获客，无纸化操作，在线客户经营，首次借款可在 5 分钟内完成，第二次借款最快 60 秒到账，7×24 小时无间断提款服务支持，十分高效和便捷，全线上化、便捷化流程获得客户的一致青睐。截至 2016 年底，该行"微联合贷款"余额超过 10 亿元。

金华银行

"科技贷"让科技型小微企业插上成功的翅膀

金华银行积极响应政府"大众创业，万众创新"号召，积极开展金融科技创新，于 2015 年设立了全市首家科技支行，进一步提高服务科技型企业的能力和水平，大力支持地方经济转型升级，为全市科技型小微企业营造了良好的融资环境，有力推动了当地科技型中小企业的孵化和成长。截至 2016 年底，该行累计发放科技型中小企业贷款 13.41 亿元，其中"科技贷" 3 370 万元。

"我们和传统企业不同，在科研方面需要投入大量的资金，金华银行的'科技贷'为我们提供了很大帮助，200万元无担保的低息贷款，及时帮助我们加大研发投入，添置更多先进设备，为公司发展送来了及时雨。"

——浙江阳帆节能开发有限公司负责人李某

"科技贷"是科技局、金华银行及保险公司专为该市科技型小微企业推出的信贷产品，主要针对经科技局认定的科技型中小微企业，以政府设立的科技型企业风险基金池作为担保，贷款企业无须寻找担保单位，还能享受政府贴息优惠。

"电商融"普惠电商显成效

近年来，网络购物日渐成为人们日常生活的一部分，电子商务的活跃在冲击实体店铺的同时，也为实体经济打开了新的销售渠道。电商经济的活跃在带动相关物流等行业的同时，也有效带动了创业和就业，但创业者不可避免地遇到了融资难题，电商的轻资产注定其难以从传统银行获得融资，而其他融资渠道的融资成本往往在18%～20%以上，融资难和融资贵成为电商创业者的一块"心病"。

2016年5月，金华银行首款"O2O"的电商金融产品——"电商融"业务正式上线了。经过历时5个多月的市场调研、系统开发测试，该产品实现了线上申请、线下审批放款，通过大数据平台获取、分析电商经营信息，为广大电商从业者提供免担保贷款，且融资成本大大低于网贷等渠道，有效支持了电商从业者创业发展。截至2016年底，共为120余家电商客户，发放贷款5 313万元。

参与市民卡工程推进智慧城市建设

市民卡工程是金华市2016年十大民生实事之一，也是智慧城市建设的重要基础工程。金华银行作为市民卡工程的先行合作单位，于2016年11月18日正式发卡。市民卡集社会保障、公共服务、小额支付、金融借记等功能于一体，可以为广大市民提供社保、医保、公积金、图书馆、水电缴费、公交、公共自行车、购物、景点门票等领域的惠民服务。此外，还可以在全国77个城市实现互联互通，让市民真正享受到"一卡在手，方便无忧"的现代智慧生活。金华银行在36个服务网点，都配有市民卡自助服务终端，并专设了市民卡服务窗口。同时，对手机银行、网上银行、电话银行、微信银行等进行了全面改造升级，让市民用卡更简单、便捷。市民卡具备金华银行借记卡的全部功能，可享受一系列普惠金融服务，如存款、贷款、代发工资、生活缴费、金融闪付等。此外，还开发了手续简便、收益可观的市民卡专属理财产品。在服务费用上也有很多优惠，包括短信提醒、小额账户管理、网银和手机银行转账等都不收取手续费。截至2016年底，累计发卡30余万张。

创新信贷产品　促推科技成果转化

金华银行于2015年1月成立，专门为科技型企业提供全流程、全方位、全覆盖的金融服务。致力于打造服务科技型企业的全市第一家专营支行——科技支行。该行自成立以来，为全市科技型小微企业发放"科技贷"数亿元，有效解决了科技型融资难、担保难、融资贵的发展瓶颈。某公司是获得"科技贷"支持的高科技企业之一，该行为公司加大研发投入，促进成果转化开通绿色通道，200万元贷款很快发放到位。

"和很多传统企业不同，我们虽然有团队和技术，但没土地、厂房，缺少可抵押物，在融资方面面临困难，该行的'科技贷'无抵押、无担保、低利率且放贷及时，有了这200万元资金，我们就可以加大研发投入，添置更多先进设备。"

——某公司负责人陈先生

沧州银行

定点扶贫为村民带去希望

沧州银行积极响应当地政府号召，组建沧州银行海兴支行驻村工作队，组织、协调、实施、督办本单位驻村扶贫各项工作。

该行工作队积极为墩布、门窗作坊联系销售渠道、扩大其生产规模。针对魏桥村养猪、养鸡等养殖户较多的情况，组织大家学习养殖技术，增加养殖产业。积极联系县里相关光伏企业，使 79 户 212 名贫困村民全部入股光伏发电扶贫项目，每户每年以 600 元或 1 200 元的数额分红，使完全或部分丧失劳动力的贫困户增加了固定收入。为贫困村民办理中国人寿商业保险，并协助大病住院帮扶人获取理赔保险金。联系当地医院，积极为村民开展义诊送药活动。协调有关部门为村民发放清洁扶贫燃煤。沧州银行投资 1 万元为当地村民建设"中国梦"文化长廊一处。为村委会办公场所进行地面平整建设，并为村委会购置了办公桌椅、电脑等办公设备。受助人口 1 213 人，切实为村民带去了实惠，给他们生活带去了希望。

河北银行

响应"美丽乡村"建设号召
开展银行卡助农取现服务

河北银行为积极响应人民银行加强农村地区支付环境

建设的号召，经监管部门批准，开展银行卡助农取款业务。通过与农村地区乡（镇）、村小商户合作，在金融空白区域布放助农机具，为当地百姓提供小额取款、余额查询等服务，使村民足不出村就可以享受安全和便捷的金融服务。为保证业务合规，该行采取行内审批、监管部门三级报备（报批）原则发展助农业务；为保证真正让利百姓，该行福农卡采取十全十免费用优惠政策，免收开卡费、免个人网上银行 Usbkey 工本费等；为充分考虑农村居民使用习惯，开发出福农卡定期、活期对账簿，轻松记录资金动向；为方便百姓实时掌握账户变动情况，该行为村民提供免费动账短信提醒；为普及金融知识，该行印制统一助农取款业务标识牌等宣传材料，力争把助农取款服务点打造成农村地区惠农金融综合服务平台，为百姓提供更多贴心服务。截至 2016 年底，该行陆续在石家庄、保定、衡水、邢台、沧州等地开展助农业务，业务覆盖 11 个县域，总体设立助农取款服务点 259 家，发行福农卡 2.31 万张。

个人工资保证贷款　美好生活"贷"回家

河北银行致力于提升客户体验，满足大众的日常消费信贷资金需求，该行面向具有稳定收入的工薪阶层，大力推广该行特色产品——个人工资保证贷款，该产品采用授信额度模式发放，最大的优势在于额度循环使用，用则计息、不用不计息，根据客户资金的实际使用天数和金额计息，对客户来说，在最大限度满足客户用款需求的同时，大大降低了客户的资金使用成本，而且授信额度可通过柜面、ATM、行内外转账多个渠道随时使用，方便快捷，同时为避免客户产生逾期，特为客户设置了 4 天的宽限期，为客户保持良好征信记录提供便利，该产品由于优势明显，在客户中认可度较高。截至 2016 年底，该行累计发放5 504 笔工资保证贷款，累计金额 12.26 亿元，有效地满足了客户的日常消费资金需求。

个人工资保证贷款，为客户提供了方便、快捷的资金使用模式，无须提供抵质押担保，针对优质客户，还可以采用信用方式发放贷款，用则计息、不用不计息的特点，有效降低了客户资金的使用成本，而且该产品每季度还一次利息，到期归还本金，贷款期限最长 5 年，大大降低了客户的还款压力，更好地满足了客户日常消费资金需求。

良心"油条哥"信用获贷款

河北保定市 80 后大学生刘洪安，2005 年毕业后自谋职业卖起了早点。他的油条因坚决不用"复炸油"，而被消费者称为"良心油条"。为经营更加正规化，刘洪安 2012 年注册了个体工商户执照，名为保定油条哥快餐店，后来规模逐渐扩大，2013 年成立了保定洪安餐饮服务有限公司。

"油条哥"的事迹同样感动了河北银行，该行通过多个渠道得知"油条哥"刘洪安个人信用优良，分析其应该有融资需求，于是及时与刘洪安取得联系。该行克服困难，指派客户经理蹲点在"油条哥"的店里，详细记录当天的客流量和消费金额。经过一段时间的观察和计算，认为根据其实际经营状况和信用情况可以办理信用贷款，在了解相关情况后，该行快速审批了该笔贷款，及时为"油条哥"办理了 30 万元信用贷款。截至 2016 年底，该行累计为油条哥"刘洪安"发放贷款 118.2 万元，贷款余额 48.6 万元。

"河"我在一起　天天有金喜

河北银行在快速发展的同时，坚持零售业务发展转型思路，在全行范围内大力开展普惠民生的便民缴费服务类金融业务，先后在全行范围内 9 个地市开展了代收暖气费便民缴费金融服务，为全行近 400 万位客户提供了便捷的家居缴费服务。为更好地培养广大市民使用电子渠道金融服务习惯，共享电子银行金融科技发展成果，该行通过与多家百姓认可的优质商户开展银企异业合作活动，利用优惠券系统，策划了电子渠道"缴费送大礼""关注微信银行，码上抢现金红包"等一系列营销活动。鼓励客户通过电子渠道缴费，充分让客户体验电子金融科技带来的高效便捷服务。根据代收供暖费数据统计，2016 年 9 月 27 日至 2016 年 10 月 27 日，该行成功为近 7 万名客户提供代缴暖气费便民金融服务，为客户奉献了高效便捷的代收费服务，切实履行了该行普惠金融的发展理念，树立了该行发展本土、服务本土的担当形象。

3.5 万毫升热血暖燕赵

河北银行"献血献爱心与河北银行携手同行"集中无

偿献血公益活动于 2016 年 8 月 26 日在河北银行总行落下帷幕。短短两天的时间内，该行员工积极参加了无偿献血活动，据河北省血液中心数据显示，活动累计 100 人成功献血，献血量达 34 850 毫升。在此次无偿献血活动中，该行党委发出倡议，号召广大党员、团员及志愿者，走在前、作表率，充分发挥模范带头作用，积极参与到无偿献血的行列中，为进一步保障省会临床用血安全贡献自己的一份力量，为文明城市发展增添亮丽色彩。该行员工积极响应、踊跃参加，自愿加入到无偿献血志愿服务活动中。

河北省血液中心血缘招募科王主任表示，此次活动得到了河北银行的大力支持，从提供场地到积极发动员工参与，为其他企业树立了榜样，同时给献血者提供了便利，对省会采血淡季的临床用血需要和安全起到了至关重要的作用。希望有更多像河北银行一样的热心公益、支持献血事业的爱心企业加入到献血事业中。

保定银行

"新发地·助农贷"
助推京津冀协同发展落地项目

保定银行高碑店支行的"新发地·助农贷"是保定银行支持河北新发地高碑店农副产品物流园区内商户贷款业务的简称。该产品依据客户需求采用两种模式。一是以支付租金为用途的租金贷，为贷款户开通绿色通道，单笔贷款上限 50 万元，在保证风险可控的前提下，达到当天面签、当天发放。自 2015 年 9 月发放以来，该业务累计发放贷款 664 笔，金额 8 762 万元。二是由园区管理方提供集团担保，支持园区内商户日常周转用途的流动资金贷款，单笔贷款上限 300 万元，受理后可做到 3 天发放到位，已累计发放贷款 15 笔，金额 4 175 万元。

小贴士

"新发地·助农贷"专门用于支持河北新发地高碑店农副产品物流园区内商户经营，贷款主体为小微企业或个体工商户。保定银行高碑店支行在充分落实园区管理方担保、风险可控的前提下，通过加强内部管理、简化流程和手续、提高审批效率，做到优先调查，快速审批，及时放款。

"创业担保贷"为青年创业带来机遇

保定银行创业担保贷款，是保定银行向保定市创业农民、城镇登记失业人员发放的用于就业创业的贷款产品。产品具有财政贴息、无抵押等安全高效的特色，产品一经推出，便受到了贷款对象"油条哥"刘洪安等下岗失业群体的欢迎和青睐。刘洪安是该行该项贷款的第一批受益人，2012 年和 2013 年的两次无息贷款，帮助他度过了创业初期的困难。后来由于银杏路店和仁和街店扩大经营的需求，该行又为其扩大经营开通了绿色通道，300 万元贷款的及时发放再一次为其解决了资金困扰。

小贴士

"创业担保贷款"是专门用于向城镇登记失业人员、高校毕业生等自谋职业、自主创业的人群发放的贷款。借款申请人应先向担保中心提出申请，担保中心负责前期调查，符合贷款条件的，选定反担保后向该行推荐。该行根据担保中心推荐材料，简化手续和流程，优先对申请进行复查、核准和发放。

服务实体经济助推企业转型升级

河北某水漆企业以节能环保的水性漆为核心技术，产品覆盖工业、建筑、装饰、木器等其他各类民生产业，企业发展前景广阔，符合国家节能环保政策。保定银行根据企业实际发展需求，利用"金臂膀·助您腾飞"系列金融产品，积极调整信贷结构，合理投放信贷资金，全力支持企业做大做强。截至 2016 年底，该公司在保定银行的贷款余额已达 1.5 亿元，有效缓解了企业经营资金周转压力。

小贴士

在帮助企业近期解危、远期解困过程中，保定银行以促进地方经济发展为出发点，科学、合理地处理涉及债委会贷款问题，针对企业的融资需求，认真分析，区别对待，避免压贷抽贷或只压不贷，在把控风险的前提下，通过降低融资成本，开展续贷展期，适时推出针对性金融产品，合理搭建战略融资平台，重点帮助地方优质龙头企业度过

资金周转困难期，多层次、多角度促进地方实体经济转型发展。

乌海银行

助力"三农"

为了支持农牧业经济发展，为农牧业企业和个人提供更好的融资服务，乌海银行向从事农、林、牧、副、渔等行业的企业和个人，在农、牧业产品的生产、加工、销售、研发、服务等经营活动和农、牧业生产资料生产、销售、服务等经营活动中发放流动资金贷款。助农贷款采用一年内一次授信的方式，客户可随用随贷、周转使用，为客户提供灵活、方便、快捷、高效的服务。截至 2016 年底，涉农贷款 9.37 亿元，占各项贷款余额的 5.55%，为乌海地区涉农企业提供了有力的经济支持，同时也为推进乌海市农牧业产业化发展起到了积极的推动作用。

本溪市商业银行

承载惠民利民责任　助推智慧城市发展

为推动本溪市智慧城市建设工作，本溪市商业银行独家承办了本溪市面向市民服务的信息化重大建设项目——本溪市民卡工程。它以"卡片整合、应用独立、服务综合"的理念，通过"多卡合一、一卡多用"的应用模式，渗透到城市管理和社会生活的各个方面，推动人力资源与社会保障、市政管理、教育卫生和其他社会公共服务领域向电子化、集成化、智能化过渡，有效推动政府职能部门之间的资源共享、智能互动、协同服务，从而改变市民的生活方式，有效提升百姓的生活质量，体现市民卡"记录一生、管理一生、服务一生"的理想效果和服务价值。

截至 2017 年第一季度末，市民卡制发卡量为 67 万张，实发至市民手中的达 57.7 万张，市民卡激活量已突破 20 万张。该卡主要应用于以银行卡为代表的金融综合服务、以城市交通为代表的公用事业服务、以社会保障为

代表的政府公共事业服务和以小额支付为代表的商业服务等四大应用领域，并且已经实现银联在线支付、公交卡、图书借阅等功能。

中国信达资产管理公司

落实"一带一路"战略
助力中国企业大踏步"走出去"

湖北某公司前身为国营湖北省某农药厂，该公司的母公司为荆州某控股公司。2016年，该公司拟收购以色列全球著名农药生产商股权，增强在全球农药制药领域的实力。中国信达资产管理公司通过南洋商业银行向该项目提供贷款2.3亿美元，及时解决了并购资金。同时，设立基金参与配套融资，助力公司发展。

该公司支持国内某航空集团开展海外并购，该项目并购标的是总部位于瑞士的航空配餐公司Gategroup，这是一家全球领先的航空餐饮供应企业，从事航空餐饮、机上零售、物流配套等服务。近年来，海外并购是该集团国际化的主要推手。一连串成功的海外并购，助推该集团积极开拓国际市场，优化产业资源配置，提升全产业链服务能力，打造"一带一路"的空中走廊与支点，围绕"一带一路"战略进行产业布局。

接盘425亿元不良资产

2016年，在浙江省银行业保持着相当的资产包释放规模、推包形式变化多样的形势下，中国信达资产管理公司浙江分公司继续坚持不良资产经营主业，进一步落实部

门对口银行责任制，加强与银行的沟通，了解其转让不良资产的意向并及时跟进，集中人员力量，积极参与传统不良资产的收购工作。截至2016年底，成功收购10余家银行的44个传统金融不良资产包，新增收购传统金融资产包本金合计425.81亿元，在当地公开市场占比连续四年保持领先，列浙江省内各家资产管理公司首位，持续、稳定地发挥了资产管理公司化解金融危机的作用，有力地支持浙江省经济结构调整与产业转型升级。

举行"走向健康 走向快乐"健走活动

为响应中国金融工会"金融系统百万职工走向健康系列活动"的号召和庆祝公司成立十七周年，2016年5月至11月，中国信达资产管理公司组织全国范围内健走竞赛活动，参加员工3 000余名。此次健走活动结合员工健康管理，特别邀请运动专家讲解健走要领，并为大家安装"信达星运动"软件，让健走活动能更加科学有效地提高员工身体素质，提高团队凝聚力，推动"快乐工作、健康生活"理念在全公司的传播和落地。

开展"衣＋衣＝爱 捐衣过暖冬"
年度公益活动

中国信达资产管理公司子公司南洋商业银行积极投身公益，传递正能量，现已形成"衣＋衣＝爱""节能减排""教育""扶贫赈灾""爱心存单"等主题的全方位公益体系。每年冬季，该行均组织为贫困地区捐衣活动，旨在传播"旧物循环使用，传递冬日温暖"的公益理念，鼓励员工及客户们，将自己家中的闲置衣物拿出来，经过专业的筛选、清洁，再寄送至云南、贵州、西藏等有需求的偏远地区。

2016年，该行再次携手上海随手公益基金会，组织"衣＋衣＝爱，捐衣过暖冬"公益活动，捐出一件旧衣，给孩子们一个暖冬。本次活动在14个城市分行同步举办，南洋商业银行各分支行网点分别开展面向员工及客户的征集活动，得到了多方的关注。

本次捐物活动征集衣物用品共计4 118件。其中书籍708本，书包文具和小型儿童玩具394件，闲置衣物2 991件，秋冬用床上用品25件。

大力支持绿色产业企业发展

2016 年，中国信达资产管理公司子公司金谷信托设立信托计划，规模 8 亿元，投向某新能源企业发行的公司债。该企业属于国内重点清洁能源扶持对象，以脱硫及电建总承包业务、生物质发电、环保发电和原煤销售等为主要业务。信托资金主要用于调整其债务结构，置换资金建设新的生物质电厂及研发效力更高的生物质锅炉，有助于该企业优化升级。

此外，金谷信托还设立了规模 6 亿元的资金信托，向某电力公司发放信托贷款，支持其在新疆、内蒙古、甘肃、江苏等地的热电联产项目。热电联产是提高能源利用率和节约能源的有效途径，并且具有减少污染、净化环境和提高供热质量等优点，是国家大力支持的清洁能源发展方向。金谷信托通过对该公司发放信托贷款，增加其营运资金，为该公司旗下电厂技术改造升级、加快热电联产项目建设提供了有力支持。

中国东方资产管理公司

重视定点扶贫工作

中国东方资产管理股份有限公司领导非常重视定点扶贫工作，扎实推进湖南省邵阳县的扶贫工作，强化定点扶贫工作的组织领导，成立了由公司领导任组长，公司相关部门、12 家控股子公司主要负责人为成员的定点扶贫工作领导小组。领导小组下设办公室，成员由相关部门（单位）相关人员组成，抽调了多名业务骨干专门负责扶贫联络工作。

2016 年 1 月 20 日至 22 日，吴跃书记、辛学东副总裁到湖南邵阳县调研扶贫工作，走访慰问困难群众，看望公司驻县和驻村扶贫干部，并和邵阳县委县政府主要领导进行座谈。4 月 27 日至 29 日，陈建雄副总裁到湖南邵阳县调研扶贫工作，走访慰问困难群众，看望公司驻县和驻村扶贫干部，并就普惠金融、互联网金融和邵阳县委县政府主要领导进行座谈。12 月 29 日至 30 日，胡小钢副总裁赴湖南省邵阳县双杏村，代表东方公司对部分特困群众家庭进行节前慰问。

创新扶贫产业合作社

由中国东方资产管理公司投入扶贫帮扶资金的湖南省邵阳县金源葡萄种植专业合作社，注册资金 100 万元，采取农户以 70.9 亩土地入股，村集体以资金及技术入股的方式，待葡萄有产出后根据股份比例进行分红。该公司以 45 万元资金入股合作社，并将股份无偿捐赠给村集体及 23 户建档立卡贫困户。按照现在的销售情况来看，稳定挂果后合作社年收入可达 60 余万元。

扶贫产业的选择很重要，要避免盲目上项目，需要充分的动态调研，立足本地，适度创新。葡萄种植合作社是该公司发展产业扶贫的一次有益尝试，该项目的亮点是该公司以现金入股，并将股份按比例无偿赠予村集体及贫困户，既实现村集体收入"零"的突破，又可以帮助贫困户长期稳定脱贫，还能吸收部分农村劳动力就近就业，一举多得，达到规模化、专业化、标准化农产品生产的要求。

"中华情·保险美"之"中华保险为贫困地区青年创业扬帆护航"公益品牌合作项目

2016 年 7 月 15 日，中国东方资产管理公司中华保险成立 30 周年之际，中华联合保险控股股份有限公司与共青团中央青年发展部签署了共建"中华情·保险美"之"中华保险为贫困地区青年创业扬帆护航"公益品牌合作项目，以此作为该公司积极承担社会责任，落实国家"精准扶贫"方针，积极推进"保险扶贫"的重要举措。首期战略合作期为五年，计划捐助 550 万元，帮助 100 名贫困地区青年创业、成长和致富。

12 月 1 日上午，该公司总经理李迎春赴山西省石楼县义碟镇，与共青团中央书记处书记汪鸿雁、青年发展部副部长赵宝东等相关领导共同参加了石楼县贫困青年创业座谈会暨"中华情·保险美"之"中华保险为贫困地区青年创业扬帆护航"创业基金捐赠仪式。李迎春总经理代表中华保险全体员工为石楼县创业贫困青年捐赠人民币 50 万元，支持青年们积极创业，带动周围更多的人脱贫致富。

奔跑吧！青春——让公益爱心助力梦想起航

中国东方资产管理公司控股的大连银行始终坚持经济效益与社会效益并重，把关注民生与银行发展相结合，不断创新公益理念，携手大连交通广播电台原创推出"岗位助学 & 爱心送学"大型系列公益活动，引导众多爱心企业共同推进慈善事业发展，回馈社会，充分践行企业社会责任，获得了良好的社会美誉度和关注度。

该项目锁定高考应届毕业生暨大一新生，采取凝聚爱心企业、扩大送学交通线路、加强跨区域联动等有效措施，跨界整合社会爱心公益力量，先后为千余名应届高中毕业生提供见习岗位并发放助学金，为万余名大学新生提供免费交通出行，助其踏上求学之路。

截至 2016 年底，该项目已成功举办九届，共设立助学岗位 1 000 多个，爱心送学 10 000 多人次，大连银行累计发放助学金及送学公益投入 300 多万元。近年来先后获得中国青少年发展基金会授予的"希望工程 2015 年杰出贡献奖"和大连市慈善总会颁发的"大连慈善优秀项目"荣誉称号。

长期支持教育事业

继 2015 年捐款 150 万元之后，2016 年中国东方资产管理公司东兴证券再度向北京市教育基金协会捐款 150 万元。同时，积极动员广大青年员工投身脱贫攻坚战，先后组织完成了北京市残疾人福利基金会开展的"孤残儿童爱心行"公益捐赠活动，定向为西城区培智中心学校 156 名孤残儿童捐赠安全书包、小红帽及安全教育书籍。组织公司青年员工前往公司青年志愿者爱心活动基地——北京昌平农家女实用技能培训学校，实地解决学校实际困难，助力农村女性通过学习自立脱贫致富。

该公司自 2009 年起就确定了北京昌平农家女实用技能培训学校为公司青年志愿者爱心活动基地，每年组织捐款捐物，直接捐款累计 20 余万元，捐赠各类桌椅设备、电脑设备及办公用品等累计 10 余万元。同时积极发动公司青年员工开展"送金融知识下乡活动"，组织员工为农家女学员讲授理财知识和英语学习等课程。东兴证券连续多年大力支持北京市教育事业的发展，充分彰显了国有企业的社会责任和担当精神。

中国长城资产管理公司

全力化解金融风险　助力违约央企重组

2016 年 12 月 15 日，中国长城资产管理公司与某公司签署《合作框架协议》，全面参与该公司债务重组。该公司此前于 2016 年 4 月爆发债务危机，9 期共 168 亿债务融资工具暂停交易。

该公司陷入严重债务危机以后，中国长城资产管理公司第一时间介入，推动各方，最终达成一揽子债务重组方案。在债务重组阶段，该资产管理公司通过出资收购该公司募债，支持和促进债务重组顺利实施。下一阶段，中国长城资产管理公司将帮助该公司实现资产重组，并在满足风控条件下，分阶段提供 100 亿元资金支持。

参与该项目是中国长城资产管理公司落实"三去一降一补"工作任务，按照市场化、法制化原则，实施困难企业债务重组的又一重大举措，也是 2016 年 10 月国务院出台《关于积极稳妥降低企业杠杆率的意见》及《关于市场化银行债权转股权的指导意见》以来，金融资产管理公司重点参与的首个市场化债转股项目。

积极履行社会责任　支持沪棚户区改造

上海市杨浦区平凉路街道 2、3 号街坊是上海市最早一批通过"毛地出让"推进棚户区改造项目，涉及棚户区居民 6 066 户，所需的拆迁安置费上百亿元。在完成部分居民动迁后，因资金不足等原因停滞近十年时间。

针对项目面临的实际困难，中国长城资产管理公司积

极研究解决方案，以完成项目建设和服务民生工程为出发点和落脚点，利用自身全牌照综合金融服务的优势，为项目设计了"股债结合"的个性化、创新型融资方案，从而为整个项目的顺利推进和棚改任务的及时完成提供了保障。

"四改一保"项目（棚户区改造、城中村改造、危旧房改造、旧城改造、保障性安居工程）是我国新型城镇化建设的重要内容，对地方经济社会发展起到重要推动作用。为此，中国长城资产管理公司专门设立城镇化金融事业部，重点支持"四改一保"项目建设，促进地方发展，服务社会民生。

北京农商银行

金融支持水泥产业并购重组

北京农商银行参与中国工商银行牵头的银团并购贷款，共同支持北京金隅股份有限公司收购冀东集团股权项目，银团总规模 30 亿元，该行参贷份额 10 亿元，已于 2016 年 11 月 30 日成功放款 10 亿元。上述股权并购后，为助力冀东水泥实现降本增效、可持续发展，该行作为联合牵头行与中国工商银行组建了 50 亿元的银团贷款，该行承贷份额不超过 20 亿元，已于 12 月 20 日成功放款 10 亿元。

"此次金隅与冀东的战略重组取得了良好的社会效益和经济效益，有效推进了北京非首都功能疏解，对于化解区域产能过剩、推动京津冀产业协同发展具有重要意义。"
——外部评价

小贴士

北京金隅股份有限公司主要业务分为水泥、新型建筑材料、房地产开发、物业投资及管理四大板块，是京津冀区域最大的水泥供应商、北京地区最大的水泥生产商和国家重点支持的十二家大型水泥企业/集团之一。

冀东发展集团有限责任公司前身为河北省冀东水泥厂，冀东集团持有唐山冀东水泥股份有限公司（000401）、

唐山冀东装备工程股份有限公司（*ST冀装000856）以及120多家企业的股权/权益，分布全国12个省区，涵盖水泥、混凝土、装备工程、房地产、砂石骨料及建材制品、矿业、贸易物流等领域。

支持京津冀协同发展战略——北京鲜活农产品流通中心项目

北京农产品中央物流园有限公司的北京鲜活农产品流通中心项目是北京市重点项目，该项目作为传统农产品批发市场退出后的现代化承接平台，将与北京新发地农产品批发市场共同形成保障首都农产品供应的"双中心"格局，服务覆盖1 200万人口，重点辐射行政副中心、东部城区、亦庄新城等地区，并将打造辐射"三北"地区的农产品交易所，辐射京津冀地区。

北京农商银行充分考虑该项目需求，利用商投联动方式给予该项目资金支持。截至2016年底，累计发放信贷资金48.5亿元。

"这笔资金节省了我们单位52%的融资成本，对于我们这家公司来讲，还款压力小多了，真是太好了！"

——该公司副总经理牛女士

基础设施建设项目——阿苏卫

目前北京市北部没有建设大型垃圾焚烧厂，现有垃圾焚烧及堆肥处理设施比例较小，大部分生活垃圾只能采用单一的卫生填埋方式进行处理，导致填埋场超负荷运行，其结果是将大大缩短现有填埋场的使用期。阿苏卫循环经济园项目为北京市重点项目，是北京市市属大型垃圾综合处理设施、北京市垃圾处理体系北线的重要设施，项目位于昌平区百善镇和小汤山镇交界处，服务区域为昌平区全部及东西城北部地区，日垃圾处理能力为3 000吨，日陈腐垃圾筛分能力为3 000吨。该项目的建立及时大力地解决了北京市昌平区及东西城地区生活垃圾的处理问题，为北京市垃圾处理的平稳运行作出了重大贡献。

北京农商银行以贷款资金支持该项目。截至2016年底，贷款余额2.97亿元。

"我们这个项目涉及北京市民生工程，垃圾的处理切实关系到老百姓的日常生活质量及环境质量，意义重大，资金需求也比较紧急，该行的这笔贷款及时地解决了我们建设项目的资金问题。"

——该公司财务经理

积极支持北京市轨道交通建设　倡导绿色出行

北京农商银行向北京某公司发放项目贷款15亿元，用于北京市重点项目地铁某线工程建设，业务期限21年。该公司主营业务为北京地铁某线工程的投资、开发建设、运营管理，车站、车体广告媒体的开发等。

该行充分考虑该项目的资金需求，在法律要素齐全、风险可控的前提下，优先给予该项目资金支持。截至2016年底，累计发放信贷资金15亿元，贷款余额12亿元。

"北京农商银行对于我们公司开发地铁工程的信贷支持很及时、很到位，对该条地铁线路的按时开通起到了有力推动作用。"

——该公司曾先生

小贴士

"项目贷款"是指向借款人发放的用于对借款人开发项目、组织建设的固定资产贷款。对于北京市民生项目工程，北京农商银行在法律要素齐全、风险可控的前提下，加大政策倾斜力度，缩短审批时限，实施优先调查、优先审批、优先放款。

浙江省农村信用社联合社

支持经济转型升级

2016年，浙江省农村信用社联合社56亿元"金融活水"注入"五水共治"，优先注入重点地区、重点流域的防洪排涝、节水改造等项目，创新推出"常清贷"水环境治理贷款、排污权抵押贷款等信贷产品，促进地方经济转型升级。截至 2016 年底，全省农信系统信贷支持"五水共治"项目 566 个，授信余额 56.37 亿元，贷款余额 50.16 亿元，信贷支持五水治理项目（企业）11.43 亿元，防洪水项目 7.19 亿元，排涝项目 4.79 亿元，供水项目 10.80 亿元，节水项目 0.84 亿元，其他环保项目 26.65 亿元。

支持绿色信贷　发展绿色金融

浙江省农村信用社联合社有效推行绿色信贷评审制度，将绿色信贷的相关要求细化贯彻到客户准入、信用等级评定、贷款受理、尽职调查、贷款审查审议、贷后管理等全流程各环节之中，将企业环保信息作为信贷营销调查、审批的重要内容，实行环保一票否决制。严控对高耗能、高污染项目的投资，从源头上削减污染，促进产业结构调整。

同时，浙江省农村信用社联合社积极推行"美丽乡村"建设。创新金融产品，深耕"绿色金融"，依托农村绿水青山、田园风光、乡土文化等资源，做深做透"生态"文章，量体推出特色各异的金融服务支持休闲农业和乡村旅游等绿色兴农重大工程，例如辖内磐安农村信用社联合社围绕"旅游兴县"战略，政银合作推出"旅游＋扶贫"模式，将农家乐、农业龙头企业列入重点扶持对象，依托"江南药镇""古茶场文化小镇"组建旅游产业、药材产业互助会，构建"互助池"，探索"三位一体"的绿色扶贫模式。

心系偏远百姓　践行普惠金融

浙江省农村信用社联合社大力建设集金融、电商、物流、政务、公益"五位一体"的丰收驿站，为广大城乡百姓、小微企业提供小额存取款、缴费充值、网上代购代售、快递收发、便民服务、信息咨询等"一站式、多功能、综合性"的惠民服务，共同推进社会治理和服务体系的完善，在老百姓中获得了好口碑。截至 2016 年底，共建成 3 993 家，比年初增加 2 652 家，布设各类金融机具 4 888 台，累计办理金融业务 1 180 万笔、金额 168 亿元，为农户代购代销 27 万笔、4 826 万元，收发快递 23 万件。

此外，为解决偏远山区、海岛老百姓缺乏金融服务的难题，浙江省农村信用社联合社创新推出流动服务、3G

移动终端，定时驻点提供存、取、汇等基础金融服务，真正打通金融服务"最后一公里"。如苍南县马站镇界牌村是一个位于浙闽交界的偏远小渔村，村民往返马站镇要坐车赶 2 个多小时的崎岖山路，进趟城都不方便，更别提去银行了。从 2013 年开始，辖内农村商业银行的流动服务车直接开进了村，为村民提供上门服务，还对界牌进行整村授信，村民足不出村就能办理贷款。

加大"三农"支持力度

针对农村客户普遍缺乏抵押物现状，浙江省农村信用社联合社加大力度配合农村产权改革，推广"整村授信"模式，积极稳妥推进农房抵押贷款、农村土地承包经营权抵押贷款和林权抵押贷款。相继推出如农村流转土地经营权抵押专项贷款"农钻通"、农村住宅抵押贷款"农宅通"、村（社区）股份资产合作社股权质押贷款"农股通"等产品。截至 2016 年底，林权抵押贷款 46.72 亿元，户数 3.66 万户；农房抵押贷款 73.81 亿元，户数 2.19 万户；土地经营权抵押贷款 8.73 亿元，户数 1 382 户。

发展代理业务　方便百姓生活

2016 年，浙江省农村信用社联合社加快代理业务线上化，经统一规划、全力开发，实现电力、电信、联通、连连科技、浙江华数、基金、ETC 等省级中间业务在网上银行、手机银行、微信银行、自助终端、多媒体POS、3G 移动终端等电子渠道上的单笔缴费、签约代扣等功能，基本实现民生缴费类业务的线上化。

山西省农村信用社联合社

扶持城乡创业倾真情施实招

山西省农村信用社联合社陵川县联社在金融助力脱贫道路上，通过开辟绿色通道、优先安排资金、创新信贷产品等措施，大力支持城乡群众实现创业梦想。

为确保创业贷款的及时发放，该行对符合条件的贷款，适当简化手续，延长贷款期限，实行优惠利率。同时，放低准入门槛，细化客户层，对符合贷款条件且具有完全民事行为能力的创业农村青年与城市青年、大学生村官、从事个体经营或合伙经营的均可申请贷款，担保方式主要以信用、保证担保、农户互保等担保形式为主。该行大力推广"农村青年创业贷款""返乡农民工创业贷款""大学生村官创业贷款"和"妇女创业贷款"等贷款产品，为广大农村青年创业提供了充足的资金保障。

截至 2016 年底，该行累计为 300 名农村青年发放创业贷款 2 200 多万元，为 20 余名大学生村官发放创业贷款 100 多万元，为近 60 名农村妇女发放创业贷款 400 万元，为 344 名农民工发放创业贷款 1 529 万元。

> "陵川农信社的'妇女创业贷款'，手续方便简单，从我申请到收到贷款仅用了 3 天时间，不仅及时解决了我支付货款的问题，还给我带来了不小的收益。"
>
> ——王女士

"薪财通"财富卡老师的财富管理专家

山西省农村信用社联合社太谷县联社针对辖内教师设计并发行"薪财通"财富卡。此卡的功能优势主要包括：一是可以通过分段计息等手段实现卡内金额的天天增值；二是可以根据持卡人年收入与家庭资产负债情况，给予一定额度的贷款授信，持卡人在自有资金不足时通过柜台或 ATM 等渠道进行授信额度内提现，也可通过 POS 机直接消费；三是可以通过积分返现方式对持卡人刷卡消费给予奖励，提升消费刷卡储值功能；四是享受该社转账、提现的各种优惠；五是限量发行 10 000 张。

"薪财通"财富卡的四大功能深受各位老师的好评，尤其是积分和授信功能，让老师们真切地感受到了"薪财通"带来的好处。这些独具特色的功能，让老师们感觉到真的可以不用再为打理资金而发愁了，只要持有"薪财通"，一切都变得很简单。"薪财通"真正成为了老师们的财富管理专家。截至 2016 年底，该行已发行薪财通卡 2 903 张。

《信用名片》传全辖

近日，山西省农村信用社联合社清徐农商银行在全辖有条件的网点循环播放微电影《信用名片》，直接、有效地向社会公众普及征信知识，获得了客户的一致好评。为确保此次征信宣传活动取得实效，该行提前对播放设备进行了调试，并统一配发宣传资料，确定了"珍爱信用记录，享受幸福人生"的宣传理念。充分利用遍布 24 个网点的广告机、大屏幕进行循环播放，内容涉及求学、购房、购车等与群众息息相关的生活场景，积极引导办理业务的客户观看，并及时给客户讲解相关征信知识和解答问题。此次宣传以提高个人信用意识为宣传重点，通过喜闻乐见的微电影形式，巧妙地吸引了群众的眼球。通过全辖网点的有效组织、集中投放，在活动开展后的短短三天，就吸引了广大群众驻足观看，累计播放受众 1 000 余人，接受现场咨询 200 余人。

此次《信用名片》微电影宣传将持续 3 个月，通过这样的宣传活动不仅进一步普及了征信知识，还提高了群众对个人信用的认识，对推广征信知识、构建诚信社会起到了积极的推动作用。

围绕产业结构 调整信贷流向

山西垣曲农村商业银行蒲掌支行紧紧围绕当地产业结构特点，以"柴米油盐酱醋茶"为主线，适时调整信贷资金流向。蒲掌乡经济发展以烟叶、三樱椒为主，是垣曲县烟叶和三樱椒的主要生产基地，并且近年来再扩大干果经济林核桃种植面积近 1 万亩。在农业供给侧结构性改革的重举之年，蒲掌支行大力采用"订单农业""企业＋农户"的模式，适时调整信贷资金流向，以蒲掌支行为纽带，紧密联系金叶烤烟公司、蒲英红辣椒合作社等农产品收购加工龙头企业与辖内农户的关系，拉伸产业链，带动农民增收致富。

辽宁省农村信用社联合社

以"支农"为己任促进调兵山农业发展

辽宁省农村信用社联合社调兵山市农村信用合作联社的"支农贷"是支持农村农业合作社及其社员贷款工作的简称。该项目自 2013 年实施以来，为辖内农民专业合作社提供了总计 2 745 万元信贷资金支持。调兵山市富农水稻农民专业合作社是辖内此项政策受益的第一批单位，该行为该合作社扩大生产规模提供信贷资金 500 万元，支持了该合作社大米加工厂的建设，该合作社创立了省知名品牌"兵山大米"。

"在我们合作社发展的关键时期，调兵山联社及时提供了信贷资金，为我们合作社创立'兵山大米'品牌奠定了基础。该笔贷款实施了利率优惠政策，贷款期间为我们合作社节省利息 10 000 元。如今，我们合作社已被评为全国农民合作社示范单位，大幅度增加了合作社社员的收入，这与调兵山联社的大力支持是分不开的。"

—— 调兵山市富农水稻农民专业合作社负责人施先生

小贴士

"支农贷"专门用于扶持农村经营规范专业化程度较高的农民合作社，采取"农民专业合作社＋农户社员"的贷款新模式，即农民专业合作社作为承贷主体，以社员入股资产作为抵押担保，信贷资金满足合作社及农户社员的资金需求。

开展产品创新助力地方特色产业发展

随着东港地区经济的发展，旅游业的繁荣，本地区草莓、梭子蟹等农副产品、海产品逐渐闻名，一些加工、冷藏、销售及运输等企业逐渐增多，上下游链条长，经济效益好，资金需求量不断增加。

为了拓宽贷款渠道，丰富贷款业务种类，提升支农、支小服务水平，满足本地区特色产业专业化、规模化生产的资金需求，2016 年 5 月，辽宁省农村信用社联合社东港农村商业银行与当地最有实力的辽宁国威冷藏物流有限公司合作，以企业存放在冷藏物流公司的产成品（农副产品、海产品）的仓单做质押贷款，贷款期限最长不超过半年，仓单质押货物的价值按发票价值和当前市场孰低原则，贷款额度不得超过质押货物价值的 50%，贷款对象必须是具有一定库存货物的生产、加工、贸易型中小企业或个体工商户，冷藏物流公司担保兜底为企业发放流动资金贷款。

截至 2016 年底，该行已发放存货仓单质押贷款 9 笔，金额 5 817 万元，有效支持了本地区水产品、农副土特产品行业的发展。

应对新常态助力小微企业发展

从 2016 年年初开始，辽宁省农村信用社联合社抚顺县联社对贷款营销工作高度重视，以稳增长、调结构、促转型为核心，加大支持小微企业力度，快速、高效地开展贷款营销工作。一是结合实际情况，出台了《抚顺县农村信用合作联社贷款营销奖励办法》，为加速贷款投放工作确定了目标，为实现全年任务夯实了基础。二是全力营销，多方寻求客源。以小微企业为重点，加大县域经济的支持力度。由抚顺县联社牵头，在县政协、工商联的协助下，召开了服务企业座谈会。采取挖掘、渗透、合作的策略，积极争抢优质小微企业客户。

支农产业领域	截至 2016 年底，涉农贷款余额 72 237 万元。重点支持县域内农产品深加工龙头企业，如辽宁三友农业生物科技有限公司 1 800 万元、抚顺市强明饲料有限公司 750 万元、抚顺迎丰米业有限公司 1 500 万元、抚顺市新科农生态农业有限公司 750 万元、抚顺宏业牧业有限公司 1 500 万元等，对于促进企业发展和拉动周边农户致富起到了积极的作用

表头："小微企业"的产品覆盖领域

"扶贫贷款"为西丰县脱贫工作作出突出贡献

辽宁省农村信用社联合社西丰联社的"扶贫贷款"为县域内脱贫工作作出突出贡献，该行 2016 年积极响应人民银行的政策，申请扶贫再贷款 6 000 万元，以"公司＋农户"的形式将贷款发放到当地较好的企业中，对于无劳动能力的建档立卡贫困户按照分红的形式每年 800 元。对于有劳动能力的建档立卡贫困户招进企业打工，每年实现工资收入不低于 3 330 元，彻底脱贫。该行在法律要素齐全、风险可控的前提下，简化流程和手续，缩短审批时限，通过建立"绿色通道"，实施优先调查、优先审批、优先放款。

"感谢国家的好政策，对我们这样的困难户给予补贴，缓解我们生活的压力。"

——贫困户

成功堵截电信诈骗

2016 年 6 月 5 日 14 点 20 分，客户李某步履匆匆地走进辽宁省农村信用社联合社大连农商银行普兰店支行花儿山支行，将一张金额 2 万元未到期的定期存单递给柜员，要求提前支取，并开张银行卡将钱存入。该行柜员见其神色恍惚，试图问清该笔款项用途，但李某并不愿意多谈，取款态度坚决。柜员见状，在征得李某同意后，为其开办了个活期存折，并存入 2 万元，随后李某离开，但未过多久，李某又慌里慌张地返回来了，再次要求将折换成卡，柜员顿生疑惑，联想种种迹象，遂怀疑这是一起电信诈骗事件。在柜员的耐心劝导下，李某放弃该笔业务，表示不再与对方联系，并向柜员连声道谢。

上海农村商业银行

电信诈骗交易风险事件管理平台系统成功投产上线

为提高公安机关冻结诈骗资金效率，切实保护社会公众财产安全，上海农村商业银行于 2016 年 2 月启动电信诈骗交易风险事件管理平台系统建设，并于 8 月 1 日成功投产上线，为积极配合人民银行、公安部打击电信诈骗犯罪提供了实时快速的系统支持。

该行电信诈骗交易风险事件管理平台系统实现了紧急止付类、冻结类、信息查询类、信息上报类四大业务功能模块，通过银行与公安机关信息的及时衔接和共享，有效提升了冻结诈骗资金的及时性，对保护客户财产安全起到了积极作用。

截至 2016 年底，该行成功防范各类电信诈骗案件 28 起，防范总金额 64.3 万元。

农业"循环贷"惠农新举措

上海农村商业银行在 2016 年 11 月发布一款支农创新产品——农业循环贷业务。该行根据涉农企业生产、经营用款"短、频、急"的特点以及作物熟制等因素，更好地匹配企业实际生产经营中的资金需求而开发了流动资金循环贷款，以有效满足涉农企业（组织）农忙与农闲不同时期的个性化融资需求，避免实际用款与贷款期限的不匹配带来的资金压力，同时对符合要求的企业减免了相关费用，降低了其融资成本。农闲时期，可以通过"随借随还"，合理安排资金使用时间，适度降低融资成本；农忙时期存在临时资金周转压力时，可在授信额度内随时支用贷款，减少了另行审批的环节。

该行已试点完成了对桃咏桃业专业合作社、上海晟槟果蔬专业合作社等首批涉农企业及农民专项合作社支农"循环贷"业务的发放，很大程度上帮助企业实现了支农贷款资金与用款需求相匹配。

本地银行与本地文化联姻共同推动沪语文化传播

2016 年，上海农村商业银行与上海沪剧院全面合作，开启沪上商业银行与传统院团合作先河，成为沪上跨界合作新样本。2016 年新春期间该行与上海沪剧院率先试水，冠名新春沪剧展演，取得了良好反响。截至 2016 年底，该行联手上海沪剧院联手，深入郊区乡镇举行公益演出，推广沪剧，为分布于上海各区县基层社区、乡镇的 2 000 多家沪剧票社提供艺术指导，共同举办本土文化推广活动，并结合沪剧爱好者沙龙组织沪剧爱好者与专业演员同台演出。此外，结合"沪剧训练营"的品牌效应和该行的网点分布，集合各自优势，面向民众推出沪语文化普及推广群众活动，组织举办"上海小囡沪语情"少儿沪语大赛。与此同时，上海沪剧院也成为该行发行的工会会员服务卡的特惠商户，持卡的沪剧爱好者只要在上海沪剧院购买观摩票，将享受购票优惠。

"四免一特色"服务老年人

自 2016 年 4 月上海市启动敬老卡申办工作以来，上海农村商业银行积极承接敬老卡金融服务工作。该行为敬老卡推出"四免一特色"的优惠制度：一是卡片费用免，敬老卡客户可免收新发卡片工本费、年费、小额账户管理费，持卡人办理卡片挂失、换卡免收手续费优惠；二是 ATM 业务费用免，敬老卡客户可免同城、异地 ATM 跨行取现和转账手续费；三是渠道转账费用免，敬老卡客户申请该行网上银行、手机银行免收工本费，使用网上银行和手机银行转账免手续费；四是动账通知费用免，敬老卡客户申请该行短信动账通知类免收服务费，及时知晓卡内资金进出情况。特色是敬老卡客户凭卡可在网点配存折，更符合老年人使用习惯。

截至 2016 年底，该行敬老卡发卡 78 万张，发卡量占全市总量的四分之一，在 6 家发卡行中排名第一。

新一轮结对帮扶工作见成效

在 2013 年签署新一轮结对帮扶协议的基础上，2016 年上海农村商业银行继续对崇明县开展帮扶工作，累计投入资金 2 000 万元。本次帮扶重点工作：一是进一步增强村级经济的自身造血功能，该行充分发挥商业和品牌优势，根据帮扶村的特点，以灵活的方式，定期或不定期地向帮扶村提供经济和市场信息，重点开展引进创新帮扶项目，并给予一定的资金扶持。二是重点关注民生，主要用于美丽乡村示范村建设，协助进行村级道路路灯建设的"亮灯"工程，开展重阳节敬老慰问、元旦对困难老党员、老干部慰问活动，建立优秀大学生扶助奖励基金等真正帮助村民解决实际困难。

湖南省农村信用社联合社

积极探索小微商户银联扫码支付
新型结算服务方式

湖南省农村信用社联合社按照中国银联统一技术和应用标准，率先在全国银行机构推出"银联扫码支付"。通过扫描"二维码"，在不改变原 POS 收单"四方"业务模式的前提下，以实体银行账户为基础，为小微商户提供成本低廉、安全规范的新型支付结算服务。2016 年，在该行常德农商银行试点，截至年底，短短三个月期间，拓展小微商户近 8 000 户，并开展了多样的扫码优惠活动，回馈持卡人。

"银联扫码支付"覆盖领域

小微消费品零售、餐饮行业	简化小微商户的支付结算方式，降低手续费，为其节约经营成本
大型商超行业	进一步丰富其支付结算方式，免去消费者携卡出行的烦恼，降低卡片信息泄露风险
普惠金融领域	为党政单位、公用事业、学校等提供党费、水电费、学费等便捷收费服务，进一步方便城乡群众

打造"三农"绿色银行

湖南省农村信用社联合社常宁农村商业银行将农户

"林权抵押贷款"统一归口到下辖的宜潭支行办理，形成金融扶贫特色与品牌。"林权抵押贷款"服务主体为贫困农户，以依法有权处置的森林、林木、林地使用权及森林资源相关的其他资产作抵押物，评估价值为抵押林权的60%，贷款期限根据农业生产周期、林权有效期限确定，一般为3年，原则上不超过5年，利率比商业贷款优惠50%。"三农"绿色银行面市以来，该行共发放油茶、杉树、果树等7种林权抵押贷款1.26亿元，为2.21万农户解决贷款无抵押难题，打开创业融资绿色通道。近年来，农户王咏胜经营小王子生态种养专业合作社，因无常规抵押品而贷款无望，资金短缺，举步维艰。通过以1 200亩油茶林权抵押贷款190万元后，如鱼得水，在常宁市大堡乡宜冲村种植油茶林3 500亩，冬枣300多亩，蔬菜水果1 100多亩，系"三农"绿色银行优质客户，成为金融扶贫甲等典型。

"挎包银行"为残疾人提供上门服务

家住安乡县安昌乡白粉咀村的村民刘某由于双脚残疾，基本出行依靠轮椅，为缓解家庭困难，政府为其提供相关补贴，急需在农村商业银行开办活期存折。在了解到其行动不便的情况后，湖南省农村信用社联合社安乡农村商业银行安昌支行决定特事特办，主动采取双人上门服务的方式，将"银行"搬到刘伯家里，指导其填写开户申请单，并签字确认，完成了开户业务的办理。

随着政府惠农惠民政策的不断实施，来该行办理开户业务的残疾人逐渐增多。该行为需要办理业务的特殊客户开通"绿色通道"，由该行行长和委派会计轮流担当"挎包银行"，指导特殊人群办理业务，对不能前来办理业务的客户提供上门服务，使残障人士感受到了"一站式"金融服务模式，受到了当地政府和社会各界的一致好评。

"真没想到！你们还特意为我跑一趟，上门为我办理业务，太感谢了！"

——村民

福祥校园卡——校园生活一卡掌握

福祥校园卡是湖南省农村信用社联合社面向校园师生客户推出的一款金融IC卡产品，该卡除具备福祥借记卡金融功能及电子现金功能外，同时可支持在校园内的食堂消费、门禁、购水用电及身份识别等功能。福祥校园卡卡面设计青春、时尚，同时卡产品专享多重优惠，免首次开卡工本费、免收年费、免行内跨地区存取款手续费、免境内ATM跨行取款手续费等。

该行浏阳农村商业银行作为试点行社，首批为第四中学的1 023名学生成功发卡。该校同学领到校园卡后，纷纷表示校园卡不但卡片青春、时尚，还可方便地享用农村商业银行提供的各类存取款、转账、学费代扣等金融业务，可在校内食堂、超市、热水供应处刷卡消费，同时还能通过微信公众号查询用卡记录，深受该校广大老师和同学们的喜爱。

支持"本土农牧"孵出"绿色鸡蛋"

湖南省农村信用社联合社桃源农村商业银行支持的湖南三尖农牧有限责任公司是桃源县当地一家集饲料加工、家禽养殖与销售于一体的民营有限责任公司，同时也是全省农业产业化龙头企业、"全国科普惠农兴村"先进单位以及全省"引进国外良种蛋鸡养殖推广示范基地"。该公司拥有2个饲料加工厂，3个育雏场，10个蛋鸡养殖场，1个年产5万吨的生物有机肥厂，年产值过亿元，有效带动当地经济发展。2015年，该公司为引进一批先进的自动化蛋鸡养殖设备搭建养殖基地的资金头疼不已，于是找到该行希望给予信贷支持，该行在上门调查了解后，认为该公司技术成熟，项目很有发展前景，同时符合该行的支农信贷政策，于是同意以公司的厂房和土地作抵押担保贷给公司400万元。该公司利用这笔信贷资金建起10个拥有养殖规模50万羽，产量8 000吨的自动化蛋鸡养殖基地，相比传统养殖，大大降低了费用成本，年创利润达300万元。该公司生产线产出的鲜鸡蛋产品被农业部审定为"无公害农产品"、被中国绿色食品发展中心认定为绿色食品A级标准，畅销各地，深受群众欢迎。

"真是感谢咱们农商银行的大力支持，要不然我们的

发展不会有今天的规模，现在，我们鸡蛋也可以供给到全国各地。"

——三尖农牧有限责任公司董事长

广东省农村信用社联合社

"鲜特汇"众筹为农业扶贫带来新机遇

2016年，广东省农村信用社联合社积极响应政府号召，探索供给侧结构性改革模式，创新运用"鲜特汇"平台实施农业众筹项目，推进精准扶贫。

"鲜特汇"众筹是一种新型的互联网营销模式，通过互联网发布筹款项目，向网友募集项目资金。"鲜特汇"众筹自上线以来，已完成了四会兰花、郁南土鸡、惠州灵芝、高州三官土鸡、开平马岗鹅等项目众筹，累计募集资金超过100万元。其中，四会农村商业银行基于"鲜特汇"众筹平台，创新推出"互联网＋特色"众筹兰花项目，短短3个小时，众筹金额突破10万元，收到良好的社会反响，成功获得肇庆市十佳金融创新产品。

"鲜特汇"农业众筹项目的开展，成功为优质贫困农户和投资者提供对接渠道，简化资金筹集和使用流程，有效带动贫困地区农业生产，帮助农户创业致富，使广东农信扶贫工作精准到村到户到人。

金融助推区域产业转型升级

顺德区是东部地区实体民营企业聚集的地区之一，家电行业较为发达。为做好家电配套产业升级工作，广东省农村信用社联合社顺德农村商业银行对某公司的金属表面处理加工中心项目给予3.6亿元授信，通过兴建金属表面处理加工中心，将对金属表面加工厂家聚集，统一污水回收处理，有望有效解决片区金属加工行业散、乱、造成污染严重等问题，实现家电行业产业链优化升级。

"该行给予的配套融资满足了项目开发的资金需求，有望使项目顺利落地，既保护了环境，又可以让金属表面加工这一家电制造行业必要环节能留在本地，着实优化提升了整个家电产业链。"

——该公司负责人曾先生

创新PPP模式，推进重大基础设施项目建设

横五路PPP项目包括建设佛山市顺德区横五路（一期）、荷岳路路面改造及荷岳路至林上路快速化改造一期等，项目总投资20.3亿元，其中资本金6.29亿元（占30%），需要金融机构提供融资14.05亿元（占70%）。广东省农村信用社联合社顺德农村商业银行克服了传统政府融资依赖财政拨款支持的惯性思路，重点以项目可行性为核心考评标准，通过PPP模式为该项目提供融资，使项目工程能够如期顺利施工，其中荷岳路路面改造提前一季度完工，提升了地区整体路网通行能力。

"该行作为地区性银行创新PPP模式为项目提供融资，跟上了项目进度的资金需求，使项目能部分提前竣工，满足了政府及社会资本方的要求，同时也产生了良好的社会福利效益。"

——该公司负责人张先生

"现代医院"项目打开顺德"互联网＋"医疗新局面

广东省农村信用社联合社顺德农村商业银行本着普惠金融、服务群众的社会责任感，与中国银联携手合作为顺德本地医院进行线上转型，为医院接入"医程通"、微信、支付宝等线上医疗服务渠道，为广大民众享受医疗服务提供便利。2016年9月联合顺德区妇幼保健院上线"医程通"APP平台。

"这个'医程通'太方便了，怎么不早点推出呢？自从保健院推出了这个平台，我都不需要在人工窗口前排队了，预约挂号在家里就能完成，诊疗费用直接在手机上缴了，现在还有缴费抽奖活动，现场有专门的人员指导使用软件。现在每次产检我都可以一个人来，而且比以前节省将近一半时间。"

——白领何女士

科技金融　助科企腾飞

2016 年，广东省农村信用社联合社中山农村商业银行股份有限公司积极响应政府科技信贷风险准备金政策，成立火炬开发区科技支行，助力科技型企业发展。2016 年 11 月底，该行成功加入科技信贷风险准备金授信试点合作银行，积极向纳入政府风险补偿名单内的科技型企业提供授信支持。短短十几天内，该行成功推荐四家科技企业进入风险准资金池，并成功向两家企业授信，授信金额共 2 600 万元，贷款余额 1 500 万元。

借助风险准备金的杠杆效应及增信手段，结合科技企业特色，该行创新科技支行专属产品体系。对照风险资金池担保方式及分摊比例及多样化的担保方式，积极研发了包括针对孵化型企业的无抵押信用贷款——"雏鹰贷"，创新担保方式的"成长贷"等一系列科技支行专属产品。同时，该行自上而下开辟绿色优先审查审批通道，提高科技支行审批效率，并拓宽业务办理电子化渠道，积极推广网上申贷、微信申贷，24 小时全天候受理申请。

广西壮族自治区农村信用社联合社

积极探索"金融＋电商"扶贫新模式

广西壮族自治区农村信用社联合社努力抓住"互联网＋"机遇，紧跟国家重点支持农村电商发展的时代步伐，于 2016 年 1 月 20 日推出利农商城微商城，在利农商城推出直供果园，以广西壮族自治区党委组织部、商务厅的"党旗领航·电商扶贫"工作为抓手，打造"金融＋电商"新型精准扶贫模式，充分发挥全国农信系统资源优势，着力打造"金融＋电商"综合生态圈。先后将融安金桔、灵山荔枝、贺州三华李、百色芒果、容县沙田柚、靖西大香糯、百香果、火龙果等特色农产品在利农商城销售，为农户开拓新的脱贫增收渠道，得到自治区和地方政府相关部门的肯定。利农商城获评为 2016 年广西"壮族三月三"国际电商节优秀电商平台。

截至 2016 年底，利农商城共有 3.06 万笔订单，总销售金额 730 万元，助推农特产品远销北京、天津、上海等 25 个省（自治区、直辖市）。

打造农村金融服务站，全面提升农村金融服务水平

广西壮族自治区农村信用社联合社一直致力于服务农民，改善农村支付服务环境。2016 年，在全区有通讯信号的 13 682 个行政村设立了 15 108 个惠农支付便民服务点（以下简称便民点），实现了全区行政村的金融全覆盖，为农民朋友提供"小额存取不出村、转账结算不出户"的优质金融服务。截至 2016 年底，便民点以及金融服务站交易笔数 1 019.65 万笔，交易金额 162.1 亿元。下一步将继续优化便民点的各项服务和功能，打造便民点"升级版"——农村金融综合服务站，在原来提供小额取款、转账、消费、代发补贴、账户查询等业务的基础上，为广大农民提供贷款咨询、反假货币宣传、征信知识宣传等服务。截至 2016 年底，农村金融综合服务站的数量达到 833 个。

贯彻金融 IC 卡行业应用国家战略
全力发行桂盛一卡通

广西壮族自治区农村信用社联合社积极贯彻落实金融 IC 卡多行业应用国家战略和人民银行工作要求，全力发

行了桂盛一卡通。该卡带有金融、信息存储、身份识别、电子支付等功能的桂盛系列银行卡，持该卡可在公交、校园、园区、医院等多行业刷卡消费等，目前已经在多地实现互联互通，一卡多用，一卡通用。截至 2016 年底，一卡通发卡量 66.2 万张。全辖 91 家机构共有 62 家县级农合机构开通一卡通项目，涉及 125 个行业，其中公交行业就有 39 个，极大便利了广大市民。全区多行业一卡通用的格局已形成。

"百色一卡通"就是全辖第一个以市为单位整体实现各市、县（区）多行业互联互通的一卡通，百色市民持该卡可在百色 12 个县、市公交、校园、园区、医院等刷卡消费。广西农信桂盛一卡通 2017 年内还将进一步拓展，实现全区范围的互联互通。

脱贫的助推者 "三农"的贴心人

广西西林县农村信用社联合社那佐信用社于 6 月底前如期完成评级授信工作，为 2 019 户贫困户授信金额 7 932 万元。那佐苗族乡已有 872 户贫困户获得贷款支持，自我经营主要为种植烟叶、杉木、砂糖桔、油茶，养殖猪、鸡、牛等，通过贷款资金的帮助、自身的努力，贫困户逐步实现脱贫，走上富裕幸福美好的生活。截至 2016 年 12 月，已向贫困户发放 4 137 万元扶贫小额信用贷款。为方便村屯村民取款、各项惠农补贴以及农村老人低保金和养老金的领取，那佐信用社推出"桂盛卡全球 ATM 取款免费"等 17 项惠民措施，已在 18 个行政村各自安装一台"桂盛通"。其中弄汪村覃三便民服务点及龙滩村杨飞便民服务点，已经升级为农村金融服务站，为所在辖区内提供相应的金融服务，让金融服务走进每一个村屯，走进每一户农户家中。

重庆农村商业银行

推出"医保贷"产品 助力医疗卫生产业发展

重庆农村商业银行积极响应国家发展医疗卫生健康产业的号召，助力医疗卫生健康产业发展。2016 年推出医保贷产品，通过与各区县人社局合作，由人社局下属医疗保险管理机构锁定借款人医保结算账户回款，重点支持取得医保定点机构资格的医院、诊所、药房等客户。其中，对重庆市万家燕大药房连锁有限公司发放医保贷 800 万元，用于采购药品、增加药品品种，助力其整合门店，增加优势门店，有效解决当地闲置农民工的就业问题；对巫山云鸿医院有限公司发放医保贷 500 万元，增加其竞争优势，支持其开展艾滋病日宣传、关注慈善、传递爱心等一系列活动，为当地老百姓提供资金救助、医疗救助、为"五保"病人开通"绿色通道"等一系列医疗服务，有效解决当地医护人员的就业问题以及老百姓看病难、看病贵等问题。截至 2016 年底，已支持 48 户小微企业，贷款余额 12 165 万元。

开展"帮助一个娃 带富一个家"公益捐赠活动

为落实精准扶贫工作，促进山区小学生健康成长，关爱留守儿童，将"根植地方，服务大众"的宗旨落到实处，2016 年 4 月 27 日，重庆农村商业银行酉阳支行开展以"帮助一个娃，带富一个家"为主题的"智力助学"公益捐赠活动。活动捐助木叶乡小咸小学学生 85 人，向该校捐赠体育学习用品、电脑及电视等远程电教设备，促进该校现代网络教育发展，打造"互联网 + 教育"模式。同时，向黑水镇马鹿小学捐赠 3 400 余册书籍，组建图书室一间，并为每位学生分发围巾、棉鞋、书包等生活学习用品及篮球、足球、羽毛球、乒乓球等体育用品，捐赠总价值 5 万余元。

"辣椒收购贷"帮助贫困户增收致富

为了更好地服务产业发展实际需求，重庆农村商业银行鼓励分支行因地制宜，创新符合地方特色的信贷产品。2016年，该行石柱支行以当地辣椒产业为切入点，创新推出"辣椒收购贷"，以辖内农民专业合作社为支持对象，发放单笔最高300万元（信用最高50万元），最长三年的可循环流动资金贷款。重庆谭妹子金彰土家香菜加工有限公司正是石柱支行支持的农业产业龙头之一，信贷支持1 200万元。通过辣椒生产，谭妹子实现带动贫困户及农户15 000余户种植辣椒2万余亩，产椒3 000万斤，帮助贫困户及农户户均增收3 000余元。

全方位渠道创新服务

为了满足客户的不同需求，重庆农村商业银行对服务方式进行全方位创新，以地理环境、客户工作性质、办理时间和生活方式为切入点，对渠道与服务进行优化与创新，为有不同需求的客户提供更加便捷、安全的服务。

开展绿色信贷 助力环境保护

2016年，重庆农村商业银行紧跟国家绿色发展战略，积极支持节能环保项目，大力推进绿色信贷工作，致力发展绿色经济，严控"两高一剩"，推动金融市场可持续发展。截至2016年底，该行清洁能源和十大节能工程、流域和城市环境综合治理、工业污染治理、循环经济等绿色信贷重点项目余额105.37亿元，项目新增21.46亿元。

加大金融知识宣传 拓展便利金融服务

为提升农村金融消费者的自我保护意识，帮助众多的老百姓了解金融知识，重庆农村商业银行城口支行修齐分理处主动开展"五走进""四拓展"活动。2016年，开展宣传活动超出下达任务24场次，惠及近3 000人。在外拓活动中，利用移动展业平台，现场办理移动金融1 800户，遍及修齐各个乡镇，让偏远山区百姓享受到移动金融的便利服务，为实现金融服务"村村通"奠定了基础。为将金融服务的触角延伸到各村、各社，分理处的4名客户经理和1名主任常态化地白天走村串户开展调查，晚上熬夜做资料，客户经理每个月下乡的天数平均在15天以上，向特殊人群提供完善的上门服务，为贫困百姓提供房屋改建贷款，向初期农业创业者提供资金支持等，从而提升百姓服务体验，带动当地农产业发展，改善当地就业问题，提高百姓生活水平。

甘肃省农村信用社联合社

"陇药通"托起中药材产业富民新天地

"陇药通"是甘肃省农村信用社联合社中药材生产经营贷款的简称，是该行根据省委、省政府提出的以陇西为中心打造"陇药品牌"的精神而设计研发的特色信贷产品。截至2016年底，全省共有15家县级农村商业银行、农村合作银行和县农村信用合作联社参与推广，累计发放贷款79.16亿元，贷款余额45 993笔，55.03亿元，托起了产业富民新天地。

陇西农村商业银行是该行依托研发"陇药通"特色产品的银行。陇西县因盛产黄芪、党参等多种中药材，有"中国药都"之美称，目前全县中医药产业已迈进标准化种植、规模化贮藏的发展阶段，以陇西为中心的全省中药材发展产业逐渐形成。在此发展过程中，"陇药通"产品功不可没，业务延伸到全县中药材生产、加工、交易等全部产业链。截至2016年底，该行"陇药通"贷款余额达到11 298户，21.74亿元。

"如果不是'陇药通'贷款，要发展这么好，真是有点难！"

——该信贷产品用户

推进普惠金融践行"服务三农"社会职责

"金种宝"是甘肃省农村信用社联合社种子生产经营贷款的简称，是该行根据省委、省政府发展"草食畜牧、设施蔬菜、优质林果"三大主导产业和提升"育种、马铃薯、中药材、设施农业种植及规模养殖"等六大优势产业的发展思路，因地制宜地设计研发的特色贷款之一。截至 2016 年底，全省共有 8 家县级农村商业银行、农村合作银行和县农村信用合作联社参与推广，累计发放贷款 127.86 亿元，贷款余额 45 439 笔，42.84 亿元。

张掖农村商业银行是该行依托研发"金种宝"特色产品的银行。多年来，该行依托张掖玉米制种示范基地，以"金种宝"为抓手，扶持了多家玉米制种企业和广大种植农户，其中最具特色的是张掖市福地种业有限责任公司。该企业为张掖市社会劳动保障局确定的下岗失业人员密集小企业，现从业的 56 人中，21 人属于下岗职工。该企业在 2 200 万元"金种宝"贷款的支持下不断发展壮大。截至 2016 年底，该行累计发放"金种宝"系列贷款 29.43 亿元。

"旺畜宝"开拓惠民之路

"旺畜宝"是甘肃省农村信用社联合社草食畜牧业贷款的简称，是甘肃省农村信用社联合社根据省委、省政府发展"草食畜牧、设施蔬菜、优质林果"三大主导产业和提升"育种、马铃薯、中药材、设施农业种植及规模养殖"等六大优势产业的发展思路，因地制宜地设计研发的特色贷款之一。截至 2016 年底，全省共有 16 家县级农商行、农合行和县联社参与推广，累计发放贷款 176 亿元，贷款余额 67 678 笔，79.17 亿元。

甘肃省农村信用社联合社天祝县农村信用合作联社、广河县农村信用合作联社和武威农村商业银行是该行依托研发"旺畜宝"特色产品的银行。天祝县农村信用合作联社已累计向本县农牧民发放"旺畜宝"贷款 13 416 笔，10.02 亿元，现有余额 6 995 笔，7.04 亿元。天祝县华藏寺镇周家窑村三庄组村民周英香 2014 年发动几个邻里姐妹，通过 20 万元"旺畜宝"贷款，入股、养殖，如今已经成为养殖小区老板，被村里人亲切称为"带领乡亲共同致富的女能人"。武威农村商业银行截至 2016 年底累计投放"旺畜宝"贷款 2.31 万户，金额 47.32 亿元，支持新建暖棚养殖 8.4 万亩、特色林果业 0.45 万亩，享受贴息资金 7.12 亿元，户均 3.08 万元，实现了农户实惠，政府满意、银行发展的"三赢"局面。

不忘初心　服务"三农"

2011 年，甘肃省农村信用社联合社积极响应银行监管部门和省委、省政府普惠金融号召，研发推出了"三农"服务终端，通过在金融服务空白乡镇、偏远乡村设立便民金融服务点，布放"三农"服务终端，把银行办到了村民家门口。2015 年，在"三农"终端成功基础上，为进一步提高全省农村地区金融服务覆盖率，甘肃省农村信用社联合社继续推出了惠民终端，由"一对多"辐射金融服务向"一对一"金融机具覆盖转变，以更灵活的方式覆盖偏远金融空白行政村。截至 2016 年底，便民金融服务点已覆盖了全省 59.5% 的行政村，使 64.5% 的农牧民受益。该产品包括小现金存取、转账汇款等多种功能。

"两年没回来，村里的变化真大，以前取钱必须要到乡上，费时费力，还不安全。现在，银行开到了家门口，取钱转账不出村，真是方便！"

——从深圳务工返乡的永登县小沙沟村村民李某

踏上致富的互联网道路

自 2015 年起，甘肃省农村信用社联合社把"互联网＋农村电商"作为推动"互联网＋"普惠金融的重要抓手，以该行便民金融服务点（"三农"服务终端＋惠民终端）

为基础，通过联合电商公司为便民金融服务点配置网购终端，为客户提供商品"代购、代送、代发、代收、代付、代销"等服务，推动"工业品下乡，农产品进城"，农民在自家门口就可以签收网购商品或出售农家土特产。

1. 业务功能。目前已实现为农村地区客户提供网上购物、货物配送、支付结算、售后维护的全流程服务。

2. 适用范围。该行已经运营成熟的"三农"服务终端及惠民终端便民金融服务点，且当地农民有一定的网络购物需求。

3. 服务方式。便民金融服务点管理员协助客户购物，电商公司提供商品、配送及售后服务，在该社"三农"服务终端或惠民终端结算。

4. 收费标准。农村电商业务该行不收取任何费用。

深圳农村商业银行

推出以"信通小时贷"为首的系列多款线上信贷创新产品

深圳农村商业银行推出"信通小时贷"系列线上信贷创新产品。该产品是针对个体户、小微企业主、企业工薪职员等客户打造的一款移动互联网贷款产品，从申请、审批、签约到放款和还款全流程均通过手机银行APP自助完成，7×24小时可受理。2016年，该行持续丰富小时贷业务模型，通过云计算和大数据，利用e账户实现了"刷脸借钱"，使得小时贷的服务从深圳迈向全国，申请受众不设门槛，打破地域限制。截至2016年底，"信通小时贷"累计受理申请超过14万笔，不良率为0.50%。

《深圳农村商业银行："信通小时贷"探索普惠金融新模式》作为全国唯一的地方性银行案例入选清华大学金融学院出版的《"互联网＋普惠金融"理论与实践》一书。在2016中国金融年会上获得"年度最佳金融创新大奖"。在"第十二届中国电子银行年会暨2016中国电子银行年度金榜奖颁奖盛典"上，获得"2016区域性银行最佳互联网金融业务创新奖"。

书香温暖山区，爱心点亮希望

由深圳农村商业银行发起的"信用卡公益计划·书香图书室"捐赠活动，深入走进广西壮族自治区的偏远山区，为当地较为贫困的中村小学、合林小学和龙降小学捐赠各类图书2 217本、文具6 665套、书包153个、书桌书柜椅子共115个、体育用品108套，有效地帮助这三所小学建设完整的图书室，为孩子们创造良好的阅读环境，充实学生们的课外读物，满足他们对知识的渴望。

该行本次受捐的中村小学、合林小学和龙降小学分别位于广西梧州市苍梧县龙圩镇、广西河池市宜州区三岔镇和宜州区庆远镇宜畔村，地势偏远，受限于当地经济发展，教育资源匮乏，学生大都为农村的留守儿童，学校无独立完整的图书室，图书资源极其缺少。本次的图书室捐赠对处于学习黄金期的孩子们来说是雪中送炭，学校师生们纷纷表达对深圳农村商业银行爱心举动的感谢之情，立志要努力学习，早日成才，为社会和国家多作贡献。同时，此次活动也受到当地政府领导的高度评价，表示深圳农村商业银行不仅一直支持广西苍梧、宜州地区经济发展，而且关心支持社会公益事业，心系孩子成长教育，不断为社会注入正能量。

"幼儿园贷"探索破解民办幼儿园"融资难"

深圳农村商业银行"幼儿园贷"主要服务于深圳民办幼儿园投资方，是一种小额信用类贷款产品，主要根据办学规模和教育收费核定客户授信额度，用于满足幼儿园流动资金周转、购置设备、新开幼儿园等各类正当需求，具有标准化、易操作的特点。该项目自2015年开始实施，截至2016年底，累计发放89笔，发放金额1.18亿元，余额1.03亿元。

"幼儿园贷"是对教育行业金融授信模式的实践，通过对民办教育行业的支持，引导大家更加关注"幼儿入园难""减少留守儿童"等社会问题，产品本身的社会价值和舆论价值远远高于金融价值。《深圳特区报》、《宝安日报》、《南方教育报》对该项目做了正面报道。

"刷脸借钱的 e 账户" 助力该行服务从深圳迈向全国

深圳农村商业银行推出的 e 账户是指个人客户通过该行个人手机银行（iPhone 版、Android 版）渠道自助开立虚拟结算账户，按照中央银行账户种类划分标准属于 Ⅱ 类银行账户。全国任何地方的客户，都可以足不出户申请、使用 e 账户，在监管许可的范围内，享受该行的金融产品服务，使本土服务迈向全国。

该产品创新点：一是将直销银行和手机银行集成在一个 APP，共享服务和用户体系。二是刷脸技术，风控严密，银行业首家实现全流程线上开户和贷款的银行，从开户到贷款获批，快至 3 分钟。

上线 3 个月，截至 2016 年底，在无任何外部平台导流的情况下，客户自发开立 e 账户 2 万多户。2016 年 11 月，该产品因"绿色信贷、快速审批、普惠金融"的特性，在由北京大学汇丰商学院和《南方都市报》共同举办的 2016 中国金融年会上获得"年度最佳金融创新大奖"。

送金融知识进万家　践行社会责任

2016 年 9 月，深圳农村商业银行组织的"金融知识宣传服务月"宣传活动在深圳各地火热开展。在深圳地区近 200 个网点内进行 LED、宣传折页及"金融宣传大使"服务人员宣传讲解，同时走进社区，有针对性地与社区居民互动宣传；特邀公安局网监中心民警举办讲座，增强老年人反信息诈骗能力；走进松岗颐年院，为残疾人士送去金融知识，也送去温暖和关怀。

该行在深圳地区近 200 个网点创新推出"金融宣传大使"，佩戴活动主题胸牌，主动进行客户教育，形成了本次宣传活动的一大亮点。同时该行本次活动充分利用网点、官网、官微、电台、媒体等多个渠道扩大金融普及宣传。

本次活动该行共发放各类金融宣传资料约计 15 万余份，宣传网点覆盖近 200 家，开展各类宣传活动 21 次，真正达到了普及宣传教育的活动目的，切实将金融知识普及工作深入到了群众实际生活中。

昆山农村商业银行

创新产品，打破传统业务局限

截至 2016 年底，昆山农村商业银行"信保贷"共进行了贷前调查 40 笔，授信申请 13 950 万元，累计用信 27 笔，用信金额 7 400 万元。江苏拓米洛环境试验设备有限公司是台台电子为从贸易销售向研发制造转型而设立，主要从事高端环境试验设备的研发、生产及销售。公司成立虽不满两年，但产品科技含量高，销售蒸蒸日上。由于研发、人员、固定资产等投入大，资金较为紧张，作为一家轻资产企业，他们很难通过传统方式得到银行的授信支持。该行"信保贷"业务推出后，开发区支行立刻想到这款产品正好解决拓米洛公司的难题。于是王灵行长亲自带队上门营销。随后他们帮企业跑保险公司、创新融资平台，落实授信条件，并邀请总行公司业务部现场认定，最终成功给予授信，顺利发放了贷款。

集中力量支持现代物流业的发展

昆山农村商业银行在支持现代服务业上主要集中在支持现代物流上。昆山有大量的物流企业和新兴物流公司，该行积极进行营销。

新宁物流就是该行重点合作的一家物流公司。新宁物流以自有干支线班车和站点网络为基础，充分利用货运资源，根据客户不同的需求特点，为客户提供个性化、一体化的海陆空运输及其他物流运输服务。自有 TMS 车辆运输管理系统平台可高效地管理运输项目中的货物实体流与信息流，对车辆运行途中进行全过程监控，同时查看车辆相关派车单、运单等，大大提高了货运操作的效率。根据客户的实际需求，建立最快速的线路，最便捷的线路，最低成本的线路，最优化的线路等，将陆海空三种方式有效、合理地结合起来，打造灵活性极高的立体式运输方案，为客户解决物流问题。

依据实际情况调查，该行对新宁物流授信 3 500 万元，用于新的车辆运输管理平台的建设维护和运输交通工具的建设。

支持周庄旅游建设　共建美好昆山

昆山农村商业银行在文化产业上重点支持旅游业的发

展，尤其是"周庄"这张昆山的旅游业名片。近年来，旅游产业得到了快速发展，作为有着中国第一水乡美誉的周庄古镇，收益良多。

江苏水乡周庄股份旅游公司在该行周庄支行的大力支持下，近年来维持良好的运作，游客量和知名度不断增加。在该行的支持下，江苏水乡周庄旅游股份有限公司对周庄古镇进行了大力改造，包括对古镇内古建筑的保护维修、道路改造以及污水治理，让周庄古镇变得更加美丽动人，吸引着越来越多慕名前来的游客，同时也带动了当地旅游产业经济的快速发展，让周庄人民走上了致富之道。

支持苏州市级农业龙头企业发展　服务"三农"

昆山市水中仙控股投资有限公司主要经营投资与资产管理，淡水产品经营，电子产品开发、销售，货物进出口业务。公司已通过 ISO 9001 体系认证，属本地农产品龙头企业，其"水中仙"牌大闸蟹属中国驰名商标。

公司经营模式为水产品自产自销，营销模式采取传统的线下销售和新兴的互联网电子商务模式相结合。线下销售是面对政府机关、企事业单位展开团购直销，并进驻多家大中型商场、超市及星级酒店，开设专卖店或营销分支机构进行销售。电子商务销售是公司近年来大力开展的互联网电子商务业务，网络销售逐年攀升，获得了较好的发展势头。

根据该企业销售及订单承接情况，其年主营业务收入近 2 亿元、年主营业务利润 800 多万元，销售利润率 5%，公司经营状况良好。昆山农村商业银行考虑到借款人名下物业地理位置较好，承租情况好，抵押物升值空间大、变现能力强，故同意以昆山市水中仙控股投资有限公司的名义向该行申请固定资产支持融资业务贷款 7 200 万元，并配套 1 000 万元流动资金贷款，有力地支持了公司的发展。

推动传统产业优化升级　创造更多财富

昆山农村商业银行在支持传统行业方面主要集中在制造业上，该行积极响应市政府"机器换人"的政策，支持有成长性的优秀企业进行产能升级，提高自动化水平和生产效率。

该行在 2016 年授信 3.2 亿元支持昆山沪光汽车电器有限公司启动"机器换人"计划。如今的沪光公司，曾经

需要 140 人工作的仓库，现在只需两个人就能完成；一个断线压接机组，平均比过去减少 10.5 人。企业生产从"标准化"迈向"智能化"，在国际汽车线束行业处于领先地位。

江苏赣榆农村商业银行

助人为乐　尽显农商本色

2016 年 8 月 3 日上午，江苏赣榆农村商业银行马站分理处营业厅内站着一位年轻人，手捧锦旗，眼含热泪，快步走到支行行长面前，一把握住支行行长手说："谢谢，真的太感谢你们了！"

事情要从 2016 年 7 月 31 日说起。当天上午，一位孕妇前来该行办理业务，由于当日天气异常炎热，客户刚停放好电动车后便出现不适，晕倒在该行 ATM 台阶前，该行实习生和保安在发现客户晕倒后立刻冲出门外，发现客户中暑，该行工作人员立刻施救并汇报。经过全力施救，孕妇气色逐渐好转，情绪也逐渐稳定了下来，工作人员联系其家人，将其送到医院做进一步治疗。由于发现及时并且救助果断，孕妇的病情得到有效的控制，孕妇家属为了表示感谢特意送来锦旗，于是出现了本文开头的情景。

连云港东方农村商业银行

关注民生　心系民众

连云港东方农村商业银行把支持民生工程作为贷款的重点投向，向连云港市住房保障中心发放贷款 8 700 万元，授信用途主要为支持茗昇花园经济适用房的建设。茗昇花园小区项目位于新浦区凤凰新城内新建东路北侧，学院路东侧，纬三路南侧，规划用地约 242 亩，总建筑面积 27 万平方米。该笔贷款的发放较为有力地支持了棚户区改造后的拆迁户安置工作。

积极建设农户家庭阳光信贷标准化工作

为了规范农户家庭阳光信贷流程操作，提高支农服务

水平，促进支持"三农"与自身科学发展良性互动，连云港东方农村商业银行于 2016 年推出"农户家庭阳光信贷标准化建设"。

该产品通过张贴海报、散发传单、广播电视、标语、横幅、会议、政府发动等多种方式，全方位、多层面向社会广泛宣传阳光信贷，通过逐户对农户资信和信贷需求状况摸底排查，建立经济档案，对客户合理有效信贷需求进行评级授信。坚持"公开、公平、公正"原则，实行"阳光"操作，支持服务区内农户致富，为农户提供高效的信贷服务，助推"三农"经济发展。

截至 2016 年底，"农户家庭阳光信贷标准化建设"走访客户 35 000 户，授信 7 441 户，授信余额 79 226 万元，用信余额 3 371 万元。该产品极大简化了农户贷款的工作流程，加大普惠授信力度，提高了农户贷款效率。

广州农村商业银行

派好"一个村官"　服务基层村社

广州农村商业银行响应国家"大学生村官"政策号召，持续创新公益形式，选派优秀员工作为"农村金融服务专员"，派驻到全市重点镇街、村社挂职，为基层组织和村民提供贴身金融服务，协助村委开展日常工作，并积极推动落实该行村社公益行动。"农村金融服务专员"是该行为贯彻落实省市关于"发展普惠金融、民生金融、社区金融"有关精神、加大金融支农力度而推出的新举措，也是该行 2016 年村社业务"六个一"工程中派好"一个村官"的落地项目。

首批 20 名"农村金融服务专员"已于 2016 年 7 月分别派往白云、黄埔、花都三个区内试点镇街和村社驻点开展工作。这批特色"村官"在金融知识普及、村委工作协助及村社公益等方面的基层服务工作得到了广大村委和村民的一致认可。该行下一步将适时推进第二批专员的选派工作，并在全市范围内推广实施，为新农村建设贡献更大的力量。

回馈桑梓燃千村激情　专业办赛铸广州力量

广州农村商业银行结合其多年支持村社传统风俗与文体运动的丰富经验以及在广大农村地区的良好群众基础，于 2016 年主办了"广州农商银行杯"第一届广州千村足球锦标赛。该项赛事以丰富村民生活、推动全民健身为宗旨，让广大村委村民在努力发展农村经济、提升农民生活水平的同时，开展健康、良性的体育竞技活动，展现积极向上的新农村精神面貌。

千村足球锦标赛是广州市首个村社足球赛事，由广州农村商业银行发起主办，广州市足球协会协办。比赛采用国内常规七人制男子足球比赛规则，由国家认证足球裁判执法。比赛共吸引了 200 多个行政村组队参赛，包括猎德村、沙亭村、坑口村等在内的 10 个区共 23 支村社足球队伍晋级全市决赛。经过激烈的角逐，猎德村最终夺得首个广州地区农村足球冠军。该行计划今后将固定每两年举办一届，其中一年为分区选拔赛，另一年为全市总决赛，以实现广州首个村社足球赛事的常态化和品牌化运营。

开展"太阳·无声的爱"听障儿童复听项目

广州农村商业银行太阳公益基金会作为广州市注册资金规模较大的基金会，成立以来高起点、高标准运作，组织机构健全、运作管理规范，影响面广、受助人群多。创新开展扶贫济困"太阳·无声的爱""太阳·同在榕树下""太阳·革命老区专项行"三大公益品牌项目，投入资金累计达 1 500 万元，志愿者服务累计两万人次。

其中，"太阳·无声的爱"是 2016 年 4 月启动的听障儿童帮扶项目，该行与广州 6 家三甲医院及 2 家康复中心建立战略合作，搭建社会慈善资助、医院救治、康复机构、耳聋患者四方救助体系，通过植入人工耳蜗的方式让他们恢复听力并过上正常的生活，孩子们由"无声"走到"有声世界"。截至 2016 年底，累计帮扶儿童 22 位，投入资金 132 万元，荣获第六届中国公益节"年度项目奖"。

探索"互联网 +"直销银行新模式

广州农村商业银行于 2015 年底推出直销银行，按照全线上网络银行定位打造为轻型、灵活、开放的互联网金融服务平台。运用人脸识别等互联网技术手段支持客户线上、远程开户，面向个人客户提供全天候的存款、投资、个人信用贷款、信息查询等金融、生活服务，业务办理流程便捷、产品标准化、门槛低，主打消费金融及普惠金融蓝海市场。积极开展互联网跨界合作，与第三方平台互为门户、相互嵌套产品，实现跨行、跨界、跨区域引流获客，有效支持银行金融服务对外延与渗透，是该行服务于大众群体的重要平台，荣获中国金融认证中心颁发的"2016年最佳直销银行功能奖"。截至 2016 年底，该行拥有近 6 万名直销银行客户。

该行运用"互联网 +"思维大力发展线上支付服务体系，以新型移动支付为发展重心并取得创新突破。推出"太阳智付"统一支付品牌，涵盖直联支付、第三方支付快捷支付、移动支付和线上收单等一系列支付产品，以新型、便捷、安全的支付服务助力普惠金融新发展。2016 年，该行成为首批开通微信提现业务的 8 家区域性银行之一，全面改善受理环境和优化支付体验，实现各类线上支付交易量 9 950.23 万笔，交易额 431.86 亿元。

爱新鲜　就上"太阳集市"

广州农村商业银行于 2013 年推出电子商城，前期涉足贵金属、钱币、农产品等业务电商领域，2016 年以来启动转型升级，聚焦农村、农业电商，设立"太阳集市"微信电商平台。截至 2016 年底，拥有约 7 万名电子商城客户。

"太阳集市"微商城是广州农村商业银行进军电子商务的另一次有益探索。一方面围绕农业产业链上下游，引入整合多款村社、村行特色地标农产品，基于电商平台促进产销对接，帮助农户建立互联网销售渠道，2016 年销售 1.72 万笔、44.05 吨。另一方面探索众筹模式，帮助农业企业获得融资，也使银行从电子商务业务得以回归金融本质。通过与农业企业持续开展商城营销活动及不断深化合作，以"互联网＋农业＋金融"思路实践"助农、惠农"工作，助力农村产业发展。

江苏常熟农村商业银行

"小额创业贷"为创业人群"贷"去希望

江苏常熟农村商业银行的"小额创业贷"自 2010 年推出以来，以加大对小微实体经济的扶持力度为己任，积极响应"大众创业，万众创新"的号召。截至 2016 年底，为大学生、返乡农民工等"双创"人群提供总计近 8 亿元的信贷资金支持。

"普通家庭刚毕业的大学生，全部由自己承担开店资金有困难，但是该行的小额创业贷款针对个人创业者，门槛低，手续简便，且根据资金回笼情况量身定制还款计划，减轻了还款压力。"

——常熟市内受益的第一批个人创业者杨先生

小贴士

"小额创业贷"专门用于扶持 45 周岁以下的个人创业者，通过全程上门服务和免手续费、免提前还款手续费等一系列费用减免政策，降低创业者融资门槛。此外，小微信贷工厂模式结合"移动贷款平台"，实现随时随地处理客户申请，简化贷款流程，节约创业客户融资时间。

"有田贷"贷出甜蜜事业

江苏常熟农村商业银行于 2014 年推出针对从事种植业的农户的"有田贷"农户授信贷款产品。该产品采用信用的保证方式，根据农户承包田地的亩数进行授信，再乘以相应系数确定授信额度。

在担保方式方面，"有田贷"产品采用信用的保证方式，突破了农户无抵押少担保的障碍。在合作渠道方面，该行联合村委、农业合作社开展该产品宣讲会，通过村委和农业合作社了解种养殖客户的基本情况，结合农户的家庭、生产等基本信息，确保授信额度的合理性。在审批效率方面，该行设计了种养殖行业的评分卡模型，实行批量审批同时客观把控风险。评分卡模型的运用配合人工干预，大大提高了审批效率。截至 2016 年底，该行累计发放"有田贷"产品 2 787 笔，发放金额 29 693.6 万元。

小微"星公益"关爱暖人心

江苏常熟农村商业银行在"普惠金融责任银行"的经营理念指引下，立足公益、面向社会，努力加强自身建设，广泛宣传慈善文化。在该行慈善基金会下创新设立小微"星公益"爱心公益子项目，与"自由星小微金融服务品牌"相结合，充分发挥了慈善事业在构建和谐社会中的重要作用。

小微"星公益"项目自 2011 年 4 月成立以来，号召员工从每月收入中捐出 10 元存放入爱心基金，用于定向资助困难学子、慰问福利院儿童和孤寡老人、前往山区支教等公益事业。截至 2016 年底，小微"星公益"项目长

期资助贫困学子 17 名，累计前往 6 所山区学校开展支教活动，参与到"敬老院关怀活动""三月植树活动""爱心后备箱"拍卖会等公益活动中的志愿者达 2 000 多人次，努力践行"安老、扶贫、助学、济困"的社会责任，为构建和谐社会贡献力量。

普惠金融进家门　贴心服务惠民生

江苏常熟农村商业银行强化小企业客户经理、小额信贷员、家庭金融服务经理二支服务队伍，时刻坚持以"把优质服务送进千家万户"为导向，以"不断改善服务态度，完善服务体系，提升服务质量"为目标，采取定点宣传和走访宣传两种形式，切实推进"进村进社区"活动，将金融服务带到千家万户。

截至 2016 年底，家庭金融条线组建了 270 多人的家庭金融服务经理，与 700 多人的村委社区联络员和 2 000 多人的村民组长、社区楼长组成的"三位一体"家庭金融服务网络，旨在为客户提供精准服务。在提升群众基本金融知识的同时，展现了该行专业的金融形象，得到城镇居民和各企事业单位职工一致认可和好评。

公益家装　筑起温暖巢穴

江苏常熟农村商业银行在强调小微金融规模效益的同时，着重突出特色文化软实力，持续提升企业社会形象。该行在扶持当地特色产业发展和转型的同时，不忘社会责任。自 2014 年起连续两年，与常熟市广播电视总台和当地优秀家装企业联合支持常熟市公益家装活动，为空巢孤寡老人、低保特殊困难家庭或其他需要装修改造家居环境而自身力量存在困难的家庭进行免费装修，并提供单户

2 000 元的家电购买基金。截至 2016 年底，该行累计为 21 户困难家庭进行公益家装资金支持，金额达 46.2 万元，以实际行动真诚回馈社会，帮助困难群众，树立良好社会形象。

江苏睢宁农村商业银行

网商助力贷提档升级网商发展

江苏睢宁农村商业银行乘着睢宁辖内电子商务发展的东风，以提升金融服务水平为导向，于 2013 年推出"网商助力贷"贷款产品。截至 2016 年底，共支持辖内网商创业的贷款商户达到 2 657 户，贷款余额 3.12 亿元。沙集镇魏集村居民陆敬红，借助"网商助力贷"的信贷资金支持，在睢宁县中央大街建立"天天欢乐购"农产品电商平台，实现了"互联网 +"农产品一体化生产销售的现代农业模式，年收入已达 20 万元。

"如果没有农商银行的资金支持，我的电商平台就不会做到今天的规模，再好的项目、再好的创意也是白搭，我和'天天欢乐购'的每位员工都非常感谢农商银行的'雪中送炭'。"

——沙集镇魏集村居民

小贴士

"网商助力贷"充分调动辖内青年网商创业的积极性、主动性，着力打破青年网商创业资金"瓶颈"，为青年网

商创业搭建融资平台，对青年网商创业者实施"优先受理、优先评级、优先授信、优先贷款"的优惠政策。

"四个转变"搭建小微企业服务新平台

江苏睢宁农村商业银行以"普助小微，共同发展"为出发点，通过建立"四个转变"工作机制，支持小微企业发展和创新转型。

由被动到主动，实现服务意识转变。深入开展"三联三包三达标"活动，主动走访联系小微企业，实现银行与企业间的信息对称。

由传统到新型，实现服务手段转变。创新开展"小微转贷"业务，在企业无须结清贷款的情况下，延长还款期限，打破"过桥"还贷瓶颈。已为 24 户企业办理转贷 2.2 亿元。

由单一到复合，实现服务方式转变。建立政府、银行、企业三位一体的复合共生式联系机制，共同探讨小微企业发展转型的办法和举措。

由线下到线上，实现服务渠道转变。开通微信、互联网等线上申贷渠道，提高申贷工作效率。2016 年通过线上受理发放贷款 266 户，金额 6 966 万元。

截至 2016 年底，该行小微企业贷款 7 236 户，余额 27.43 亿元，申贷获得率 99.41%，圆满完成"三个不低于"目标。

"扶贫精准贷"助推致富梦

江苏睢宁农村商业银行的"扶贫精准贷"是在扶贫小额贷款的基础上延伸创新的金融产品。该产品在 2016 年 9 月推出，至 2016 年底的短短 4 个月，该行已投放"扶贫精准贷"贷款 987 笔，累计投放贷款 5 418 万元，贷

款余额 5 375 万元，累计支持和带动扶贫户 1 292 户。睢宁县沙集镇村民段先生通过带动本村 5 名建档立卡低收入户就业，签订了帮扶协议，并在睢宁农村商业银行办理了 10 万元的精准扶贫贷，靠这笔资金支持，他在家盖起了厂棚，购买了机器，自己生产家具，保障了产品供应。

小贴士

"扶贫精准贷"贷款产品的最大特点是对原有扶贫小额贷款不能满足生产经营需求的客户给予进一步的资金支持。该产品定位于助推扶贫金融服务，主要支持建档立卡贫困户。"扶贫精准贷"贷款产品单户最高可贷款 5 万元，签订帮扶协议的大户最高可贷款 50 万元。

积极参与社会慈善活动

由睢宁电视台主办的"状元星感动"大型慈善拍卖晚会于 2016 年 1 月 24 日晚在睢中南校春晖堂隆重举行。"状元星感动"是该电视台近期重磅推出的一项慈善活动。该活动通过"以物换物"的方式——用低价值物品向爱心商家换取较高价值物品，最终将高价值的物品进行拍卖，所得款项用来资助帮扶对象。当晚共有相机、衣服、手机、乐器等 12 件物品用于拍卖。

江苏睢宁农村商业银行积极承担社会责任，回馈社会，为弱势群体献出一片爱心，最终以 5 000 元的价格夺得晚会的第一件拍卖品——皮草一件，拍卖款 5 000 元将直接捐助给邱集镇王林社区家境贫寒的李同学。在慈善晚会上，该行干部、员工现场又自愿捐出 3 200 元现金，此举得到了现场观众和主持人的赞扬。

汇丰银行（中国）

践行普惠金融　服务"三农"

汇丰银行（中国）持续扎根县域，服务农村金融市场，为"三农"和小微企业提供存贷款等金融服务。该行积极参与当地金融扶贫工作，通过商业可持续模式践行普惠金融。根据小微企业资金需求特点，实行灵活的信贷政策和服务策略，积极开发差异化、特色化、品牌化的贷款

产品，开展流程再造与创新，最大程度地满足小微企业的融资需求。截至 2016 年底，该行发放的村镇贷款余额总计约 13.50 亿元，其中涉农贷款占比超过 81%；该行农村营业网点达 26 个；小微企业贷款余额达 9.20 亿元；小微企业贷款余额占全部贷款余额的比例达 68.13%；涉农贷款余额合计达 10.95 亿元；涉农贷款余额占全部贷款的比例达 81.10%；服务"三农"金融产品数量占全部产品的 99%。

"生态环保及绿色信贷"培训

"生态环保及绿色信贷"培训活动，由汇丰银行（中国）和山水自然保护中心于 2016 年在深圳联合举办。在为期三天的培训中，15 名来自该行工商业务部的客户经理在山水自然保护中心科考专家的带领下，进入深圳红树林保护区观鸟，了解沿海候鸟栖息地的环境特征，认识沿海城市化对候鸟栖息地带来的严重影响，了解传统鱼塘的生态恢复和大鹏半岛周边珊瑚的保育情况及面临的威胁。该行客户经理动手清除园内入侵物种，探讨中国东部发达地区生境破碎化所面临的问题。

此次培训，让该行客户经理认识到人类生产、生活对环境造成的影响，促使他们从全局思考，立足环境的可持续发展，以便在工作中作出绿色科学的投资决策。

广东贫困农村生态扶贫项目

广东贫困农村生态扶贫项目是在 2015 年由汇丰（中国）村镇银行捐赠支持四川海惠助贫服务中心（即国际小母牛组织中国办公室）在广东恩平开展的项目。该项目计划在六年时间里，帮助 2 400 户贫困农户通过以价值为基础的社区综合发展模式和价值链实现自力更生及可持续

发展。

　　截至 2016 年底，该项目为那吉镇古楼村互助小组成员 28 户农户发放首批礼品金，每户 6 000 元，共发放 168 000 元，帮助农户发展以畜牧业为主（养殖牛、鸡、鸭、鹅）的养殖项目。同时，该项目通过组建互助组，开展社区规划和理念培训及多种社区活动，实现社区团结、构建和谐新农村，改变社区贫穷落后面貌。该项目预计将于 2017 年底后收回成本，将爱心传递给更多贫困户，助力脱贫致富。

进城务工者金融知识教育普及

　　汇丰银行（中国）从 2012 年开始，投入资金关注进城务工人员金融教育方面的需求，启动"进城务工者金融知识教育项目"。项目以公益话剧表演等方式，创造了"万名进城务工者金融教育"的先例。2016 年，国内首部进城务工人员金融公益话剧《乌托咖啡馆》登上国家大剧院的舞台，全国优秀农民工代表、在京进城务工人员千余人观看了演出。该剧先后在北京举办 10 场正式剧场演出，12 场剧本朗诵会，还在农民工聚居的社区巡回演出，同时邀请金融监管干部现场客串，解答外来务工观众的提问，使农民工朋友既丰富了业余生活，又收获了金融知识。

汇丰水资源计划

　　"汇丰水资源计划"是一个以淡水资源保护为主题的全球行动，广泛支持全球五大流域的保护与可持续发展。自 2002 年开始，汇丰银行（中国）不断推动中国最重要的母亲河——长江走向可持续发展之路。在长江中下游，

该行与世界自然基金会（WWF）携手，围绕淡水生态系统保护、水资源管理、提高公众意识等方面开展工作，努力实现健康长江、健康企业和健康社区的理想。

　　截至 2016 年底，49.80 万公顷的湿地生态系统得到保护；8.10 万名农民、渔民获得可持续生产的知识；291 家企业开展了提高水效、减少水足迹的行动；国内重要湿地保护区的 2 000 多名工作人员接受了汇丰资助的专业培训；长江旗舰物种江豚的保护取得阶段性进展，超过 60 头江豚栖息于天鹅洲、何王庙、集成垸和安庆西江故道；由项目发起的"长江湿地保护网络"成为流域内 252 个成员单位的共同平台，国家林业局成功将"保护网络"经验推广至黄河、滨海和黑龙江流域。

　　2016 年，在该项目的支持下，WWF 中国和国家林业局湿地中心联合发布的《生态湿地——WWF 中国环境教程湿地篇》面世，用于国家湿地公园宣教培训。

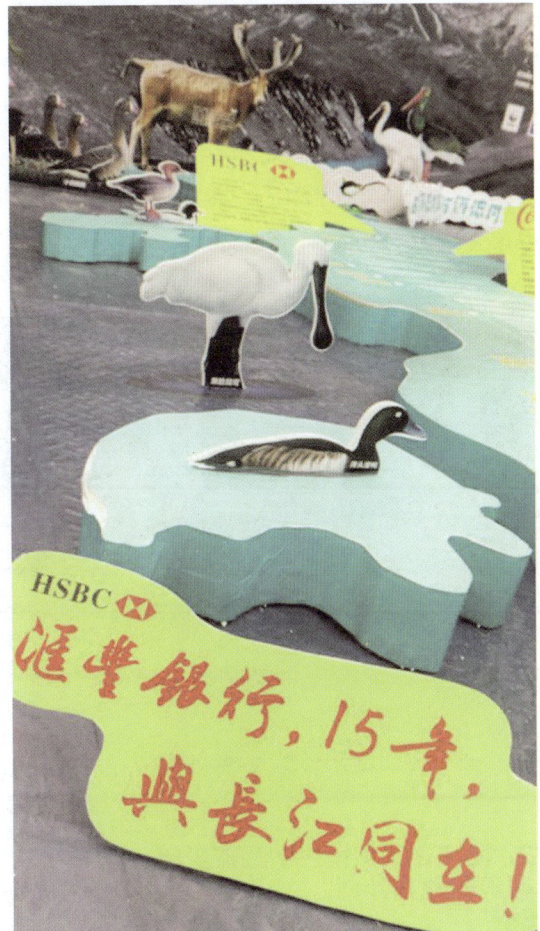

瑞穗银行（中国）

"瑞穗奖"记下孩子们蜕变成长的足迹

为了支持中国的基础教育事业，瑞穗银行（中国）于 2006 年 10 月，在众多外企中，率先面向中国的初中及高中生，设立了瑞穗奖。

瑞穗奖作为外企在中国的中学首创的奖项，先后在中国人民大学附属中学、北京大学附属中学，以及清华大学附属中学付诸实施，每年向各校的优秀师生发放奖励金。截至 2016 年底，该行面向 3 校共计发放奖励金 1 200 万元，获奖老师累计 300 人次，获奖学生累计 2 200 人次。

其中，从 2014 年开始，该行将视角转向了学生的综合实践培养，提供专项资金用以支持学生的研究性学习和社会实践活动，截至 2016 年底，该行面向北京大学附属附中共计 72 名学生的 60 余个综合实践项目进行了资助，累计资助资金达到 80 万元。受惠学生项目涉及范围之广、主题之新无不体现学生视野的广阔、风格的个性化及学习研究能力的突出。

为了感谢该行的诚意，北大附中制作了《瑞穗优秀项目成果集》，并希望通过该册子，继续激发孩子们的兴趣，培养孩子们的合作、冒险、创新精神等。

恒生银行（中国）

"2016—2017 恒生中国青少年金融素养提升计划"

恒生银行（中国）长期以教育和青少年发展作为企业

社会责任的重点。自 2016 年 9 月起，该行携手非营利教育机构在广州、深圳两地开展"2016—2017 恒生中国青少年金融素养提升计划"。

该项目创立"财智 YOUNG 学院"，来自该行的 45 位员工志愿者走进深圳中学、华南师范大学附属中学等 7 所高中，以自身专长为 1 082 名青少年学生带来了 24 课时的理财生活常规课、3 场理财工作坊、3 场银行职业见习日活动，并主办了 1 场 150 人规模的跨越广深两地的金融理财大赛。志愿者累计贡献志愿服务时间超过 449 个小时。这 7 所学校都是首次开展此类课程，填补了学校在财商教育上的空白。多项创新实践课程平台令学生们在学习金融理财知识的内容和方式上有所突破，全方位提升金融素养。活动反馈问卷调查显示，有 83% 的高中学生认识到建立良好的理财习惯的重要性。

大众汽车金融（中国）有限公司

关爱自闭症儿童 "蓝色星空"为爱再出发

大众汽车金融（中国）有限公司"蓝色星空"社会企业责任项目与中国福利基金会蓝色带基金会达成合作，举办了形式多样的自闭症儿童关爱行动。通过"自闭症儿童艺术课堂""迪士尼魔法之旅为爱再出发"以及"自闭症儿童画展"等活动，该企业呼吁全社会关注、关爱自闭症群体，活动惠及 100 余名自闭症儿童及家庭。多家媒体志愿者参与"蓝色星空"公益活动并对"蓝色星空"公益行动进行了大量报道，同时在北京举行的全开放式"自闭症儿童作品展"，画展参观人数超过 8 000 人，吸引了社会各界人士对自闭症群体的关注。

除此之外，该企业采用自闭症儿童作品进行台历制作。台历中展示了 12 幅来自"自闭症儿童艺术课堂"中生动有趣的自闭症儿童作品。该版台历共制作 50 000 册，免费分发给企业内部员工、消费者、合作伙伴以及覆盖全国 300 多个城市 3 000 余家的经销商。

乐山昆仑村镇银行

情系贫困儿童　播洒爱心阳光

乐山昆仑村镇银行积极组织全行员工开展系列"播洒爱的光辉、温暖特困儿童"爱心爸妈牵手活动，旨在通过该项活动，积极践行该行企业社会责任，关爱儿童成长。

此次活动帮扶的对象是夹江县木城镇的 13 名缺乏关爱的特困儿童。该行一方面以工会牵头，积极主动与当地妇联组织联系，深入实地摸清这些儿童的家庭情况、困难类型。另一方面积极调动全行员工参与该项活动。通过 2016 年 2 月召开党支部学习（扩大）会议认真部署该项活动，该行员工积极响应，以个人或集体的名义组成"爱心爸妈团队"，分别与 13 名特困儿童结成"帮扶对子"，并确定将定期或不定期与帮扶儿童开展面对面沟通，提供资金和物质帮助，送出爱心礼物等，真正关心他们的成长、生活和学习。

北京顺义银座村镇银行

支持农民创业致富

客户牛某在北京顺义区北石槽镇从事奶牛养殖，养奶牛 100 头，为当地最大奶牛养殖户。客户的奶牛每天需要人工进行挤奶，这样效率极低而且牛奶质量也得不到保障，导致客户养殖利润大大降低，因此该客户希望添置一套自动化挤奶设备，需要资金 20 万元。信贷人员积极下乡镇、进村居开展"金融服务进村居"活动，信贷人员对客户的 20 万元贷款申请进行了受理，通过上养殖场开展实地调查，了解客户的经营历史和养殖场的经营状况，在

确定客户经营生产较为正常后，迅速发起行内贷款审查审批并很快完成。这样，客户仅在 1 天后就拿到了贷款资金，解决了客户提高生产效率的难题。

客户通过添置自动化挤奶设备后，盈利能力明显改观。截至 2016 年底，已完成 6 次贷款，当前贷款余额 25 万元，客户的养牛场规模逐渐扩大，客户与银行形成良性互动。

支持小微企业技改转型

客户苍某经营着北京市琦川水泥制品厂。2001 年，苍某开始了水泥厂的创办，创业初期经营状况困难。随着 2007 年至 2009 年房地产业发展迅速，居民自建房需求高涨，生意也逐渐好了起来，年销售也突破了百万元。但随后而来的宏观调控，使苍某也陷入了一筹莫展的境地。资金周转问题严重。

北京顺义银座村镇银行对其资金要求以及经营等情况进行了综合考量与评估，最终苍某拿到了 30 万元的贷款。半年后，苍某拿出了产品专利证书、环保材料证书、市政工程文件和忙不完的订单，脸上挂满了喜悦。现在苍某一年的订单已经达到了 400 万元，算是名副其实的企业家了。因为是环保材料，质量又有保证，苍某的水泥通风管道走向了国际市场，拿到了来自阿尔及利亚的订单。

深圳南山宝生村镇银行

科技金融品牌"青赢"计划

深圳南山宝生村镇银行科技金融品牌"青赢"计划，本着"让创业不再沉重，给梦想一个轻盈的翅膀"的品牌理念，专心专注地做好科技中小微企业"融资＋融智"金融服务，打造中国版的"硅谷银行"。充分利用政府相关风险补偿措施及外部专业机构合作机制，开发针对科技中小企业的专属金融产品。产品主要包括针对初创企业的专属信用贷款，与政府机构、科创中心、高新园区、协会等合作的专项科技支持类贷款，与创投、天使投资、私募股权基金等专业机构深入合作的投贷联动贷款，与律师事务所、会计师事务所、评估机构、资产管理、知识产权转让等第三方专业机构深入合作的 FA 融智服务。主要围绕银

政合作、创业基金、创客孵化以及创投协作四个方面大力开展科技金融业务。目前，已与多家机构签订战略合作协议，专门助力科技企业成长。2016 年 8 月首笔"南山科技贷"成功落地，为该类业务的开展摸索出一条新思路。

创新创业基金

为将社会责任工作常态化、制度化，2015 年 12 月 25 日，深圳南山宝生村镇银行创新创业基金成立，这是深圳市慈善会旗下第 107 只冠名基金，是由宝生村镇银行作为主发起人，链接核心客户及员工联合成立的。基金秉承"致力公益慈善事业支持创新创业"的宗旨，建立高效、创新、可持续的慈善体系，在"大众创业，万众创新"的背景下，主要方向是扶持创新创业，以公益金融促进社会创新发展与和谐进步，实现发展战略与社会责任的无缝对接。

2016 年宝生慈善基金共资助扶贫济困项目 1 个，投入创新创业大赛项目 2 个，向资助的熊猫血型公益组织提供办公场所和办公设施，帮助其解决运营中的实际困难。成功发起主办创新创业公益大讲堂 2 次，参与的中小企业及创业者 100 余人次。作为协办方，积极参与深圳创业公社的公益活动 10 余场，受益人群 300 人次，精准地帮扶了创新创业者，提升了该行的知名度和品牌度，树立了良好的公益形象。

深圳市慈善会*宝生村镇银行创新创业基金启动大会

"宝富通"产品

针对小微客户，深圳南山宝生村镇银行研究的贷款产品形成"宝富通"小额贷款、"宝富通"小企业类贷款及"宝富通"房屋抵押循环额度贷款三大信贷产品，以满足不同群体的贷款需求。

该产品主要致力于服务难以从金融机构获得贷款的小微企业及个体工商户。如针对海吉星物流园区推出了吉星系列贷款产品，市场内商户较稳定，贷款用途明确，贷款风险具有较高可控性，但往往因无担保人而无法从银行获得资金支持。为此该行推出经营权质押、信用担保等灵活的担保方式，降低了银行贷款门槛，解决小微企业贷款担保难的问题。

"跨境易贷"产品

随着"互联网+"时代的来临，以跨境电商为代表的新型贸易近年来的发展脚步逐渐加快，逐步成为市场经济的新增长引擎。对此，深圳南山宝生村镇银行推出"跨境易贷"产品，以满足 B2B 或 B2C 或跨境电商物流运输、清关服务的企业的日常经营流动资金需要。"跨境易贷"于 2016 年上旬推出，累计发生额逾 5 000 万元，成功帮助了超过 50 家跨境电商企业解决融资难的问题，助推电商行业发展。

金堂汇金村镇银行

支持黑洋洋公司涉农产业

2016 年 7 月初，金堂汇金村镇银行再次向人民银行申请并获得 2 000 万元支农再贷款，通过上门走访，了解四川某农业公司经营情况、实际困难和融资需求。该公司是一家典型的农业养殖型企业，该行通过无缝对接人民银行支农再贷款，为该客户提供低成本融资，以此带动相对贫困户短时间、快速脱贫。

为了有效解决农村企业贷款无有效抵押物的难题，2016 年第二季度该行先后推出"汇金果"信用贷款、林权抵押贷款等创新信贷产品，为促进当地种植业、养殖业以及其他产业发展提供了资金支持。该行建立涉农信贷业务绿色通道，通过免网银费、免对公电汇手续费等降低客户融资成本，扶持当地农村经济。

作为金堂县唯一法人金融机构，该行成为全县首家发放支农再贷款的金融机构，授信范围将由传统农户辐射到专业大户、家庭农场等新型农业经营主体，对资源优势产业和龙头企业重点支持，彰显了"金堂人自己的银行、办好金堂人自己的事"的社会责任和荣誉。

广元市贵商村镇银行

"货融贷"为企业解决融资难题

广元市贵商村镇银行的"货融贷"是存货质押贷款工作的简称。该项目实施时间为 2011 年 12 月初至 2016 年 12 月底，期间为企业提供了总计 6 129 余万元的信贷资金支持。其中，四川某现代农业公司是当地农业龙头企业，因季节性收购猕猴桃，部分流动资金不足，急需融资。该行知晓后立即主动介入。针对该企业产品季节性强、变现能力好，符合当地农业产业经济发展政策，该行以企业已收购的猕猴桃鲜果为质押，与其签订质押监管协议，委托第三方对存货进行监管，对其发放用于猕猴桃收购的贷款 500 万元，在授信金额内根据收购量对其持续分期投放贷款，有效地解决了小微企业无抵押担保融资难题。

"我公司急需资金，贵行采取果品质押的方式快速给我公司办理了贷款，及时解决了资金难题。"

——四川华朴现代农业股份有限公司负责人

小贴士

"货融贷"是以存货质押，给予小微企业或其主要负责人发放的贷款。广元市贵商村镇银行在法律要素齐全、风险可控的前提下，简化流程和手续，缩短审批时限，通过建立"贷款绿色通道"，实施优先调查、优先审批、优先放款。

"创业贷"为创业"贷"来机遇

广元市贵商村镇银行的"创业贷"是返乡创业贷款工作的简称。该项目实施时间为 2016 年 6 月初至 2016 年 12 月底，期间为创业者提供了总计 2 129 余万元的信贷资金支持。其中，邱勇是该项政策的受益者。该借款人 2015 年 11 月在广元市昭化区磨滩镇长青村四组建立了

"广元市昭化区鑫康农生态家庭农场"，主要经营水果、蔬菜的种植和销售，家禽养殖及销售，借款用于发展养殖业（生猪、肉牛）。该行为邱勇的贷款申请开通绿色通道，30 万元贷款仅用 3 天发放到位。

"这笔贷款光利息支出就节省近 2 万元，相当于每月少还利息 830 元，这对于一家刚刚创业起步的小微企业来说，还款压力小多了。能够拿到政府的贴息贷款，我是做梦也没有想到。"

——广元市昭化区鑫康农生态家庭农场借款人邱勇

小贴士

"返乡创业贷款"专门用于扶持返乡的创业者，贷款主体为小微企业或企业法定代表人。

"成长贷"为企业解决融资慢的问题

广元市贵商村镇银行的"成长贷"是企业财产抵（质）押贷款工作的简称。该项目实施时间为 2012 年 1 月初至 2016 年 12 月底，期间为企业提供了总计 18 295 余万元的信贷资金支持。其中，广元博锐精工科技有限公司是该项政策的收益者。该公司 2011 年在广元市经济开发区川浙合作园征地 50 亩进行新厂区建设，计划总投资 5 800 万元，其中一期投入 3 360 万元，二期投入 2 440 万元，项目达产后将能实现年产值近 6 000 万元，利税 300 余万元，解决就业近 200 人。但由于流动资金紧张，需要银行支持。在抵押担保不充分，且条件受限制的情况下，该行主动介入，快速调查，两天完成贷款审批，为该公司首期发放应急贷款 300 万元。该行与该公司的合作已持续四年多之久，授信额度已由最初的 300 万元增加到 1 000 万元，累计为该公司发放贷款 5 笔 2 400 余万元。企业良性发展，经营风生水起，已步入快速发展的快车道，成为广元市重点高科技企业。

小贴士

"成长贷"专门用于企业急需资金，是在抵押担保不充分的情况下，给予贷款主体小微企业或企业法定代表人发放的贷款。

"畜旺贷"为企业解决融资难的问题

广元市贵商村镇银行的"畜旺贷"是畜禽质押贷款工作的简称。该项目实施时间为 2015 年 12 月初至 2016 年 12 月底，期间为企业提供了总计 200 余万元的信贷资金支持。其中，旺苍县柏林畜禽发展有限公司是该项政策的受益者。旺苍县柏林畜禽发展有限公司是一家生猪存栏养殖企业，2013 年至 2015 年上半年，生猪市场持续低迷，价格连续 18 个月下降，其过去积累的利润已基本被存栏生猪吃掉，企业持续经营面临困境，对此该行多次到企业进行实地调研，为旺苍县柏林畜禽发展有限公司畜禽质押贷款 200 万元，有效地解决了其资金压力。随着生猪市场回暖，盈利空间增大，该企业生产经营已步入发展快车道。

小贴士

"畜旺贷"专门用于家禽养殖类，是在无有效资产做抵押的情况下，给予贷款主体小微企业或企业法定代表人发放的贷款。

"税融贷"为企业解决融资贵的问题

广元市贵商村镇银行的"税融贷"是为解决纳税信用良好企业的资金问题的信用贷款业务。该项目实施时间为 2016 年 3 月底至 2016 年 12 月底，期间为企业提供了总计 300 余万元的信贷资金支持。其中，四川龙申建设有限公司是该行税融贷产品的受益者。该公司是广元的老企业，于 1990 年成立。该企业急需注入资金使拆迁统建换房项目工程按期完工，但该企业短时间无法提供有效的担保措施。该行在调查了解该情况属实后，在资料齐全后仅用了 3 天为该公司发放了 100 万元贷款。该企业取得了良性发展，自 2015 年以来每年缴纳各种税费均在 700 万元以上，产值均在 30 000 万元以上，直接解决就业人数 200 人，间接带来的工作岗位近千个，已成为广元市建筑行业龙头企业。

小贴士

"税融贷"专门服务于未纳税信用评级 B 级以上、征信记录良好的企业，在该类企业无法提供有效担保措施的情况下，可根据近两年纳税总额的情况发放一定额度的企业信用贷款，并通过建立专项的"税融贷绿色通道"，缩短审批流程。

附录二　参与编写活动的主要金融机构名单

国家开发银行	苏州银行	广西壮族自治区农村信用社联合社
中国农业发展银行	辽阳银行	重庆农村商业银行
中国进出口银行	吉林银行	甘肃省农村信用社联合社
中国工商银行	桂林银行	新疆维吾尔自治区农村信用社联合社
中国农业银行	邯郸银行	深圳农村商业银行
中国银行	青岛银行	昆山农商银行
中国建设银行	天津金城银行	江苏赣榆农村商业银行
交通银行	贵州银行	沭阳农商银行
中国邮政储蓄银行	绍兴银行	东方农商银行
中信银行	广西北部湾银行	广州农村商业银行
中国光大银行	昆仑银行	江苏常熟农村商业银行
华夏银行	济宁银行	江苏睢宁农村商业银行
广发银行	重庆三峡银行	沛县农商银行
平安银行	枣庄银行	淮海农商银行
招商银行	浙江稠州商业银行	张家港农商银行
上海浦东发展银行	台州银行	山西山阴农村商业银行
兴业银行	温州银行	山西芮城农村商业银行
中国民生银行	金华银行	山西恒曲农村商业银行
恒丰银行	沧州银行	广西西林县农村信用社联合社
浙商银行	河北银行	汇丰银行（中国）
渤海银行	保定银行	渣打银行（中国）
北京银行	凉山州商业银行	东亚银行（中国）
上海银行	潍坊银行	三菱东京日联银行（中国）
重庆银行	乌海银行	瑞穗银行（中国）
富滇银行	丹东银行	恒生银行（中国）
广州银行	本溪市商业银行	三井住友银行（中国）
徽商银行	中国信达资产管理公司	华侨银行（中国）
包商银行	中国长城资产管理公司	华融金融租赁有限公司
江苏银行	中国东方资产管理公司	大众汽车金融（中国）有限公司
宁波银行	北京农商银行	乐山昆仑村镇银行
哈尔滨银行	山西省农村信用社联合社	北京顺义银座村镇银行
贵阳银行	辽宁省农村信用社联合社	新都桂城村镇银行
齐鲁银行	上海农商银行	宝生村镇银行
齐商银行	江苏省农村信用社联合社	崇州上银村镇银行
长安银行	浙江省农村信用社联合社	广汉珠江村镇银行
广东华兴银行	湖南省农村信用社联合社	金堂汇金村镇银行
烟台银行	广东省农村信用社联合社	广元市贵商村镇银行

附录三

对《2016 年度中国银行业社会责任报告》的评价意见（一）

《2016 年度中国银行业社会责任报告》反映了过去的一年，在党中央的正确领导下，广大银行业金融机构和职工认真落实五大发展理念，全方位履行社会责任的良好做法和明显成效。报告内容全面，案例丰富，特色鲜明，是一篇高质量的社会责任报告。现就几个具体问题提出意见，供参考：

第一，关于"去产能"，建议补充债权人委员会的相关案例。设立债权人委员会，针对企业不同的情况，一企一策，实行增贷、稳贷、减贷、兼并重组的差别化信贷政策，对于困难企业脱困发展，推进产能过剩严重行业"去产能"发挥了重要的作用。可以考虑针对煤炭、钢铁行业，选择合适的案例反映这方面的进展情况和良好做法。

第二，关于房地产"去库存"，建议增加县城和三四线"去库存"的案例。据了解，这方面，中国农业银行、中国建设银行都做了大量工作。房地产是 2016 年的一个热点，各方面对银行都很关注，增加这方面的案例，可以让社会更全面地了解银行所做的工作。

第三，关于深化改革，公司治理是极其重要的一个方面。建议在公司治理的改革方面，增加一个关于独立董事的案例，或专选一位独立董事，谈其对公司治理进展的看法，以利于推进相关工作。

第四，关于防风险，建议增加长江三角洲（苏浙沪）不良贷款的情况。据了解，2016 年，在全国其他地区不良贷款率继续上升的背景下，苏浙沪不良贷款率率先回落，表明防控风险取得重要的阶段性成效，但是否带动全国成为拐点，还有待观察。写上这样的案例，对增强市场信心还是有帮助的。

第五，关于银行业支持扶贫，建议在西北、西南各找一位贫困户借款人，表达他们的心声，借此反映银行业的工作成绩，进一步努力的方向。

第六，关于保护消费者利益，建议增加防金融欺诈的内容。例如，经常在媒体上看到银行员工帮助客户堵截金融诈骗的报道，可以选取适当内容，影印摘编放入社会责任报告。

银监会政策研究局

2017 年 5 月 22 日

对《2016 年度中国银行业社会责任报告》的评价意见（二）

我认真阅读了《2016 年度中国银行业社会责任报告》（以下简称《报告》），《报告》集中展现了银行业面对国内外经济发展的深刻变化，按照"十三五"规划的"创新、协调、绿色、开放、共享"的发展理念，在推进供给侧结构性改革、支持国家战略、发展绿色金融、加大对外开放、加强风险防控等方面开展负责任运营、推动可持续发展的显著进展。

一、报告内容

《报告》回应社会期望。《报告》所选的服务供给侧结构性改革、助力脱贫攻坚这两个责任议题紧跟国家政策导向。六个主题章节，在防控风险、落实国家战略、发展普惠金融、应对气候变化、加强客户服务、关爱员工成长等方面，全面、系统回应了利益相关方关注的社会责任核心内容，反映了银行业结合自身运营和业务特点，用实际行动认真诠释了联合国《2030 可持续发展议程》的目标。

《报告》反映银行特色。《报告》一改往年大篇幅的案例报道，而是创新性地在每个章节的前面部分按照国家开发银行、大型商业银行、股份制银行等分类，着重总结不同性质的银行业金融机构发挥自身优势资源，在相关领域内采取的领先举措，再配合具有代表性的案例，可以对其他银行带来很好的借鉴意义。

《报告》展现形式多样。《报告》通过披露大量银行业的绩效指标数据，同时应用表格、图片等形式多样的展现方式，以更加形象、直观的内容呈现给读者更深刻的视觉冲击。2016 年，在《报告》的基础上新增加了《中国银行业社会责任案例集》，进一步丰富展现了银行的良好实践行动。

二、报告评价

总之，《报告》符合中国银行业协会《中国银行业金融机构企业社会责任指引》、国家标准化管理委员会发布的 GB/T36000—2015《社会责任报告编写指南》、全球报告倡议组织（GRI）《可持续发展指南（4.0）》、国际标准化组织《社会责任指南（ISO26000）》等国内外主流社会责任标准指南要求，以丰富的内容全面回应了利益相关方关切，完美展现了 2016 年银行业金融机构为促进经济、社会、环境和谐发展所作出的努力以及优良的成绩。

三、报告改进建议

强化内容的客观性。银行业在向社会提供金融服务时，应该多寻求利益相关方的评价，这样才能使得报告内容更真实、更加深入人心，同时多用高质量的图片来展示服务场景，进一步增加报告内容的客观性。

丰富报告传播形式。银行业要加强社会责任沟通交流的开放共享，增加报告的传播形式，例如通过网页版、H5 版、折页版、微信版等途径，让更多的利益相关方了解到金融机构的履责现状。

增加社会环保类指标。今年的《报告》数据收集口径主要是人民银行、银监会，而且指标内容聚焦于经济绩效指标，建议统一数据收集口径，同时多披露一些非经济类的、社会公众和环保组织更为关注的社会、环境类指标。

前联合国全球契约理事会理事
北京融智企业社会责任研究院终身名誉院长

对《2016 年度中国银行业社会责任报告》的评价意见（三）

《2016 年度中国银行业社会责任报告》展现了中国银行业金融机构在过去一年里坚持可持续发展原则，积极适应经济社会环境变化，创新发挥市场在金融资源配置中的决定性作用，为服务供给侧结构性改革，为提高银行业金融供给的质量和效率，为经济社会发展所作出的显著贡献。

2016 年，中国银行业金融机构加强治理结构及机制改革，把防范系统性、区域性风险放在突出的位置。加强以信用风险、市场风险为重点的风险防控，优化流动性管理，加大合规内控力度和合规文化建设。在银行业不良贷款率、资产利润率、行业风险严峻形势下，为推动经济健康发展奠定了金融机制保障。

中国银行业金融机构贯彻五大发展理念，为"一带一路"、区域发展、实体经济发展、去过剩去库存等战略落实提供多元化、多层次的金融服务。在促进产业转型，支持先进制造业、现代服务业、互联互通工程、关键技术转化中创新金融手段，降低融资成本，为银行业转型抓住了新的机遇。

中国银行业金融机构发挥资金资源优化配置，加强绿色金融顶层设计，建立绿色信贷指标体系，加大对清洁能源、循环经济、节能环保、绿色交通及市政环境基础设施的支持力度和金融创新，助力绿色可持续发展。此外，各银行内部运营中注重资源能源利用率，提高废弃物的循环使用和负责任的采购。

2016 年中国银行业金融机构加大消费者权益保护，将消费者权益保护纳入公司治理、融入企业文化建设和经营发展战略，强化监督管理，规范经营行为，重视消费者投诉，扩大金融知识宣教力度，不断增强服务意识，提升服务的责任和质量水平。

中国银行业金融机构积极响应联合国 2030 年可持续发展议程，积极参与精准扶贫、精准脱贫，服务"三农"，从长期规划到具体实施方案，通过内部事业部制改革，通过公私合作、普惠金融，产业化发展金融，推动可持续扶贫等金融服务新模式。

《2016 年度中国银行业社会责任报告》总结了过去一年中国银行业金融机构践行社会责任获得的新经验。实践表明，只有将社会责任理念融入战略、组织和管理的全过程中，只有将社会责任报告作为有效的沟通和管理工具，并且得到员工广泛参与和社会认同，社会责任才会产生真正的可持续性的价值。

当前，在经济、金融、贸易和数字信息全球化时代，经济社会发展面临诸多挑战，银行业金融机构担负着重要职责和使命，迫切需要对社会责任理念有新的认知，需要把握社会责任与可持续发展的有机联系，推进社会责任管理职业化、专业化、系统化，并不断提升到新的水平。

在此祝愿，中国银行业金融机构在实现可持续发展的事业中不断取得新的成就！

教授
著名社会责任国际专家
北京大学社会责任研究所首席顾问
2017 年 6 月 10 日于北京

对《2016 年度中国银行业社会责任报告》的评价意见（四）

2016 年，中国银行业探索社会责任管理创新方法和实践，推动社会责任理念融入日常经营管理中，主动适应新常态下国际、国内经济金融发展格局的演变。从《2016 年度中国银行业社会责任报告》披露的信息来看，数据翔实，内容丰富，案例生动，为社会各界了解中国银行业的社会责任状况提供了权威、全面的信息源。与历年社会责任报告相比，除了继续全面披露社会责任的核心内容和主题外，2016 年中国银行业的社会责任实践有"三个注重"：更加注重服务供给侧结构性改革、更加注重落实国家战略、更加注重推进普惠金融。

注重服务供给侧结构性改革。中国银行业金融机构在供给侧结构性改革中肩负着重要使命，既要通过提供优质高效的产品和服务满足实体经济发展对金融服务多元化、多层次的需求，又要通过行业改革创新为持续发展夯实基础。面对机遇和挑战，中国银行业金融机构按照商业可持续发展原则，通过金融支持和服务方式的创新，使得银行业金融供给的质量和效率显著提升，通过实施差异化信贷政策、盘活信贷资源、落实差别化住房信贷政策、积极稳妥开展市场化债转股、加强服务收费管理等举措，促进全社会有效落实"去产能、去库存、去杠杆、降成本、补短板"的任务，为实体经济健康发展提供有力的金融支持。

注重落实国家战略。中国银行业金融机构结合自身社会定位，发挥专业优势，落实国家重大战略、推动行业转型升级。按照西部开发、东北振兴、中部崛起、东部率先的区域发展总体思路，通过制定专项信贷政策、加快产品服务创新，服务京津冀协同发展、长江经济带建设、东北老工业基地振兴等重大区域战略。围绕中国制造 2025，加快金融产品创新，制定差异化信贷政策，支持关键共性技术研发和科技成果转化应用，推动落实制造强国战略。遵循国际通行规则，构建以政策性金融、开发性金融为主导，商业银行协同的金融网络，为"一带一路"建设提供长期、稳定、可持续的金融服务，促进"一带一路"互联互通。

注重推进普惠金融。中国银行业金融机构以"立足改善民生、聚焦薄弱领域、深化金融创新、推进普惠建设"为指导，着力增加普惠金融产品和服务的有效供给，大力提高金融服务"三农"、小微企业等领域的能力和水平，推进民生改善，使金融经济发展成果惠及大众。

中国银行业金融机构的社会责任创新实践，具有很好的创新性和实用性。希望中国银行业金融机构加强对社会责任实践的宣传、总结和提炼，为各行业社会责任的发展和落实提供可供借鉴的系统方法。

王立志

中国标准化研究院质量管理分院副院长

2017 年 5 月 22 日

附录四 GRI 对照表

总体信息标准披露			
指标机构概况	指标排序	指标内容	索引位置
战略与分析	G4-1	机构最高决策者（如 CEO、董事长或相当的高级职位）就可持续发展与机构的相关性及机构可持续发展战略的声明	会长致辞
	G4-2	描述主要影响、风险及机遇	P16-17
机构概况	G4-3	机构名称	不适用
	G4-4	主要品牌、产品和服务	不适用
	G4-5	机构总部的位置	封底页
	G4-6	机构在多少个国家运营，在哪些国家有主要业务，或哪些国家与报告所述的可持续发展主题特别相关	P21-23
	G4-7	所有权的性质和法律形式	报告说明
	G4-8	机构所服务的市场（包括地区细分、所服务的行业、客户 / 受益者的类型）	P2-3
	G4-9	机构规模，包括员工人数、运营地点数量、净销售额（私营机构适用）或净收入（公共机构适用）、按债务和权益细分的总市值（私营机构适用）、所提供的产品或服务的数量	报告说明
	G4-10	按雇佣合同和性别划分的员工总人数	无
		按雇佣类型和性别划分的固定员工总人数	无
		按正式员工、非正式员工和性别划分的员工总数	无
		按地区和性别划分的员工总数	无
		机构的工作是否有一大部分由法律上认定为自雇的人员承担，或由非员工及非正式员工的个人（包括承包商的员工及非正式员工）承担	无
		雇佣人数的重大变化（如旅游或农业雇佣人数的季节变动）	不适用
	G4-11	集体谈判协议涵盖的员工总数百分比	不适用
	G4-12	描述机构的供应链情况	P52
	G4-13	报告期内，机构规模、结构、所有权或供应链的重要变化，包括运营地点或业务转变，包括工厂的启用、关闭和扩充；股本架构的改变，其他资本的构成、保有及业务变更（私营机构适用）；供应商所在地、供应链结构、与供应商关系（包括甄选和终止）的改变	不适用
	G4-14	机构是否及如何按预警方针和原则行事	P44-47
	G4-15	机构参与或支持的外界发起的经济、环境、社会公约、原则或其他倡议	P15 P48-49
	G4-16	机构加入的协会（行业协会）和全国或国际性倡议机构，并且在治理机构占有席位、参与项目或委员会、除定期缴纳会费外，提供大额资助、视成员资格具有战略意义	P15
确定的实质性方面与边界	G4-17	列出机构的合并财务报表或同等文件中包括的所有实体	—
		说明在合并财务报表或同等文件包括的任何实体中，是否有未纳入可持续发展报告的实体	—
	G4-18	说明界定报告内容和方面边界的过程	P14-16
		说明机构如何应用"界定报告内容的报告原则"	报告说明
	G4-19	列出在界定报告内容的过程中认定的所有实质性方面	目录
	G4-20	对于每个实质性方面，说明机构内方面的边界	无
	G4-21	对于每个实质性方面，说明机构外方面的边界	无
	G4-22	说明重订前期报告所载信息的影响，以及重订原因	不适用
	G4-23	说明范围、方面边界与此前报告期间的重大变动	不适用
利益相关方参与	G4-24	机构的利益相关方列表	无
	G4-25	就所选定的利益相关方，说明识别和选择的根据	P16-17
	G4-26	利益相关方参与的方法，包括按不同的利益相关方类型及组别的参与频率，并指明是否有任何参与是专为编制报告而进行	P16-17
	G4-27	利益相关方参与的过程中提出的关键主题及顾虑，以及机构回应的方式，包括以报告回应。说明提出了每个关键主题及顾虑的利益相关方组别	P16-17
报告概况	G4-28	所提供信息的报告期（如财务年度或日历年度）	报告说明
	G4-29	上一份报告的日期（如有）	报告说明
	G4-30	报告周期（如每年一次、两年一次）	报告说明
	G4-31	关于报告或报告内容的联络人	报告说明
	G4-32	说明机构选择的"符合"方案（核心或全面）	无
		说明针对所选方案的 GRI 内容索引	P76-79
		如报告经过外部鉴证，引述外部鉴证报告。GRI 建议进行外部鉴证，但并非成为"符合"本指南的要求	无

续表

指标机构概况	指标排序	指标内容	索引位置
总体信息标准披露			
报告概况	G4-33	机构为报告寻求外部鉴证的政策和目前的做法	无
		如未在可持续发展报告附带的鉴证报告中列出,则需说明已提供的任何外部鉴证的范围及根据	无
		说明报告机构与鉴证服务方之间的关系	无
		说明最高治理机构或高级管理人员是否参与为可持续发展报告寻求鉴证	无
治理	G4-34	机构的治理架构,包括最高治理机构下的各个委员会。说明负责经济、环境、社会影响决策的委员会	P19
	G4-35	说明从最高治理机构授权高级管理人员和其他员工管理经济、环境和社会议题的过程	无
	G4-36	机构是否任命了行政层级的高管负责经济、环境和社会议题,他们是否直接向最高治理机构汇报	无
	G4-37	利益相关方和最高治理机构就经济、环境和社会议题磋商的过程。如果授权磋商,说明授权的对象和向最高治理机构的反馈过程	P17
	G4-38	说明最高治理机构与其委员会的组成	不适用
	G4-39	最高治理机构的主席是否兼任行政职位(如有,说明其在机构管理层的职能及如此安排的原因)	不适用
	G4-40	最高治理机构及其委员会的提名和甄选过程,及用于提名和甄选最高治理机构成员的条件	不适用
	G4-41	最高治理机构确保避免和控制利益冲突的程序,是否向利益相关方披露利益冲突	不适用
	G4-42	在制定、批准、更新与经济、环境、社会影响有关的宗旨、价值观或使命、战略、政策与目标方面,最高治理机构和高级管理人员的角色	无
	G4-43	为加强最高治理机构对于经济、环境和社会主题的集体认识而采取的措施	P17
	G4-44	评估最高治理机构管理经济、环境和社会议题绩效的流程。此等评估是否独立进行,频率如何。此等评估是否为自我评估	不适用
		对于最高治理机构管理经济、环境和社会议题的绩效评估的应对措施,至少应包括在成员组成和组织管理方面的改变	P17
	G4-45	在识别和管理经济、环境和社会的影响、风险和机遇方面,最高治理机构的角色。包括最高治理机构在实施尽职调查方面的角色	P18-19
		是否使用利益相关方咨询,以支持最高治理机构对经济、环境和社会的影响、风险和机遇的识别和管理	P17
	G4-46	在评估有关经济、环境和社会议题的风险管理流程的效果方面,最高治理机构的角色	不适用
	G4-47	最高治理机构评估经济、环境和社会的影响、风险和机遇的频率	不适用
	G4-48	正式审阅和批准机构可持续发展报告并确保已涵盖所有实质性方面的最高委员会或职位	不适用
	G4-49	说明与最高治理机构沟通重要关切问题的流程	不适用
	G4-50	说明向最高治理机构沟通的重要关切问题的性质和总数,以及采取的处理和解决机制	不适用
	G4-51	说明最高治理机构和高级管理人员的薪酬政策	不适用
		说明薪酬政策中的绩效标准如何与最高治理机构和高级管理人员的经济、环境和社会目标相关联	不适用
	G4-52	说明决定薪酬的过程。说明是否有薪酬顾问参与薪酬的决定,他们是否独立于管理层。说明薪酬顾问与机构之间是否存在任何其他关系	不适用
	G4-53	说明如何征询并考虑利益相关方对于薪酬的意见,包括对薪酬政策和提案投票的结果,如适用	不适用
	G4-54	在机构具有重要业务运营的每个国家,薪酬最高个人的年度总收入与机构在该国其他所有员工(不包括该薪酬最高的个人)平均年度总收入的比率	不适用
	G4-55	在机构具有重要业务运营的每个国家,薪酬最高个人的年度总收入增幅与机构在该国其他所有员工(不包括该薪酬最高的个人)平均年度总收入增幅的比率	不适用
商业伦理与诚信	G4-56	说明机构的价值观、原则、标准和行为规范,如行为准则和道德准则	P17
	G4-57	寻求道德与合法行为建议的内外部机制,以及与机构诚信有关的事务,如帮助热线或建议热线	P61
	G4-58	举报不道德或不合法行为的内外部机制,以及与机构诚信有关的事务,如通过直线管理者逐级上报、举报机制或热线	无

续表

总体信息标准披露			
指标机构概况	指标排序	指标内容	索引位置
经济	G4-EC1	机构产生及分配的直接经济价值	P4-67
	G4-EC2	气候变化对机构活动产生的财务影响及其风险、机遇	不适用
	G4-EC3	机构固定收益型养老金所需资金的覆盖程度	不适用
	G4-EC4	政府给予的财务补贴	不适用
	G4-EC5	不同性别的工资起薪水平与机构重要运营地点当地的最低工资水平的比率	无
	G4-EC6	机构在重要运营地点聘用的当地高层管理人员所占比例	无
	G4-EC7	开展基础设施投资与支持性服务的情况及其影响	P4-13 P18-42
	G4-EC8	重要间接经济影响，包括影响的程度	P4-13 P18-42
	G4-EC9	在重要运营地点，向当地供应商采购支出的比例	无
环境	G4-EN1	所用物料的重量或体积	不适用
	G4-EN2	采用经循环再造物料的百分比	不适用
	G4-EN3	机构内部的能源消耗量	P50-51
	G4-EN4	机构外部的能源消耗量	不适用
	G4-EN5	能源强度	不适用
	G4-EN6	减少的能源消耗量	P50-51
	G4-EN7	产品和服务所需能源的降低	P50-51
	G4-EN8	按源头说明的总耗水量	P51
	G4-EN9	因取水而受重大影响的水源	不适用
	G4-EN10	循环及再利用水的百分比及总量	无
	G4-EN11	机构在环境保护区或其他具有重要生物多样性价值的地区或其毗邻地区，拥有、租赁或管理的运营点	无
	G4-EN12	机构的活动、产品及服务在生物多样性方面，对保护区或其他具有重要生物多样性价值的地区的重大影响	无
	G4-EN13	受保护或经修复的栖息地	无
	G4-EN14	按濒危风险水平，说明栖息地受机构运营影响的列入国际自然保护联盟（IUCN）红色名录及国家保护名册的物种总数	无
	G4-EN15	直接温室气体排放量（范畴一）	无
	G4-EN16	能源间接温室气体排放量（范畴二）	无
	G4-EN17	其他间接温室气体排放量（范畴三）	无
	G4-EN18	温室气体排放强度	无
	G4-EN19	减少的温室气体排放量	无
	G4-EN20	臭氧消耗物质（ODS）的排放	无
	G4-EN21	氮氧化物、硫氧化物和其他主要气体的排放量	无
	G4-EN22	按水质及排放目的地分类的污水排放总量	无
	G4-EN23	按类别及处理方法分类的废弃物总重量	无
	G4-EN24	严重泄露的总次数及总量	不适用
	G4-EN25	按照《巴塞尔公约》附录 I、II、III、VIII 的条款视为有害废弃物经运输、输入、输出或处理的重量，以及运往境外的废弃物中有害废弃物的百分比	不适用
	G4-EN26	受机构污水及其他（地表）径流排放严重影响的水体及相关栖息地的位置、面积、保护状态及生物多样性价值	不适用
	G4-EN27	降低产品和服务环境影响的程度	P50-52
	G4-EN28	按类别说明，回收售出产品及其包装物料的百分比	无
	G4-EN29	违反环境法律法规被处重大罚款的金额，以及所受非经济处罚的次数	无
	G4-EN30	为机构运营而运输产品、其他货物及物料以及员工交通所产生的重大环境影响	无
	G4-EN31	按类别说明总环保支出及投资	P36-52
	G4-EN32	使用环境标准筛选的新供应商的比例	无
	G4-EN33	供应链对环境的重大实际和潜在负面影响，以及采取的措施	P52
	G4-EN34	经由正式申诉机制提交、处理和解决的环境影响申诉的数量	不适用
劳工实践和体面工作	G4-LA1	按年龄组别、性别及地区划分的新进员工和离职员工总数及比例	无
	G4-LA2	按重要运营地点划分，不提供给临时或兼职员工，只提供给全职员工的福利	不适用

		总体信息标准披露	
指标机构概况	指标排序	指标内容	索引位置
劳工实践和体面工作	G4-LA3	按性别划分，产假/陪产假后回到工作和保留工作的比例	不适用
	G4-LA4	有关重大运营变化的最短通知期，包括该通知是否在集体协议中具体说明	不适用
	G4-LA5	由劳资双方组建的职工健康与安全委员会中，能帮助员工监督和评价健康与安全相关项目的员工代表所占的百分比	无
	G4-LA6	按地区和性别划分的工伤类别、工伤、职业病、误工及缺勤比例，以及和因公死亡人数	无
	G4-LA7	从事职业病高发职业或高职业病风险职业的工人	不适用
	G4-LA8	与工会达成的正式协议中的健康与安全议题	P63
	G4-LA9	按性别和员工类别划分，每名员工每年接受培训的平均小时数	无
	G4-LA10	为加强员工持续就业能力及协助员工管理职业生涯终止的技能管理及终生学习计划	无
	G4-LA11	按性别和员工类别划分，接受定期绩效及职业发展考评的员工的百分比	无
	G4-LA12	按性别、年龄组别、少数族裔成员及其他多元化指标划分，治理机构成员及各类员工的组成	无
	G4-LA13	按员工类别和重要运营地点划分，男女基本薪金和报酬比率	无
	G4-LA14	使用劳工实践标准筛选的新供应商所占比例	无
	G4-LA15	供应链对劳工实践的重大实际和潜在负面影响，以及采取的措施	无
	G4-LA16	经由正式申诉机制提交、处理和解决的劳工问题申诉的数量	无
人权	G4-HR1	含有人权条款或已进行人权审查的重要投资协议和合约的总数及百分比	无
	G4-HR2	就经营相关的人权政策及程序，员工接受培训的总小时数，以及受培训员工的百分比	P77
	G4-HR3	歧视事件的总数，以及机构采取的纠正行动	无
	G4-HR4	已发现可能违反或严重危及结社自由及集体谈判的运营点或供应商，以及保障这些权利的行动	不适用
	G4-HR5	已发现具有严重使用童工风险的运营点和供应商，以及有助于有效杜绝使用童工情况的措施	无
	G4-HR6	已发现具有严重强迫或强制劳动事件风险的运营点和供应商，以及有助于消除一切形式的强迫或强制劳动的措施	无
	G4-HR7	安保人员在运营相关的人权政策及程序方面接受培训的百分比	无
	G4-HR8	涉及侵犯原住民权利的事件总数，以及机构采取的行动	无
	G4-HR9	接受人权审查或影响评估的运营点的总数和百分比	不适用
	G4-HR10	使用人权标准筛选的新供应商的比例	无
	G4-HR11	供应链对人权的重大实际和潜在负面影响，以及采取的措施	不适用
	G4-HR12	经由正式申诉机制提交、处理和解决的人权影响申诉的数量	不适用
社区	G4-SO1	实施了当地社区参与、影响评估和发展计划的运营点比例	无
	G4-SO2	对当地社区具有重大实际和潜在负面影响的运营点	无
	G4-SO3	已进行腐败风险评估的运营点的总数及百分比，以及所识别出的重大风险	无
	G4-SO4	反腐败政策和程序的传达及培训	P16-17
	G4-SO5	确认的腐败事件和采取的行动	无
	G4-SO6	按国家和接受者/受益者划分的政治性捐赠的总值	P8-13 P63
	G4-SO7	涉及反竞争行为、反托拉斯和垄断做法的法律诉讼的总数及其结果	无
	G4-SO8	违反法律法规被处重大罚款的金额，以及所受非经济处罚的次数	无
	G4-SO9	使用社会影响标准筛选的新供应商的比例	无
	G4-SO10	供应链对社会的重大实际和潜在负面影响，以及采取的措施	无
	G4-SO11	经由正式申诉机制提交、处理和解决的社会影响申诉的数量	无
产品责任	G4-PR1	为改进现状而接受健康与安全影响评估的重要产品和服务类别的百分比	无
	G4-PR2	按后果类别说明，违反有关产品和服务健康与安全影响的法规和自愿性准则（产品和服务处于其生命周期内）的事件总数	无
	G4-PR3	机构关于产品和服务信息与标识的程序要求的产品及服务信息种类，以及需要符合这种信息要求的重要产品及服务类别的百分比	无
	G4-PR4	按后果类别说明，违反有关产品和服务信息及标识的法规及自愿性准则的事件总数	无
	G4-PR5	客户满意度调查结果	P55
	G4-PR6	禁售或有争议产品的销售	不适用
	G4-PR7	按后果类别划分，违反有关市场推广（包括广告、推销及赞助）的法规及自愿性准则的事件总数	无
	G4-PR8	经证实的侵犯客户隐私权及遗失客户资料的投诉总数	无
	G4-PR9	如有违反提供及使用产品与服务的有关法律法规，说明相关重大罚款的总金额	无

附录五　表彰决定

中国银行业协会文件

银协发［2017］84 号

关于表彰2016年度中国银行业社会责任工作评估活动获奖先进机构及个人的决定

各会员单位：

2016 年是我国"十三五"规划的开局之年，银行业在积极适应经济金融"新常态"的同时，加快转型与创新驱动，践行绿色发展承诺，支持公益、回馈社会，实现了自身可持续发展。为深入推进中国银行业社会责任管理工作，引领会员单位树立"责任银行和谐发展"的社会责任理念，全面强化行业社会责任意识，中国银行业协会组织开展了 2016 年度中国银行业社会责任工作评估活动。各会员单位高度重视、积极参与，全面展示一年来在社会责任管理方面所作出的努力和取得的成果，树立了银行业金融机构履行社会责任的良好形象。

为保证评估活动公平、公开、公正，中国银行业协会邀请业内外社会责任管理专家，立足中国银行业社会责任工作实践，根据《2016 年度中国银行业社会责任评估评分体系》和《2016 年度中国银行业社会责任工作评估活动方案》，严格按照机构自评申报、参评资格审查、资料数据初评、专家测评复审、审议核定等工作流程，从管理绩效、经济绩效、环境绩效和社会绩效4个方面、12个一级指标、79个二级指标对参评单位及个人的社会责任管理工作做出全面评估。

为鼓励先进，树立榜样，中国银行业协会决定授予国家开发银行等12家会员单位"年度最具社会责任金融机构奖"；授予汇丰银行（中国）等5家会员单位"年度社会责任最佳公益慈善贡献奖"；授予中国光大银行等5家会员单位"年度社会责任最佳民生金融奖"；授予上海浦东发展银行等5家会员单位"年度社会责任最佳绿色金融奖"；授予甘肃省农村信用社联合社等10家会员单位"年度最佳社会责任实践案例奖"；授予中国工商银行新疆分行营业部明德路支行行长助理穆合塔拜等15位同志"年度最佳社会责任管理者奖"；授予中国银行三沙支行等18家网点"年度最佳社会责任特殊贡献网点奖"；授予中国建设银行"建设银行援建建行希望小学20年"等8个项目年度公益慈善优秀项目奖。这些获奖单位和个人是银行业履行社会责任的优秀典型，他们主动践行"创新、协调、绿色、开放、共享"发展理念，服务"一带一路"国家战略，助力区域经济协调发展，关注重点民生领域，支持小微企业发展，加速绿色金融创新，持续推广环保文化，开展定点扶贫，关爱特殊群体，为我国银行业健康可持续发展作出了突出贡献。

希望获得荣誉的单位和个人再接再厉，再创佳绩，充分发挥先锋带头作用。同时，希望各会员单位以先进为榜样，以服务社会为根本，以可持续发展为前提，进一步激发银行业发展潜力，共享和谐金融发展成果，共筑开放发展生态，为我国经济社会可持续发展作出更大的贡献。

附件：2016年度中国银行业社会责任工作评估活动获奖先进机构及个人名单

2017 年 5 月 26 日

附件

2016年度中国银行业社会责任工作评估活动获奖单位及个人名单

一、年度最具社会责任金融机构奖（12家）

国家开发银行、中国工商银行、中国农业银行、中国银行、中国建设银行、交通银行、兴业银行、浙商银行、邯郸银行、青岛银行、重庆农村商业银行、山西省农村信用社联合社。

二、年度社会责任最佳公益慈善贡献奖（5家）

招商银行、中国民生银行、包商银行、齐鲁银行、汇丰银行（中国）。

三、年度社会责任最佳民生金融奖（5家）

中国邮政储蓄银行、中国光大银行、广发银行、吉林银行、广西农村信用社联合社。

四、年度社会责任最佳绿色金融奖（5家）

中国进出口银行、上海浦东发展银行、华夏银行、江苏银行、河北银行。

五、年度最佳社会责任实践案例奖（10家）

中国农业发展银行、重庆银行、富滇银行、徽商银行、苏州银行、桂林银行、甘肃省农村信用社联合社、东亚银行（中国）、恒生银行（中国）、中国长城资产管理股份有限公司。

六、年度最佳社会责任管理者奖（15位）

国家开发银行西藏分行党委委员、副行长　崔晓峰

中国工商银行河源分行团委　何丽新

中国工商银行新疆分行营业部明德路支行行长助理　穆合塔拜

中国工商银行宁夏分行同心县下马关镇新园村扶贫工作队
队长　陈冬宁

中国工商银行工银土耳其董事长　徐克恩

中国农业银行西藏那曲班戈县白拉营业所主任　阿桑

中国建设银行湖南岳阳市分行行长　刘星

中国建设银行约翰内斯堡分行行长　张进国

交通银行青岛南京路支行行长　韩冬

招商银行昆明分行储蓄柜员　山吉文

兴业银行三明分行沙县支行行长　罗旌安

重庆农村商业银行南川支行行长　陈为彬

重庆农村商业银行巫山支行行长　张联杰

山西山阴农村商业银行农牧场支行行长　解月

山西芮城农村商业银行股份有限公司中夭支行客户经理
华世亭

七、年度最佳社会责任特殊贡献网点奖（18家）

国家开发银行喀什分行

中国工商银行广东清远阳山支行

中国工商银行四川巴中南江支行

中国工商银行湖南靖州苗族侗族自治县支行

中国农业银行西藏塔玛营业所

中国银行四川会理支行

中国银行三沙支行

中国建设银行吉林延边龙井支行

交通银行吉安分行

上海浦东发展银行拉萨分行

兴业银行乌鲁木齐黄河路支行

浙商银行凉山分行

重庆银行彭水支行

富滇银行大理分行

重庆农村商业银行城口支行修齐分理处

重庆农村商业银行石柱支行

山西垣曲农村商业银行股份有限公司蒲掌支行

广西西林县农村信用社联合社那佐信用社

八、年度公益慈善优秀项目奖（8个）

中国工商银行"工商银行定向招聘千名贫困大学生，帮一就业助全家脱贫"

中国农业银行"金穗工程——农村中学金融知识普及"

中国银行"心的呼唤慈善公益项目"

中国建设银行"建设银行援建建行希望小学20年"

交通银行"百年交汇携手公益——交行·汇丰上海颐乐行动计划"

广发银行"广发希望慈善基金综合电子图书馆"

上海浦东发展银行"逐梦萤火虫——西部地区儿科医护人员进修百人计划"

花旗银行（中国）"中国可持续企业发展项目"

后记

　　为全面展示过去一年我国银行业开展社会责任工作的成果，引领银行业金融机构持续强化社会责任意识，深入推动社会责任实践发展，我会编制了《2016年度中国银行业社会责任报告》（以下简称《报告》）。

　　《报告》编制工作于2017年3月正式启动，共历时近四个月。根据经济金融新形势和新发展及社会责任管理新动态，我会参照银行业社会责任国际标准，升级优化《2016年度中国银行业社会责任报告指标体系》，包括129项定性指标、109项定量指标。截至4月底，我会共收到111家金融机构报送的社会责任材料，涵盖了国家开发银行、政策性银行、大型银行、股份制银行、邮政储蓄银行、城市商业银行、农信农商、外资银行、资产管理公司等各类型机构。为进一步明确《报告》内容框架和主题要求，我会对22家代表性银行业金融机构及地方银行业协会进行了访谈交流，深入了解相关单位社会责任管理工作推进情况，掌握社会责任报告在推动银行业社会责任工作创新、提升社会影响力等方面所发挥的积极作用。为提高《报告》的理论基础、突出重点、焦点问题，我会在中国工商银行的积极支持与协助下，组织召开了中国银行业社会责任工作研讨会，汇集业内专家学者，从不同视角解读社会责任工作的前沿理论、国际经验、监管政策、先进做法、存在的问题及应对措施、发展方向及意见建议等，为《报告》的编写与运用开拓了思路，提供了素材。为了进一步提高《报告》内容的代表性和全面性，我会向代表性会员单位征求并吸纳建设性意见和建议。6月28日，我会组织召开《2016年度中国银行业社会责任报告》发布暨社会责任工作表彰会，由中国银行业协会党委书记、专职副会长潘光伟先生向社会正式发布了本报告。

　　《报告》编制得到了北京融智社会责任研究院、会员单位、监管部门以及社会各方的关注与支持。其中，北京融智社会责任研究院王晓光院长带领其团队，在素材收集、数据整理、文字编辑等方面给予了大力支持，团队成员包括付先凤、丁荣、黄凰、房晓萌、郑瑞芳、陈丽娜。会员单位积极报送资料，参与社会责任评估工作，为《报告》的编制提供了丰富的参考资料。监管机构以及业内外社会责任管理专家对《报告》编写与内容提供了宝贵的意见和建议，并对《报告》做出鉴定评价。在此，我会对上述社会各方对《报告》编写以及银行业社会责任管理工作所给予的大力支持与帮助，一并表示感谢。

　　感谢您在百忙之中阅读《报告》。《报告》在编写过程中难免存在瑕疵与疏漏之处，恳请您提出宝贵意见并反馈给我们，以便我们持续改进。

中国银行业协会

2017年7月